新世纪高职高专实用规划教材　经管系列

财务报表分析

孙　娟　主　编

朱丽娟　张茹玲　副主编

清华大学出版社

北　京

内 容 简 介

本书以财务报表为分析对象，结合案例系统地介绍了企业财务报表分析的基本框架、主要分析方法和基本财务指标的运用。全书分三部分阐述财务报表分析的原理与应用。第一部分介绍财务报表分析的基础知识；第二部分主要借助案例详细讲解具体的分析内容和分析方法；第三部分综合概述企业的业绩评价方法。

本书简洁、实用，结构合理，在讲解基本理论的同时穿插大量例子，并在各章后提供适当习题，以便于学生进一步巩固所学知识。本书可以作为大中专院校财务、会计等相关专业的课程教材，也可供企业经营管理人员参考使用。

图书在版编目(CIP)数据

财务报表分析/孙娟主编；朱丽娟，张茹玲副主编.—北京：清华大学出版社，2006.12
(新世纪高职高专实用规划教材　经管系列)
ISBN 978-7-302-14169-3

Ⅰ.财…　Ⅱ.①孙…　②朱…　③张…　Ⅲ.会计报表—会计分析—高等学校：技术学校—教材　Ⅳ.F231.5

中国版本图书馆 CIP 数据核字(2006)第 137818 号

责任编辑：彭　欣　宣　颖
排版人员：房书萍
责任校对：马素伟　李玉萍
责任印制：杨　艳
出版发行：清华大学出版社　　**地　址**：北京清华大学学研大厦 A 座
http://www.tup.com.cn　　**邮　编**：100084
社 总 机：010-62770175　　**邮　购**：010-62786544
投稿与读者服务：010-62776969，c-service@tup.tsinghua.edu.cn
质量反馈：010-62772015，zhiliang@tup.tsinghua.edu.cn
印 刷 者：清华大学印刷厂
装 订 者：三河市李旗庄少明装订厂
经　销：全国新华书店
开　本：185×230　**印　张**：21　**字　数**：453 千字
版　次：2006 年 12 月第 1 版　　**印　次**：2011 年 8 月第 7 次印刷
印　数：15501～17500
定　价：28.00 元

产品编号：019955-01

前　言

随着高校课程改革的不断深入，高职高专院校对教学改革、课程整合的呼声日益提高，重实践、重技能的培养方向已经成为大家的共识，在有限的授课学时内加大教学信息量，是各高校近年教改中提高学习效率的重中之重。为了适应高等职业教育的发展，培养社会急需的应用型和技能型人才，我们编写了这本教材。

《财务报表分析》是会计专业的必修课，也是经济管理专业的核心课程。财务报表可以将企业的财务状况、经营业绩和现金流量等信息传递给外部信息使用者，而财务报表作为企业财务状况、经营业绩和现金流量的重要反映，是上市公司定期公布的法定资料。随着资本市场的发展，财务报表日益受到人们的重视，尤其是企业的投资者、债权人和政府有关部门等。

通过财务报表的会计数据，可以初步了解企业的经营业绩，识别企业的优劣，预测企业的未来。但是企业财务报表数据所反映的内容是高度概括、浓缩的，许多报表项目是独立地反映某项经济内容。为了使财务报表表达和传递的经济内容更加明确、清晰，需要使用一些科学的分析方法对财务报表数据进行适当的解读。

本教材以财务报表为基础，运用统计分析方法，结合财务会计报告的有关内容对企业的偿债能力、资产管理能力、收益能力等方面进行了分析。通过学习，读者可以进一步理解财务报表，掌握财务报表分析方法，具备评价企业经营成果和财务状况的能力。

本教材主要介绍三部分内容： 第一部分包括第一章和第二章，介绍财务报表分析的基础知识。第一章“总论”主要对财务报表分析的主体、对象、内容及财务报表分析的基本方法等进行了阐述。第二章“资产负债表和利润表的阅读与分析”介绍了资产负债表和利润表的基本内容，包括阅读、比较、解释和调整基本财务报表数据，为计算财务比率和分析企业的风险和收益建立必要的基础。

第二部分包括第三章至第八章，是财务报表分析的核心内容。第三章“短期偿债能力分析”和第四章“长期偿债能力分析”是对企业抵御风险能力的分析；第五章“获利能力分析”和第七章“投资报酬分析”是对企业获取收益能力的分析。第六章“资产运用效率分析”是对企业资产管理能力的分析；第八章“现金流量分析”是对企业获取现金能力的分析，这两章内容既与企业抵御风险能力有关，也与企业获取收益能力有关。

第三部分是第九章“企业业绩的计量与评价”，是对企业业绩评价方法的综合和概括。

本书结合案例教学，系统介绍了企业财务报表分析的基本框架、主要分析方法和基本财务指标的运用。全书介绍了财务报表的阅读及初步分析，并在此基础上，对企业的偿债能力、获利能力、资产运用效率、投资报酬和现金流量等财务能力进行了讨论。案例所用的都是近年来的新资料，有较高的参考价值。教材特别强调了财务报表分析方法的使用条件和结论的局限性，不夸大它的作用和适用范围。尽量减少不可靠、不成熟、不常用的内容，对公认的、基本的概念、程序和方法进行了补充。

本着实用的原则，本书力求语言简洁、内容紧凑。在全面介绍财务报表分析基本理论的同时，更注重基本理论的实际运用，具有较强的实用性，基本上每一章都附有财务报表和案例分析，每一章后都有复习思考题和习题。

本书由天津工业大学的孙娟担任主编，由天津工业大学的朱丽娟、天津北洋社区学院的张茹玲担任副主编。第一章由天津南开社区学院的马树杰编写，第二、三章由天津工业大学的朱丽娟编写，第四、五章由天津北洋社区学院的张茹玲编写，第六章由天津南开社区学院的黄晓春编写，第七、九章由天津工业大学的孙娟编写，第八章由天津开发区职业技术学院的李金茹编写。全书由孙娟和朱丽娟老师统稿和最后定稿。

在教材编写过程中，我们参阅了大量的教材、著作、文献和资料，借鉴和吸收了许多学者的研究成果，在此一并表示感谢。由于时间仓促且作者水平有限，书中难免有疏漏和错误之处，恳请读者批评指正，以便于在以后的修订中进一步完善。

编　者

目　录

第一章　总　论

教学目的和要求

- 了解财务报表分析的意义
- 理解和掌握财务报表分析的主体及对象
- 掌握财务报表分析的信息基础
- 理解和掌握财务报表分析的原则、步骤和方法

教学重点与难点

重点理解财务报表分析及其在企业决策中的重要性；掌握每种财务报表反映的企业活动的内容，以及这些活动之间的关系；明确财务报表附注包括哪些信息及它们与决策的相关性。

本章的难点是理解财务报表分析没有固定的分析模式，企业应根据不同的分析目的、具体情况及可获取的资料范围，决定选择合适的分析方法和具体的分析程序。

第一节　财务报表分析的意义

一、财务报表分析的概念

一般来说，财务报表分析是以企业的基本活动为对象，以财务报表为基本依据，运用一系列财务指标，对企业的财务状况、经营状况和现金流量情况加以综合的分析和比较，进而评价和判断企业的经营状况、财务状况，并以此为根据预测企业的未来财务状况和发展前景。

二、财务报表分析的意义

通过报表分析，可以透视企业经济活动的内在联系，并结合内部条件和外部环境进行深入调查，找出企业自身的优势和不足，对企业做出实事求是的评价，以帮助报表使用者进行预测和决策。不同的报表使用者对财务报表的分析具有不同的意义。总的说来，财务报表分析的意义可以归纳为如下几个方面。

(一)评价企业的经营业绩

具有较高且稳定的收益能力是企业在竞争激烈的市场中保持较强竞争力的先决条件。对企业的投资人来说，企业的收益能力直接影响着投资者的收益分配水平。对企业经营者

来说，较高的收益能力本身就是其受托责任的主要内容，而且是评价企业经营者业绩的重要指标。对于债权人来说，企业的经营业绩对其债务的潜在风险具有直接的影响，因为企业的经营业绩反映了其收益能力的高低，而收益能力直接影响企业的偿债能力。我们可以通过计算利润率指标来评价企业的销售获利能力，还可以通过计算投资报酬率等财务指标来评价企业的投资收益能力。

(二)判断企业的偿债能力

我们可以通过计算流动比率、速动比率、资产负债率等财务指标，并将其与公认的标准进行比较，来判断企业是否具有偿债能力，其评价的正确程度远远高于任何的预测。一般来说，如果一个企业丧失了偿债能力，它将很难从资金市场筹集到资金，因此而失去很多投资的机会，其未来失误的可能性也将会增加，进而又会影响企业的偿债能力，这样势必会形成恶性循环。

(三)评价企业的财务实力

企业综合竞争力包括很多内容，如产品或业务竞争力、经营管理能力、人力资源质量、技术和制度的创新能力、财务实力等。财务实力是企业综合竞争力的重要组成内容。企业财务实力的强弱主要通过财务报表体现出来。对财务实力的评价是利益相关者是否与企业建立关系的关键。

(四)评价企业的管理效率

资产管理效率或运营效率如何，通常要通过各种资产运用效率指标加以衡量和评价。投资者投入的资本和债权人贷给企业的资金共同构成了企业的总资产。资产是企业拥有或控制的经济资源，本身就体现投资者对经营者的委托经管责任，经营者必须有效地经营和管理其独立控制的资产。

(五)评价企业的风险和前景

企业的财务和经营风险、报酬及发展潜力是利益相关者进行合理投资、信贷和经营决策的重要依据。而有关企业的财务和经营风险、报酬及发展潜力，主要是通过财务报表体现出来的。因此，进行财务报表分析，对利益相关者评价企业并进行决策具有重要的意义。

第二节 财务报表分析的主体及对象

一、财务报表分析的主体及目的

财务报表的主体(亦指财务报表的使用者)是与企业利益相关的人。他们要对企业的财务报表进行分析，以此获得对自己有用的信息。他们包括债权人、投资人、经营者、政府机构和其他与企业有利益关系的人士。不同的报表使用者出于不同的分析目的而需要不同的信息，因而采用不同的分析程序。

(一)财务报表分析的主体

财务报表分析的主体实际上就是财务报表或会计信息的使用者，如企业投资者、债权人等。这些信息使用者，必须首先对企业财务报表进行分析和评价，然后据此做出合理的经营决策，进行财务控制。

在现代社会中，从组成上看，财务报表的使用者虽然复杂多变，但可以用“利益相关者”一词来概括。所谓利益相关者，就是与企业存在直接或间接利益关系的组织和个人。企业的利益相关者，既有内部利益相关者，如经营者和员工，又有外部利益相关者，如股东、债权人、供应商、客户、政府、市场中介组织等；既有当前的利益相关者，又有过去的和潜在的利益相关者；既有直接利益相关者，又有间接利益相关者；既有与企业之间存在纵向经济权责关系的利益相关者，又有与企业之间存在横向经济权责关系的利益相关者。不管企业的利益相关者和报表使用者有多少种分类，始终少不了企业投资者、债权人和经营者这三类基本的使用者。这个观点可以用会计基本方程式来证明。

会计的基本方程式是“资产=负债+所有者权益”。这个方程式实际上包含三类与企业存在直接利害关系的主体，并体现这三类主体的经济权责关系。其中，负债体现的是债权人的经济权责关系，所有者权益体现的是企业投资者的权责关系，资产体现的是企业经营管理者的权责关系。同时，这个方程式内含企业所有权与经营者的分离。因为，等式右边的负债和所有者权益，分别代表债权人和投资者对企业资产的索偿权和所有权，而等式左边的资产，则代表企业经营者独立的经营管理权。所有者(包括债权人和投资者)虽与经营者分离，并且在绝大多数情况下所有者身处企业外部，并不直接参与企业经营管理，但与企业之间存在直接的经营利益关系，所以所有者理所当然是企业报表的使用者。经营者虽不拥有资产的所有权，但拥有资产的独立经营权和控制权，并且债权人和投资者将资产交由经营者经营管理，必然对经营者有所要求，以维护债权人和投资者的权益。为维护其权益，经营者必须妥善经营，有效地使用资产，确保资产的保值与增值。因此，经营者必然也是企业报表的使用者。

哪些人是财务报表的使用者，中外会计界对此看法不同。美国财务会计准则委员会认为，会计人员主要是向现在和未来的投资者和债权人及其他报表使用者提供信息。这里的投资者既包括产权资本的投资者即股东，也包括债权资本的投资者即公司债权持有人；债权人则指向企业提供商品和劳务的供应单位，企业中拥有债权的顾客和企业职工及金融机构等；其他报表使用者包括企业中拥有间接利益的政府机构和证券交易经纪人等。在西方会计理论中，一般把投资者和债权人作为基本报表使用者，而把企业内部经营者排除在外，认为财务会计是对外报告会计，只有管理会计才是内部会计。这些观点，与基本会计方程式的内涵是不相符的。

在我国财政部颁布的《企业会计准则》中，财务报表使用者大致可分为三类：一是国家经济管理机关；二是企业投资者、债权人等有关各方；三是企业内部的经营管理者。

(二)财务报表分析的目的

不同的报表使用者有不同的分析目的。这里简单介绍几类主要报表使用者及其报表分析目的。

1. 投资者及其报表分析目的

通常意义上的投资者就是股东，是指在企业设立或持续经营期间向企业提供权益性财务资本的组织或个人。至少在现行的制度下，人们还没有将人力资本的所有者视为企业的股东，在人们的观念中，企业就是归投资者所有。

作为企业的产权所有人，即使投资者不直接参与企业的经营管理，也与企业休戚相关，因而也最关心企业的财务状况和经营情况。企业的运行情况如何，获利情况如何，投入资本的保值与增值情况如何，经营者的能力和责任心如何，以及企业未来的发展趋势怎样，投资的效益和潜在的风险，等等，都是投资者所关心的主要问题。归根结底，他们关心这些问题的主要目的，就是为了进行合理的投资决策。

决策需要信息，从系统论的角度看，影响决策效率的因素主要包括：决策人的能力和责任心；决策对象也就是决策所要解决问题的难易程度；决策模型和方法的科学性；所依据的信息的充分性和可靠性等。因此，信息是决策的基本依据。进行投资决策所依据的信息，应当既有财务信息又有非财务信息，诸如人力资本质量、产品竞争能力等。无论如何，财务信息都是决策信息的组成部分，离开财务信息的经济决策是不可思议的。从这个意义上说，投资者一定是企业会计报表的阅读分析者。

投资者最为关注的是企业的获利能力。因为，投资的基本目的是实现资本的保值与增值，这直接取决于企业的获利能力。对于上市公司来说，公司获利水平的提高，还能使股票价格上升，从而使股东们获得资本收益。较高的获利能力，还可争取较多的债权资金和银行贷款，在资本利润率高于贷款利息率的情况下，投资者从中可以获取较高的报酬。

但是，投资者向企业提供的是没有规定期限的永久性资本，而不是短期资本。因此，投资者不应只注意当前的获利能力，而更应注意观察企业长期的获利能力，分析和评价企业的发展潜力及长期稳定发展的可能性。也就是说，投资者应当在短期获利能力与长期获利能力之间做出权衡，恰当处理二者的关系。

而企业长期获利能力和持续发展的可能性又与企业竞争力有关。长期发展的先决条件是企业在竞争中始终保持优势，从而不至于出现失败和破产。为此，企业还必须有合理的财务结构和稳定的偿债能力。作为企业长期资本的供应者，投资者又不能不关心企业的偿债能力。

较高的盈利水平不一定意味着向投资者分配较多的利润，这与企业的利润分配政策有关。有些企业可能会一贯地采取高利润分配政策，而另一些企业可能会一贯地采用低利润分配政策，但更多的企业会根据实际情况适时调整利润分配政策。因此，投资者还必须注意分析和评价企业利润分配政策。

综上所述，投资者的财务分析和评价包括：评价获利能力；评价企业长期发展的可能性；确定企业偿债能力；评估企业的利润分配政策。其最终目的是为了进行合理的投资决策。

2. 债权人及其报表分析目的

资金是企业经营的基本条件，而企业资金的来源主要有两大渠道：一是吸收直接投资；二是举债。没有举债的经营者是不成功的，说明经营者不会利用财务杠杆借钱、借鸡生蛋。但负债过度又会影响企业的生存和长远发展，因此举债要适度。

债权人就是向企业提供债务资金的组织和个人。有些债务资金是要在 1 年内偿还的，如流动资金贷款。有些债务资金是在超过 1 年的时间偿还的，如长期投资和基本建设贷款等。根据这种情况，企业的债权人又可分为短期债权人和长期债权人两大类。从举债的方式看，企业的债务资金包括向银行和非银行金融机构的借款、发行债券、融资租赁、商业信用等。企业通过这些方式所产生资金联系的对方，如银行、债券持有人、出租人和供应商等，也都是企业的债权人。

债权人是会计报表的阅读分析者，因为他们是企业资金的供应者，在有些企业甚至是主要的资金供应者。债权人的资金是需要偿还的，企业偿还债务资金的能力如何，是否有条件和能力支付利息，债权人提供的资金有无重大风险，企业对债权人供应的资金保障程度如何，诸如此类的问题，都是债权人密切关注的，而这些问题的答案，都可以从企业提供的财务报表中找到。

出于资金和收益安全性的考虑，债权人都很关心债务人企业的偿还能力和信用关系，因为债务人的偿债能力是债权人的权益得以实现的保证。但短期债权人和长期债权人又有区别。短期债权人主要关心企业短期偿债能力和资产的流动性，而资产流动性的大小又须借助流动比率、速动比率等来衡量。对短期债权人来说，流动比率是其进行财务分析和评价的关键性指标。在一个“三角债”盛行和多数企业存货大量积压的经营环境中，现金比率是短期债权人进行财务分析的核心指标。对长期债权人来说，更关心企业的资产负债率等财务指标，以便确定企业偿还长期债务和支付债务利息的能力和风险。

短期偿债能力分析不太强调赢利能力的重要性，但对长期债权人而言，除应注意分析评价企业偿债能力外，还应分析评价企业获利能力。因为从长远观点看，权责发生制会计下的报告利润与长期偿债能力之间有密切联系。虽然短期内报表上的利润并不说明企业就有现金可以用于还债，但是现金流量的变动，最终取决于企业所能获得的收入和必须付出的成本数额以及两者之间的比例关系。因此，长期债权人通常既关心资产负债表和现金流量表，又关心利润表。

对债权人而言，不管是确定偿债能力，还是评估盈利能力，进行财务报表分析的目的都是为了进行合理的信贷决策。

3. 经营者及其报表分析目的

企业的发展经历了三个阶段：第一个阶段是独资企业阶段；第二个阶段是合伙企业阶段；第三个阶段是公司制企业阶段。在前两个阶段，企业资本规模较小，经营环境简单，在企业管理上一般是谁投资谁经营管理，投资方与经营者身份合一。但在大工业出现以后形成的现代公司制企业就不同了，企业的规模大了，内部的组织结构变得更加复杂，企业的外部经营环境越来越不确定，对管理的要求也越来越高。这一系列条件的变化，使得企业治理制度的选择和设计完全不同于独资企业和合伙企业，向企业提供财务资本的人不一定有能力来经营管理企业，而他们对资本保值、增值的强烈追求又要求有能力的人来直接经营管理企业，于是投资方与经营者便分离了。这就是人们常说的所有权与控制权的分离或股东与经理的分离的主要原因和背景。两权分离是现代公司制企业的基本特征。

在两权分离制度下，一方面，作为企业的经营管理者，肩负着受托经营管理企业的责任，即所谓的“受托责任”，这个受托责任的完成和履行需要以会计报表等方式向委托人即投资方做出交代；另一方面，经营者本人又需要借助会计报表了解公司内部的财务和经营状况，以便更好地强化内部经营管理，提高资本运作效率，更好地完成这个受托责任。从这个意义上说，企业内部的经营者本身就是会计报表的阅读分析者。

关于企业经营者，理论界有两种解释：一是将经营者定义为公司董事长；二是将经营者定义为公司董事长加上总经理。对于财务报表，经营者关心的主要问题有：经营业绩如何、管理的效率和质量如何、财务结构及其风险和稳定性如何、偿债能力如何、资产和资本运作效率如何、财务适应能力如何、资源配置是否合理有效、未来发展趋势和前景如何等。通过这些问题，对企业现在和将来的发展做出正确评价，并制定合理的企业发展战略和策略。说到底，就是为了企业的可持续经营。可持续经营的能力是经营者保持职位的基本条件，也是经营者成就的体现，实际上也是利益相关者对企业经营者的基本愿望。

4. 政府及其报表分析目的

政府的性质和功能是不断发展变化的。现代社会中，政府一般肩负着宏观经济调控的职能，以促进整个国民经济健康、持续、稳定、有效的发展。政府宏观经济调控职能的实现，需要有相应的信息系统来支持。这个信息系统的重要组成部分，就是企业的财务会计信息系统。离开企业财务会计报表的政府管理，无疑是不行的。但是，政府作为企业会计报表的阅读分析者有其特殊性。

首先，政府面对的主要不是单个的企业，而是企业整体。政府关心的主要不是单个企业的财务和经营运作情况，而是全部或部分企业的财务运作情况和效果。在有些情况下，政府可能会将注意力集中在某个企业上，尤其在政府主导型的经济体制下。比如，如果一家企业的经营和财务活动对宏观经济的影响较大，或单个企业需要有政府的支持才能防止出现不利于宏观经济的后果时，政府就要进行个案处理。在这种情况下，政府就成了单个企业的报表阅读者。

其次，政府对企业整体财务状况和经营情况的了解，主要是通过对单个企业的财务会计报表汇总实现的，或者是靠统计的方法获得的。对于政府来说，借助行业主管部门进行报表汇总和借助统计汇总会计报表，是其进行宏观经济管理控制和经济决策的强有力的信息支持。

最后，政府作为社会的公共管理机构，所关心的问题不仅包括企业经营和理财的经济性过程和后果，而且还有企业经营和理财的社会性后果，也就是企业履行其社会责任的情况和效果。这里所说的社会责任，主要是指环境、就业、人力资源或国民素质、金融风险等。

5. 员工及其报表分析目的

员工是企业最直接的利益相关者。企业的现在和将来，企业的经营和理财，企业的生存和发展，企业的好与坏，都直接影响到员工的切身利益。从这个意义上说，员工必定会关心、了解企业的发展情况，以便做出合理的就业决策。现在，员工流动已经是司空见惯的事，这个流动就是人们常说的就业决策。做出改变就业的决策，对多数人来说是一件很痛苦的事情，但事关自己的切身利益，在有些情况下又不得不这样做。做出改变就业的决策，有很多原因，如工作的稳定性和安全感、身份和地位或权利资本利益、自我价值的实现程度和方式、未来发展的前景、收益水平和风险等，其中收益水平就与企业的财务状况有关。

6. 客户及其报表分析目的

如果企业向客户购买商品物资，客户首先必须了解企业的支付能力和信用情况，以便制定合理的信用决策，降低增加信贷回笼的风险。企业的信用情况和支付能力，是通过会计报表来体现的，从这个意义上说，客户就成了企业会计报表的阅读分析者。如果企业会计报表上显示的情况是现金短缺，说明企业的支付能力较弱；应付账款数额较大，对企业资产的比例较高，则说明企业的信用观念较差。这种情况下发生信用关系，风险比较大。

二、财务报表分析的对象

财务报表分析的对象是指分析的客体，或者说是分析时作为目标的事物。财务报表分析的对象是企业的基本活动，包括筹资活动、投资活动和经营活动。由于企业的目标是为股东增加财富，为扩大股东财富，企业必须在市场上进行经营活动。经营活动以资产为物质条件，为取得经营所需资产必须进行投资活动。投资活动需要使用资金，为取得投资所需资金必须进行筹资活动。因此，任何企业都必然要从事经营、投资和筹资三项基本活动，其他活动是为三项基本活动服务的，或者说是这三项活动的从属部分。

(一)筹资活动

筹资活动是指筹集企业投资和经营所需要的资金，包括发行股票和债券，取得借款及利用内部积累资金等。

企业在筹集资金时需要考虑以下问题：需要筹集的资金数额、筹资的来源(所有者还是债权人)、偿还期限及筹资契约的主要条款等。资本市场是企业筹集资金的潜在来源，筹资决策与资本市场的状况有密切关系，要根据市场状况和资金需要进行筹资决策。筹资决策的关键是选择适宜的资本结构。

筹资决策关系到企业的风险和成长能力，决定了企业决策受外部力量牵制的程度。

(二)投资活动

投资活动是指将所筹集到的资金分配于资产项目，包括购置各种长期资产和流动资产。

企业在投资时需要考虑以下问题：投资项目有什么技术或经营的创新、需要多少资金、使用资金的时间、资产的地点等。资产代表企业提供产品或服务的能力，目的是将来运用这些能力赚取收益。资产的效益在将来才能实现，而未来效益不能确知，所以投资必然包含风险。因此，投资决策的关键是报酬和风险的衡量。

投资是企业基本活动中最重要的部分。筹资的目的是投资，应根据投资需要来筹资，甚至可以把筹资看成是投资活动的“前置”部分。经营活动是投资所形成的生产经营能力的运用，投资决定了经营活动的规模、类型和具体方式，可以把经营活动看成是投资活动的“延续”部分。因此，投资活动决定了企业持有资产的总量及其构成，影响企业的生产经营能力、组织结构、成长能力和经营风险，并制约筹资和经营活动。

(三)经营活动

经营活动是在必要的筹资和投资前提下，运用资产赚取收益的活动，它至少包括研究与开发、采购、生产、销售和人力资源五项活动。

经营活动的关键是适当组合前述五项活动，使之适合企业的类型和市场定位。企业的类型是指提供产品或服务的具体特征。不同的企业类型需要不同的资产，而企业拥有的资产是投资决策的结果。经营活动要与企业的类型配合。企业的市场定位是指选择供应商市场、技术市场、劳动力市场和消费市场。管理层要确定最具效率和效益的市场定位组合，并且应结合其拥有的资产，以使企业取得竞争优势。

经营活动是企业收益的主要来源。收益计量了企业作为一个整体，在与市场进行交换时投入与产出的业绩。投资和筹资的效果，最终也要在经营收益中体现出来。因此，经营活动的分析是财务分析最重要的领域之一。

企业的三项基本活动是相互联系的，在业绩评价时不应把它们割裂开来。例如，利润是经营活动的结果，而经营业绩的评价不能孤立地看到利润大小，需要把利润和赚取利润所占用的资产联系起来，用资产利润率来评价。

第三节　财务报表分析的信息基础

一、财务报表

财务报表是财务会计报告的重要组成部分，也是财务会计报告的核心。财务会计报表是指企业对外提供的反映企业某一特定日期的财务状况和某一会计期间经营成果及现金流量状况的一种书面文件，主要由会计报表和会计报表附注构成。会计报表包括资产负债表、利润表、现金流量表及相关附表。

会计报表附注是指对会计报表主要项目及编制方法所作的解释。

(一)资产负债表

资产负债表是反映企业在某一特定日期财务状况的报表。在我国，资产负债表采用账户式结构，报表分为左右两侧，左侧列示资产各项目，反映全部资产的分布及存在形态；右侧列示负债和所有者权益各项目，反映全部负债和所有者权益的内容及构成情况。资产各项目按其流动性由大到小的顺序排列，分为流动资产、长期投资、固定资产、无形资产和其他资产；负债各项目按其到期日的远近顺序排列，分为流动负债和长期负债。所有者权益是按可供企业使用的永久程度排列，分为实收资本(股本)、资本公积、盈余公积和未分配利润。资产负债表左右双方平衡，即资产总额等于负债和所有者权益之和。资产负债表的基本格式如表 1.1 所示。

表 1.1 资产负债表

单位：元

资　产	行次	年初数	年末数	负债和所有者权益	行 次	年初数	年末数
流动资产：				流动负债：			
货币资金	1			短期借款	68		
短期投资	2			应付票据	69		
应收票据	3			应付账款	70		
应收股利	4			预付账款	71		
应收利息	5			应付工资	72		
应收账款	6			应付福利费	73		
其他应收款	7			应付股利	74		
预付账款	8			应交税金	75		
存货	10			其他应交款	80		
待摊费用	11			其他应付款	81		
一年内到期的长期债权投资	21			预提费用	82		
				预计负债	83		
流动资产合计	31			一年内到期的长期负债	86		
长期投资：							
长期股权投资	32			其他流动负债	90		
长期债权投资	34			流动负债合计	100		
长期投资合计	38			长期负债：			
固定资产：				长期借款	101		
固定资产原价	39			应付债券	102		
减：累计折旧	40			长期应付款	103		
固定资产净值	41			专项应付款	106		
减：固定资产减值	42			其他长期负债	108		
准备				长期负债合计	110		
固定资产净额	43			递延税项：			
工程物资	44			递延税款贷项	111		
在建工程	45			负债合计	114		
固定资产清理	46			所有者权益：			
固定资产合计	50			股本	115		
无形资产及其他资产：				减：已归还投资	116		

续表

资 产	行 次	年初数	年末数	负债和股东权益	行 次	年初数	年末数
无形资产	51			股本净额	117		
长期待摊费用	52			资本公积	118		
其他长期资产	53			盈余公积	119		
无形资产及其他资产合计	60			其中：法定公益金	120		
递延税项：				未分配利润	121		
递延税款借项				所有者权益合计	122		
资产总计	67			负债和所有者权益总计	135		

资产负债表有 3 张附表，包括资产减值准备明细表、所有者权益增减变动表和应交增值税明细表。

(1) 资产减值准备明细表是对已计提减值准备的资产项目的进一步说明。按照现行制度规定，在年末对应收款项、短期投资、存货、长期投资、固定资产、无形资产、在建工程和委托贷款等 8 项资产计提减值准备。为了使报告收益变得比较谨慎，在资产负债表中，这 8 项资产是按提取减值准备后的余额填列的，将减值损失计入了利润表，所以报表使用者看不出计提减值准备的情况，因此需要通过本表做进一步的分析。

(2) 所有者权益增减变动表是对资产负债表中所有者权益项目的进一步说明。在资产负债表中，所有者权益类项目包括实收资本、资本公积、盈余公积、公益金和未分配利润 5 项。资产负债表只列出了这 5 项的年初、年末余额，而所有者权益增减变动表补充了本年增加数和减少数，故需要通过本表做进一步的分析。因为所有者权益的增减反映企业利用收益进行再投资的情况，进而说明企业的发展潜力。

(3) 应交增值税明细表是对资产负债表中应交税金项目的进一步说明。由于我国实行价外增值税制度，增值税的有关明细项目不计入利润表。通过该表，可以反映增值税纳税义务的形成和交纳情况。

(二)利润表

利润表是反映企业在一定期间全部活动成果的报表，是两个资产负债表日之间的财务业绩。我国的利润表采用多步式结构，分为主营业务收入、主营业务利润、营业利润、利润总额和净利润五个步骤，分步反映净利润的形成过程。

利润表和企业基本活动的关系如表 1.2 所示。

表 1.2 利润表与企业的基本活动

利润表项目	企业的基本活动
一、主营业务收入	主要经营活动收入
减：主营业务成本	主要经营活动费用
主营业务税金及附加	主要经营活动费用
二、主营业务利润	主要经营活动毛利
加：其他业务利润	次要经营活动毛利
减：营业费用	经营活动费用
管理费用	经营活动费用
息前、税前经营利润(报表中未列示)	全部经营活动利润
财务费用	筹资活动费用(债权人所得)
三、营业利润	全部经营活动利润(已扣债权人利息)
加：投资收益	投资活动收益
补贴收入	非经营活动收益
营业外收入	投资和其他非经营活动收益
减：营业外支出	投资和其他非经营活动损失
四、利润总额	全部活动净利润(未扣除政府所得)
减：所得税	全部活动费用(政府所得)
五、净利润	全部活动净利润(所有者所得)

利润表以“营业利润”分界，上半部分反映经营活动，下半部分反映非经营活动。经营活动部分的“主营业务利润”应当是企业最主要的获利来源；“其他业务利润”是获利的附带来源；三项期间费用是利润的减少因素。值得注意的是，该表将“财务费用”列为“主营业务利润”的减项，似乎是经营活动的一部分，但是在现金流量表中将利息支出列为“筹资活动的现金支出”，两者在概念上存在不一致。财务分析必须保持概念和逻辑的一致性，因此现行报表并不适合分析的要求，需要进行调整。从分析的要求来看，应在财务费用之前增加“息前、税前经营利润”一项，以准确表达经营活动的损益；或者把现金流量表中的“利息支出”列为“经营活动现金流出”，也可以在概念上取得一致性。本教材在今后的分析中，把利息支出作为筹资活动的内容，因此会使用“息前、税前经营利润”一词来表达经营活动的成果。

“息前、税前经营利润”以下部分是非经营活动收益。“财务费用”是筹资活动的费用，“投资收益”是投资活动的损益，“补贴收入”、“营业外收入”和“营业外支出”，虽然也是企业的收入，但不能代表企业的获利能力，所以将它们列在利润表的下半部分，使“息前、税前经营利润”能够反映真正的获利能力。“所得税”是企业全部所得的一种费用，不属于某种特定的活动，故将其列示在利润总额之后。净利润是利润表的“底线”，反映资本缴入和收益分配前的净资产增加。

在财务分析中，区分经营活动损益与非经营活动损益非常重要。经营活动损益是正常的、有目的的经营活动的产物，与企业经营管理的水平密切相关，可以反映企业的获利能力；而非经营活动损益是非正常的损益或并非原定目的的损益，与经营管理水平关系不密切，不能代表企业的获利能力。濒临破产企业的一个特征就是经营利润逐年减少，而非经营损益的比重逐步增加。获利能力下降的企业，总是本能地利用其他途径粉饰报表，如证券买卖、资产置换、债务重组等非经营活动“制造”利润。值得注意的是“投资收益”也不属于原定目的的收益。除了金融企业之外，对外长期投资的主要目的不是取得收益，而是控制子公司的经营，以获取经营上的利益，如稳定或获取廉价的供货来源等。投资活动的利益将体现在经营收益之中。如果单纯为取得投资收益，还不如把钱还给股东，让他们自己去投资，可以节约交易费用，更有利于增加股东财富。一般企业对外投资的收益，只是获得控制权的附带成果。至于短期证券投资，只是现金管理的一种形式，以此减少持有现金的机会成本，而非企业获利的基本手段。

利润表有 6 项补充材料，反映利润总额中的非正常损益，其包括以下内容。

(1) 出售部门或投资的所得收益。

(2) 自然灾害发生的损失。

(3) 会计政策变更增加(或减少)的利润总额。

(4) 会计估计变更增加(或减少)的利润总额。

(5) 债务重组损失。

(6) 其他非正常损益。

区分正常和非正常损益，对于考察企业的业绩有重要意义。非正常损益不具有可持续性，并非企业的经营目的，在分析企业收益能力时应将其排除。

利润表有 3 张附表，包括利润分配表、业务分部报表和地区分部报表。利润分配表反映企业利润分配的情况，包括本年净利润、可供分配利润、已分配利润和年末未分配利润等。利润分配表主要反映企业的筹资活动。向股东分配的利润，是对筹资来源的回报；留存利润是用所有者的收益补充资金，属于内部筹资活动。业务分部报表反映企业各行业、各地区经营活动的收入、成本、费用、营业利润及负债总额的情况。地区分部报表反映企业各分部的经营活动业绩和筹资结构。

(三)现金流量表

现金流量表反映企业一定会计期间有关现金和现金等价物的流入和流出的信息，如表 1.3 所示。该表的项目，按经营活动、投资活动和筹资活动三项基本活动分别列示。

表 1.3 现金流量表与企业的基本活动

现金流量表项目	企业的基本活动
经营现金流入	(经营活动：会计期间经营活动现金流动量)
经营现金流出	
经营现金流量净额	
投资现金流入	(投资活动：会计期间投资活动现金流动量)
投资现金流出	
投资现金流量净额	
筹资现金流入	(筹资活动：会计期间筹资活动现金流动量)
筹资现金流出	
筹资现金流量净额	

现金流量表是对资产负债表和利润表的补充说明。它的补充主要表现在反映现金流量状况方面。对于经营活动业绩，利润表以权责发生制为基础进行反映，而现金流量表以收付实现制为基础进行反映。对于筹资和投资活动，资产负债表反映其在会计期间的“存量”，而现金流量表反映其整个会计期间的“流量”。

资产负债表、利润表和现金流量表这 3 张主要的财务报表，分别从一个侧面反映 3 项基本活动。无论分析企业的经营活动，还是分析筹资或投资活动，都会涉及这 3 张报表。

二、财务报表附注

为了全面反映企业的经营活动情况，便于对企业的财务活动进行全面的分析，为企业预测和决策提供更有利的依据，我国企业会计制度规定增加企业年度财务报表附注。增加财务报表附注的目的是增加财务报表的信息量，改善披露的充分性，抑制企业粉饰报表，减少报表使用者的误解。会计规范制定机构抑制报表粉饰的方法：一是减少会计政策的选择性和会计估计的范围；二是扩大披露的范围。在某种意义上说，报表附注的多少是规范制定机构与粉饰报表行为进行博弈的结果。目前财务报表的附表和附注，无论是文本篇幅还是提供的信息量，都超过了主要报表。仔细阅读报表附注有助于发现报表粉饰，以便在分析时进行必要的数据调整，从而在更加真实、可靠和可比的基础上进行数据分析。

按照我国《企业会计制度》的规定，在财务报表附注中至少应披露以下 13 项内容。

(一)不符合会计核算前提的说明

会计核算前提也称会计假设，是指面对变化不定的社会经济环境，会计师对某种情况所做出的推断，是进行会计核算的先决条件。在正常的情况下，会计师假设会计报表反映的是一个特定单位的经营活动，企业的经营活动将无限期地继续下去，连续不断的经营活动可以分割成若干较短的时期，企业的基本活动可以通过货币计量予以综合反映。

会计假设是会计核算最基础的条件，会计报表编制所遵循的会计原则是在会计假设基础上建立的，而会计处理的具体程序和方法又建立在会计原则的基础上。不同的假设导致不同的会计原则，不同的原则导致不同的会计程序和方法，不同的会计程序和方法导致不同含义的报表数据。因此，会计报表数据实际上是在假设基础上所做出的估计，只有理解会计假设才能真正理解报表数据的准确含义。

(二)重要会计政策和会计估计的说明

会计政策是指企业在会计核算时所遵循(选择)的具体原则及所采纳的具体会计处理方法。在附注中说明会计政策是非常必要的。企业会计制度中，同一经济业务的处理方法不只一种，企业可以结合自己的具体情况做出选择。不同的选择会导致不同的财务报表数据。为了正确理解报表数据，必须知道它所遵循的会计政策。

重要的会计政策是指如不说明就会引起报表使用者误解的会计政策。具体包括以下内容。

(1) 合并的原则。包括合并范围的确定、母公司和子公司所采用的会计政策是否一致及不一致时的处理原则等。

(2) 外币折算方法。例如，外币报表折算采用现行汇率法，还是采用时态法或其他方法。

(3) 收入确认的原则。例如，建造合同的收入是按合同完成法确认的，还是按完工百分比或其他方法确认的。

(4) 所得税的处理方法。例如，所得税的处理是采用递延法，还是采用债务法或其他方法。

(5) 存货的计价方法。例如，存货是采用先进先出法，还是采用加权平均法或会计制度允许的其他方法。

(6) 长期投资的核算方法。例如，长期投资核算是采用成本法，还是采用权益法。

(7) 坏账损失的核算方法。例如，坏账损失是采用直接转销法，还是备抵法核算。

(8) 借款费用的处理。例如，借款费用是采用资本化方法，还是采用费用化方法。

(9) 其他会计政策。例如，无形资产的计价和摊销方法、财产损益的处理方法、研究与开发费用的处理方法等。

会计估计是指企业对其结果不确定的交易或事项以最近可利用的信息为基础所作的判断。许多外行人认为，良好的会计数据是具有惟一性的，其实会计并不是一门精密科学，许多数据是估计的。需要进行会计估计的事项有如下几项。

(1) 坏账是否会发生及坏账的数额。

(2) 存货的毁损和过时损失。

(3) 固定资产的使用年限和净残值大小。

(4) 无形资产的收益期。

(5) 长期待摊费用的摊销期。

(6) 收入能否实现及实现的金额。

(7) 有损失和有收益的发生及发生的数额。

由于这些会计事项本身具有不确定性，以及采用权责发生制编制财务报表需要估计未来交易或事项的影响，进行合理的会计估计是不可避免的。会计估计不是没有根据的主观臆断，而是根据以往的经验和当时的情况，并以不一定的信息和资料为依据。合理的会计估计并不会削弱会计数据的可靠性。无视不确定性，回避会计估计将会遗漏许多重要事项，从而影响到会计数据的可靠性和有用性。

(三)重要会计政策和会计估计变更的说明，以及重大会计差错更正的说明

前期采用的会计政策有时在本期需要修改，因为有关会计规范有变更，或者原有政策已不适应企业实际情况的变化。前期做出的会计估计有时本期也需要修改，因为赖以进行估计的基础发生了变化，或者取得了新的信息，积累了更多的经验。会计政策和会计估计的变更，并不意味着以前会计期间的会计政策选择或会计估计是错误的。会计差错是由于确认、计量、记录等方面出现的差错，包括会计政策使用差错、会计估计差错和其他差错(记错账户方向、记错账户、漏记交易或事项等)。会计差错要通过会计差错更正处理。会计变更和会计差错更正，涉及各会计期数据的可比性和对本期结存数额的理解，因此需要在报表附注中说明。这种说明，仅限于“重要事项”，即足以影响报表使用者的决策的事项。

会计变更和会计差错更正需要披露的重要事项主要有以下几项。

(1) 会计政策变更的内容和理由。

(2) 会计政策变更的影响数。

(3) 会计政策变更的累积影响数不能合理确定的理由。

(4) 会计估计变更的内容和理由。

(5) 会计估计变更的影响数。

(6) 会计估计变更的影响数不能合理确定的理由。

(7) 重大会计差错的内容。

(8) 重大会计差错的更正金额。

(四)或有事项的说明

或有事项是指过去交易或事项形成的一种状况，其结果须通过未来不确定事项的发生或不发生予以证实。或有事项分为或有负债和有资产两类。

或有负债是指可能导致经济利益流出企业的或有事项。它又分为两种情况：一种是可能导致“潜在”的义务，而非现实的义务；另一种可能导致现实的义务，但不可能导致经济利益流出，或者该义务不能可靠地计量。如果过去的交易或事项导致企业的现实义务，

并且很可能流出经济利益、数额又能可靠计量，则它们应确认为负债并在财务报表中列示。或有负债是不符合会计确认标准的“负债”，它们对报表使用者的决策有影响，因此需要在报表附注中披露。企业在报表附注中应对以下或有负债进行披露。

(1) 已贴现商业承兑汇票形成的或有负债。

(2) 未决诉讼、仲裁形成的或有负债。

(3) 为其他单位提供债务担保形成的或有负债。

(4) 其他或有负债(不包括极小可能导致经济利益流出企业的或有负债)。披露的内容包括：

① 或有负债的形成原因。

② 预计产生的财务影响(如无法预计，应说明理由)。

③ 获得补偿的可能性。

或有资产是指有可能导致经济流入的或有事项。出于谨慎原则的考虑，一般不需要披露或有资产。但是，如果或有资产“很可能”给企业带来经济利益时，则应说明其形成的原因，如果能预计其产生的财务影响，也应作相应的披露。

(五)资产负债表日后事项的说明

资产负债表日后事项是指资产负债表日至报表报出日之间发生或存在的事项。这些事项的大部分是下一个报告年度的事项，应列入下一个年度的财务报告。但是，有两种事项要作特殊处理：一种是资产负债表日后获得新的或进一步的证据，有助于对资产负债表日的有关金额的存在状况做出的重新估计的事项。对其应视同资产负债表所属期间的事项一样，做出相应的账务处理，并且列入财务报表。典型的调整事项有：已经证实资产发生减损、销售退回和已确定获得或支付的赔偿等。这些事项需要调整已经编制的财务报表，因此称“调整事项”。另一种是不影响资产负债表日的存在情况，但如不加以说明，将会影响财务报告使用者做出正确的决策，对其应在财务报表附注中说明。这些事项不需要调整已经编制的财务报表，因此称“非调整事项”。典型的非调整事项有：资产负债表日后发生的股票和债券的发行、对一个企业的巨额投资、自然灾害导致的资产损失，以及外汇汇率发生较大变动等。对于非调整事项，报表附注中应说明其内容及估计对财务状况和经营成果的影响，如无法估计，应说明原因。对于报表分析人来说，非调整事项已经是影响企业价值的既定事实，只不过没有列入财务报表，必须加以注意。

(六)关联方关系及其交易的说明

关联方关系，是指一方有能力直接或间接控制、共同控制另一方的财务和经营决策，或者能对另一方的财务和经营决策施加重大影响。这种企业或个人称为报告企业的“关联方关系”。

按照我国现行会计制度规定，在存在控制关系的情况下，关联方如为企业时，不论他们之间有无交易，都应说明如下事项。

(1) 企业经济性质或类型、名称、法定代表人、注册地、注册资本及其变化。

(2) 企业的主营业务。

(3) 所持股份或权益及其变化。

在企业与关联方发生交易的情况下，企业应说明关联方关系的性质、交易类型及其交易要素。这些要素一般包括以下几项。

(1) 交易的金额或相应的比例。

(2) 未结算项目的金额或相应的比例。

(3) 定价政策(包括没有金额或只有象征性金额交易)。

(七)重要资产转让及其出售的说明

(八)企业合并、分立的说明

(九)会计报表重要项目的说明

会计报表重要项目的说明通常占有较大的篇幅。它包括以下几项。

(1) 应收款项(不包括应收票据，下同)及计提坏账准备的方法。

(2) 存货核算方法。

(3) 投资的核算方法。

(4) 固定资产计价和折旧方法。

(5) 无形资产的计价和摊销方法。

(6) 长期摊销费用的摊销方法。

(十)收入

对于收入，应分别披露商品销售收入、提供劳务的收入、利息收入、使用费收入和本期分期收款确认的收入。

(十一)所得税的会计处理方法

应说明所得税的会计处理是采用应付税款法，还是纳税影响会计法。如果采用纳税影响会计法，应说明采用的是递延法还是债务法。

(十二)合并会计报表的说明

应说明合并范围的确定原则。本年度合并报表范围如发生变更，企业应说明变更的内容和理由。

(十三)有助于理解和分析会计报表的其他事项

三、审计报告

审计报告与财务报表的可信性有密切关系，财务分析人员必须注意注册会计师出具的有关审计报告。

财务报表的编制者往往与报表的使用者存在利益冲突，并由此产生粉饰业绩、歪曲报表数据的倾向，因此需要一个与任何一方均无利害关系的第三者对财务报表进行审计。

按照我国现行规定，上市公司、国有企业、国有控股或占主导地位的企业的年度财务报表要经过注册会计师审计，对财务报表的合法性、公允性和一贯性发表意见。

进行任何目的的财务报表分析，都应事先查阅审计报告，了解注册会计师对公司财务报表的审计意见。报表使用者无法自己证实公司财务报告的可靠性，他们必须依赖审计人员的意见。

审计报告分为四种类型。

(一)无保留意见的审计报告

无保留意见的审计报告，分为“标准的”无保留意见审计报告和“带说明段”的无保留意见审计报告。

标准的无保留意见的审计报告，是注册会计师对被审计单位财务报表发表不带说明段的无保留意见的审计报告。“无保留意见”，是指注册会计师对被审计单位的财务报表，依据《独立审计准则》的要求进行检查后，确认被审计单位采用的会计处理方法遵循了会计准则及有关规定；财务报表反映的内容符合被审计单位的实际情况；财务报表内容完整，表达清楚，无重大遗漏；报表的分类和编制方法符合规定要求，因而对被审计单位的财务报表无保留的表示满意。

无保留意见的审计报告，还表示被审计单位的会计控制制度较为完善，财务报表分析人可以信赖该单位的财务报表。这是报表分析人最希望看到的审计报告，它可以使报表分析人直接使用报表数据开始自己的分析工作。

带说明段的无保留意见的审计报告，是在“意见段”之后增加了“说明段”的无保留意见的审计报告。在说明段中，注册会计师对某些事项进行了必要的说明。这些说明，对于理解财务报表数据有特殊意义。

通过“说明段”进行说明的事项主要包括以下内容。

(1) 重大不确定事项：注册会计师对某一(或多个)事项的结果无法做出合理的估计，也无法预知这一(或这些)事项对财务报表反映的信息有多大的影响，这些事项在审计中称为不确定事项，如递延费用的可回收性、所得税纠纷或诉讼案等或有事项、大宗应收款的变现能力、所需融资款能否继续利用、连续发现巨款营业亏损、公司无力支付到期债务、出现未保险的自然灾害等。发生上述事项时，如果被审计单位在报表附注中未作充分披露，或者虽已披露但该事项发生的可能性较大且是重要的，注册会计师会在说明段中做出特别说明。

(2) 一贯性的例外事项：如果报表单位的会计政策和会计处理方法发生改变，并且改变是合理的，注册会计师会说明这种改变的性质。

(3) 对会计准则的必要偏离：在特殊情况下，被审计单位对会计准则的偏离是必要的，是为了更加公允地反映经济业务的性质。注册会计师同意这种偏离，但要求被审计单位在报表附注中披露，并且在审计报告中予以揭示。

(4) 强调某一事项：在某些特定的情况下，注册会计师虽然对财务报表无保留意见，但是想向报表使用者强调某个财务报表的具体事项。例如，影响会计报表可比性的事项、关联企业的重要交易等。

(5) 被审计单位对外披露信息的重大差异：被审计单位的其他财务报告不属于注册会计师的审计范围，但为了保护利益关系人的利益，注册会计师会阅读这些报告，并考虑其与财务报表有无重大差异。如存在重大差异，并且这些差异不是财务报表所造成的，注册会计师的意见依然可以是无保留的，但他会在审计报告中增加说明段，说明出现的差异。

上述注册会计师说明不影响财务报表的正常使用，但它们都很重要。报表分析人在评价其盈利和偿债能力时，必须考虑到这些事项的影响，适当修正有关的结论。

在注册会计师对被审计单位的报表有异议，或审计范围受到限制时，会签发保留意见的报告、否定意见的报告或拒绝表示意见的报告。

(二)保留意见的审计报告

保留意见的审计报告是指注册会计师认为被审计单位报表总体上恰当但对某些事项有保留意见而发表的审计报告。

这些事项包括以下内容。

(1) 个别重要的会计事项或报表项目不符合会计准则或国家有关的规定，被审计单位拒绝调整。

(2) 审计范围受到重要的局部限制。

(3) 个别重要会计处理方法的选用不符合一贯性原则。

保留意见不妨碍财务报表的总体使用价值，但是某个重要的局部数据不具有可信性。有时，这种困难可以通过数据调整来克服。例如，注册会计师写到，“我们发现贵公司12 月份预付的下年度广告费 10 万元，全部作为当月费用处理。我们认为按照《企业会计准则》规定，预付的广告费应作为待摊费用处理，但贵公司未接受我们的意见。该事项使贵公司 12 月 31 日的资产负债表的流动资产减少 10 万元，该年度的利润表总额的总额减少 10 万元”。此时，财务分析人员应调整与流动资产和利润总额有关的数据，然后进行有关的分析。有时，报表使用者无法进行必要的调整，只能将其视为不可靠的数据，限制自己的分析范围。例如，注册会计师写到，“我们无法利用满意的审计程序证实期初存货的数量和价值，而期初存货的某些调整将影响该年度的利润总额”。

(三)否定意见的审计报告

否定意见的审计报告是与无保留意见报告相反的审计报告。

注册会计师出具否定意见的审计报告出于两种原因：一是会计处理方法的选用严重违反了《企业会计准则》及国家其他有关财务会计的规定，而且被审计单位拒绝调整；另一种是会计报表严重歪曲了被审计单位的财务状况、经营成果和现金流量，被审计单位拒绝调整。

出具否定意见的审计报告，意味着注册会计师认为被审计单位的财务报表不具有使用价值。这种财务报表不能作为财务分析的依据。

(四)拒绝表示意见的审计报告

拒绝表示意见，是指注册会计师对被审计单位的会计报表不能发表意见，包括肯定、否定或保留的审计意见。

拒绝表示意见不是注册会计师不愿意表示意见，而是由于某些限制而未对某些重要事项取得证据，没有办法完成取证工作，从而无法判断问题的归属，无法对财务报表整体反映发表审计意见。

在注册会计师出具拒绝表示意见的审计报告时，他会使用“无法发表审计意见”等措辞，并说明拒绝表示意见的理由，例如“缺乏可以依赖的相关控制制度，无法采用适当的审计程序以证实收入的完整性”等。

注册会计师拒绝表示意见的财务报表，其可靠性是未经证实的，不能作为正式分析的依据。

必须强调，审计的有用性依赖于它的独立性和能力性。审计的独立性是人们信赖他们的首要因素，但是被审计客户是审计人员服务费用的支付主体，与审计的独立性存在重大矛盾。审计的能力性，是他们受人信赖的第二位因素，但是谁也不能保证每一个审计人员都是胜任的。因此，分析人员应当关注可能出现的欺诈、疏忽和不遵守审计准则的行为，始终对审计意见保持一定的谨慎。

四、其他报告

其他企业报告是指除了财务报表之外的企业报告。企业报告是一个比财务报表更广泛的概念，它不仅包括财务报表，还包括其他传输信息的手段。其他企业报告的内容直接或间接地与企业提供的信息有关，例如，与企业的资产、收益和债务有关的信息等。其他企业报告主要是指公司的年度报告、招股说明书、呈送证监会的年报、新闻发布稿、管理当局的预测或计划等。

第四节 财务报表分析的原则步骤和方法

一、财务报表分析的原则

财务报表分析的原则是指各类报表使用者在进行财务分析时应遵循的一般规范。这些原则不要求报表使用者具备财务知识，它们初看起来很简单，但关系到财务报表分析的全局。

财务报表分析的原则可以概括为：目的明确原则；实事求是原则；相关性原则；全面分析原则；动态分析原则；定量分析与定性分析相结合原则；成本效益原则和谨慎性原则。

(一)目的明确原则

目的明确原则是指报表使用者在分析和计算之前，必须清楚地理解分析目的即要解决的问题。否则，即使由于计算机和数据库技术的发展大大减少了分析的工作量，也会使整个分析过程变成毫无用处的数字游戏。

财务报表分析的过程，可以说是“为有意义的问题寻找有意义的答案”的过程。要解决的“问题”必须是有意义的，并且是明确的。如果给你一个企业的财务报表，请你分析一下，而不说出于什么目的，你肯定会不知道从何着手。分析目的决定了它所需要的资料，分析的步骤、程序和技术方法及需要的结果。

分析的深度和质量在很大程度上依赖于对问题的认识、问题的相对重要性、所掌握的与特定问题有关的信息类别及其可靠性。

(二)实事求是原则

实事求是原则是指在分析时应从实际出发，坚持实事求是，反对主观臆断和“结论先行”，不能搞数字游戏。

报表分析人，尤其是专业分析人员，不能为达到既定目的而利用数据拼凑理由。一切结论应产生于分析之后，而不是在此之前。一切为了粉饰业绩或操纵股份而利用财务数据的行为都是有违财务道德的。

(三)相关性原则

不同财务指标具有不同的用途，而不同的报表使用者各有自己的分析目的。相关性原则是指企业提供的财务指标应能满足各类报表使用者的共同需要，而作为不同的报表使用者应从自身的需要出发选择不同的财务指标。如股东最关心企业的获利能力指标，债权人则更重视企业的偿债能力指标。

(四)全面分析原则

全面分析原则是指分析人要全面看问题，坚持一分为二。财务指标是一种价值指标，它涉及企业经营管理的各个方面，而企业的经营活动是互相联系、错综复杂的，所以报表分析人应当将各种财务指标有机地联系起来，同时将财务问题与非财务问题、有利因素与不利因素、主观因素与客观因素、经济问题与技术问题、外部问题与内部问题进行有机的结合，谨慎和全面地得出结论。

(五)动态分析原则

动态分析原则是指应发展地看问题，反对静止地看问题。

两个企业的收益率一致，并不表明它们的收益能力一样，这就如同从解剖学角度看，两个人可能没有太大的区别，但运动起来可能差别很大。动态分析原则要求对事物进行“动态的观察”，在运动中看局部和全局的关系，寻找过去和未来的联系。

分析人要注意过去、现在和将来的关系。财务报表本身是过去经济业务的综合反映，人们的决策是关于未来的。未来不会是历史的简单重复，但是历史的延续。过去可以告诉未来许多有用的东西。

(六)定量分析和定性分析相结合原则

定量分析与定性分析相结合原则是指定性的判断和定量的计算同样重要，都要引起充分注意。

分析人应认识到，定性分析是基础和前提，没有定性分析就弄不清本质、趋势及其与其他事物的联系；定量是工具和手段，没有定量分析就弄不清数量界限、阶段性和特殊性。财务分析要透过数字看本质，无法定性的数字必然得不出结论。

许多报表分析人尤其是新手，往往过分热衷于定量分析的技术方面，忽视定性分析。

(七)成本效益原则

成本效益原则是指将最大的精力应用于能取得最大效益的地方。

分析人应当注意几点：要分析和解决的问题是否具有足够的重要性，值得花多少成本；相对于问题的重要性，其分析结果需要的精确程度如何，是否值得下工夫使其更精确；不确定性分析是否必要，需要多少成本等。

(八)谨慎性原则

谨慎性原则要求报表分析人在进行报表分析时，宁可低估(不能高估)企业的变现能力、获利能力和偿债能力，宁可高估(不能低估)企业的财务风险和经营风险。在贯彻谨慎性原则时，要做到两点：一是要采用谨慎的会计处理方法；二是要采用谨慎的财务指标计算方法。一种财务指标通常会有多种计算方法，如速动比率，可以用流动资产减去存货的余额与流动负债相比计算，也可以用现金、银行存款、短期投资和短期应收账款的总额与流动负债相比。二者相比，后者较为谨慎。谨慎性原则以上述各原则为前提，因此决不意味着企业可以任意歪曲事实真相和隐瞒利润。

二、财务报表分析的步骤

虽然财务报表是一个研究和探索的过程，具体分析程序和内容是根据分析目的具体设计的，不存在惟一的通用分析程序，但是分析过程的一般步骤仍有一些共性。

财务报表分析的一般步骤包括以下七步。

(一)明确分析目的

报表分析人必须事先明确分析目的。分析目的是因人而异的。前面我们已经讨论了不同报表分析人的不同目的，这里不再赘述。

(二)设计分析程序

在明确分析目的的基础上，分析人要根据可以取得的资料及分析人的习惯来设计分析程序。

设计分析程序的工作包括：根据分析目的确定需要回答什么问题；根据问题确定主要的财务评价指标；确定分析时采用的技术方法；确定分析到什么层次为止；确定比较时采用的比较标准(同行业、本企业历史或计划预算)等。

(三)收集有关信息

收集资料是指根据已经确定的范围收集分析所需要的资料。通常，任何分析都离不开财务报表，但可能还需要非财务报表资料。

反映企业整体的财务报表，并不适合特定目的的分析。分析人要根据自己的需要进行选择和修正，使之变得易于理解和使用。这项工作也叫“初步分析”或“会计分析”，其内容包括阅读报表，比较会计报表，解释会计报表和修正会计报表。

(四)将整体分为各个部分

将整体分为各个部分，就是所谓“分析”。通过分析，把研究对象分解为各个组成部分、方面、因素，为以后的专门研究奠定基础。

(五)研究各个部分的特殊本质

对分解后的各部分，需要分别研究其特殊本质，以达到深刻认识事物的目的。这种研究是通过比较来完成的，包括与历史水平比较、与同行业平均水平比较及与计划预算指标比较等。

(六)研究各个部分之间的联系

研究各部分之间的联系就是所谓“综合”。通过综合，把研究对象的各个部分、各个方面和各种因素联系起来加以考虑，从总体上把握事物的本质和规律。

综合是在分析的基础上进行的，目的是找出各个方面的各种属性之间的有机联系，并将它们看成一个概念和逻辑系统，从而形成对事物的整体结论。例如，我们通过计算和分析企业的各种财务指标，最后对企业的偿债能力和收益能力做出总体评价。

(七)得出分析结论

将上述分析和综合过程中得到的结果进行归纳整理，形成分析结论。例如，该企业是否具有投资价值、应否为该企业提供贷款、收益率下降的原因是什么等。

对于专业分析人员来说，自己不是决策人，他们在分析完成后，还需要给委托人或上级主管出具一份论据充分、叙述清楚、分析透彻的分析报告，以表达分析的结论，供决策者使用。分析报告不仅仅要表达最终结论，还应包括分析的过程。分析过程的中间信息对决策人至关重要，它可以使决策人具体认识到该企业或其某一方面。

三、财务报表分析的方法

(一)比较分析法

比较分析法是财务报表分析中常用的方法。人们认识事物通常是从区分事物开始的。比较是认识事物的基本方法之一，有比较才有鉴别。不同事物之间的共同性使它们有了比较的基础，而不同事物之间的差异性使它们具有不同的特征。事物在不同时间和空间都具有不同的特征，财务报表分析的任务就是要通过其不同的特征找出其差异性，进而反映企业的经营活动状况。分析时我们通常要计算各种指标并将其进行对比，而比较就要有一个标准。采用不同的比较标准，得出的差异有不同的经济意义。因此在实际分析时,标准的选择直接影响分析的结果。根据不同的分析目的，可以选择不同的分析标准，这些标准通常可按以下方法进行分类。

1. 按比较的对象分类

(1) 历史标准

历史比较是分析期与前期或连续数期项目金额的对比。这种对财务报表项目纵向所做的比较分析是一种动态的分析，也叫趋势分析。通过分析期与前期财务报表中有关项目金额的对比，可以从差异中及时发现问题，找出原因，改进工作。连续数期的财务报表项目的比较，能够反映出企业的发展动态，以揭示当期财务状况和经营成果的增减变动，判断引起变动的主要项目是什么，变动的性质是有利还是不利，发现问题并评价企业财务管理水平，同时还可以预测企业未来的发展趋势。

(2) 同行业标准

历史比较只能揭示变化的趋势，不能反映企业的竞争地位。为了全面评价经营业绩，还需要把企业的主要财务指标与同行业的平均指标或同行业中的先进指标进行对比，以判断企业在同行业中所处的位置，以及与先进水平之间的差距，以利于吸收先进经验、克服本企业的弱点。

(3) 预算标准

把分析期的实际数与预算数进行对比，则预算数就是比较的标准，其差距反映完成预算的程度。这种比较的主要作用是说明计划的完成情况，为挖掘企业潜力进行进一步的分析和研究。

2. 按比较的指标分类

(1) 总量指标

总量是指财务报表某个项目的金额总量，如净利润、主营业务收入、营业费用、存货等。由于不同企业之间财务报表各项目金额不具有可比性，因此总量比较主要用于历史和预算比较。如比较历年的利润数额，分析其变化趋势，判断利润的增加能力。又如通过比较实际利润和预算利润，分析预算的完成情况，找出未完成预算的原因。有时总量指标也用于不同企业之间的比较，如比较不同企业之间的资产规模或利润。

(2) 结构指标

结构百分比是用百分率表示某一报表项目的内部结构。它反映该项目内各组成部分的比例关系，代表了企业某一方面的特征、属性或能力。结构百分比实际上是一种特殊形式的财务比率。它们同样排除了规模的影响，使不同比较对象之间建立起可比性，可以用于本企业历史比较、与其他企业比较和预算比较。

【例 1.1】某企业利润表结构百分比的有关数据如表 1.4 所示。

表 1.4　某企业利润表结构百分比　　　　单位：%

项　目	本　年	上　年	同 行 业	预 算
主营业务收入	100	100	100	100
主营业务成本	58	54	56	55
主营业务利润	42	46	44	45
营业费用	5	6	6	6
管理费用	8	9	10	8
财务费用	7	9	6	5

续表

项 目	本 年	上 年	同行业	预算
利润总额	22	22	24	26
所得税	8	9	9	10
净利润	14	13	15	16

(3) 财务比率

财务比率是用倍数或比例表示的分数式，它反映各会计要素的相互关系和内在联系，代表了企业某一方面的特征、属性或能力。例如，流动资产和流动负债的比值被称为流动比率，反映流动资产和流动负债的关系，代表企业偿还短期债务的能力。财务比率的比较是最重要的比较。它们是相对数，排除了规模的影响，使不同比较对象之间建立起可比性，因此广泛用于历史比较、同行业比较和预算比较。

【例 1.2】某企业的资产收益率是 10%，如果作同行业的财务比率比较，应以同行业的资产收益率(例如 12%)作为比较标准。分析时要解释为什么比同行业水平低两个百分点，是资产周转率问题还是销售利润率问题？如果是资产周转率问题，还要进一步分析哪一项资产的周转有问题等。

分析时要设法解释本年企业销售净利率与历史、同行业和预算的差异形成原因。

不同的比较指标和对象，构成了不同的比较方法，如表 1.5 所示。

表 1.5 比较法的类别

比较的对象 比较的指标	历史标准	同业行标准	预算标准
总量指标	—	—	—
财务比率	—	—	—
结构百分比	—	—	—

(二)因素分析法

因素分析法也是财务报表分析常用的一种技术方法，它是指把整体分解为若干个局部的分析方法，包括财务比率的因素分析法和差异因素分解法。企业的经济活动是一个有机的整体，每个指标的高低，都受多个因素的影响。从数量上测定各因素的影响程度，可以帮助人们抓住主要矛盾，或者更有说服力地评价企业的情况。

1. 比率因素分析法

因素分析法，是指把一个财务比率分解为若干个影响因素的方法。例如，资产收益率可以分解为资产周转率和销售利润率两个比率的乘积。

在财务报表分析中，财务比率的分解有着特殊意义。财务比率是财务报表分析的特有概念，财务比率分解是财务报表分析所特有的方法。企业的偿债能力、收益能力等是用财务比率评价的，对这些能力的分析必须通过财务比率的分解来完成。因此，许多教科书认为，财务报表分析最重要的方法就是比率分析(包括比率的比较和比率的分解)。

在实际的分析中，分解法和比较法是结合使用的。比较之后需要分解，以深入了解差异的原因；分解之后还需要比较，以进一步认识其特征。不断的比较和分解，构成了财务报表分析的主要过程。

2．差异因素分解法

为了了解比较分析中所形成差异的原因，需要使用差异分解法。例如，产品材料成本差异可以分解为价格差异和数量差异。

差异因素分解法又分为定基替代法和连环替代法两种。

(1) 定基替代法

定基替代法是测定比较差异成因的一种定量方法。按照这种方法，需要分别用标准值(历史、同行业企业的或预算的标准)替代实际值，以测定各因素对财务指标的影响。

【例 1.3】某公司的本年实际利润与预算利润的比较数据如下：

实际销售收入：(100 万件×58 元/件)5 800 万元；

预算销售收入：(110 万件×60 元/件)6 600 万元；

差异：800 万元(不利)。

用定基分解法分析计算影响预算完成的因素：

数量变动影响金额=预算价格×实际数量−预算价格×预算数量

=预算价格×数量差异

=60×(100−110)

=−600 万元

价格变动影响金额=实际价格×预算数量−预算价格×预算数量

=价格差异×预算数量

=(58−60)×110 万元

=−220 万元

这种分析方法得出的差异，是“纯粹”的价格(数量)差异，但是两种差异之和(−220−600=−820)不一定等于总的差异(−800 万元)。另外的−20 万元差异是由于价格和数量共同起作用而形成的“混合差异”，无法分配给特定责任人。

(2) 连环替代法

连环替代法是另一种测定比较差异成因的定量分析法。按照这种方法，需要依次用标准值替代实际值，以测定各因素对财务指标的影响。

【例 1.4】依前例，采用连环替代法计算分析影响预算完成的因素：

数量变动影响金额=预算价格×实际数量-预算价格×预算数量
=预算价格×数量差异
=60×(100-110)
=-600 万元

价格变动影响金额=实际价格×实际数量-预算价格×实际数量
=价格差异×实际数量
=(58-60)×100 万元
=-200 万元

按照连环替代法，各影响因素的差异之和(-200-600=-800 万元)等于总差异，便于将全部差异分配给不同的责任人，也便于核对计算的正确性。但是，把混合差异归属于某个责任人不一定合理，因此它是两个因素共同作用的结果。

在财务报表分析中，除了普遍使用比较法和因素分析法之外，有时还要使用回归分析、模拟模型等技术方法。

复习思考题

1. 什么是财务报表分析？财务报表分析的意义是什么？
2. 债权人分析财务报表的目的是什么？
3. 投资人分析财务报表的目的是什么？
4. 财务报表分析应遵循哪些原则？主要步骤有哪些？
5. 财务报表分析的基本方法有哪些？因素分析法的基本原理是什么？
6. 财务报表分析的信息基础有哪些？
7. 财务报表附注的主要内容是什么？请给出或有事项、资产负债表日后事项、重大会计政策、会计估计、会计差错的概念。重要的会计政策一般包括哪些内容？
8. 什么是资产负债表？它包括哪几张附表？
9. 什么是利润表？它包括哪几张附表？
10. 什么是现金流量表？它与资产负债表和利润表的编制基础是否相同？为什么？

习　　题

一、名词解释

财务报表分析　筹资活动　投资活动　经营活动　会计政策
会计估计　或有事项　资产负债表日后事项

二、单项选择题

1. 企业收益的主要来源是(　　)。
   A. 投资活动　　B. 经营活动
   C. 筹资活动　　D. 投资收益
2. 资产负债表的附表是(　　)。
   A. 利润分配表　　B. 分部报表
   C. 财务报表附注　　D. 应交增值税明细表
3. 利润表反映企业的(　　)。
   A. 财务状况　　B. 经营成果
   C. 财务状况变动　　D. 现金流动
4. 我国会计规范体系的最高层次是(　　)。
   A. 企业会计制度　　B. 企业会计准则
   C. 会计法　　D. 会计基础工作规范
5. 注册会计师对财务报表的(　　)发表意见。
   A. 公允性　　B. 真实性
   C. 正确性　　D. 完整性
6. 财务报表分析的对象是企业的基础活动，不是指(　　)。
   A. 筹资活动　　B. 投资活动
   C. 经营活动　　D. 全部活动
7. 在财务报表分析中，投资人是指(　　)。
   A. 社会公众　　B. 金融机构
   C. 优先股东　　D. 普通股东
8. 不属于上市公司信息披露的主要公告有(　　)。
   A. 收购公告　　B. 重大事项公告
   C. 利润预测　　D. 中期报告

三、多项选择题

1. 财务报表分析具有广泛的用途，一般包括(　　)。
   A. 寻找投资对象和兼并对象　　B. 预测企业未来的财务状况
   C. 预测企业未来的经营成果　　D. 评价公司管理业绩和企业决策
   E. 判断投资、筹资和经营活动的成效
2. 财务报表分析的主体是(　　)。
   A. 债权人　　B. 投资人　　C. 经理人员
   D. 审计师　　E. 职工和工会

3. 作为财务报表分析主体的政府机构，包括(　　)。

A. 税务部门　　B. 国有企业的管理部门

C. 证券管理机构　　D. 会计监管机构

E. 社会保障部门

4. 财务报表分析的原则可以概括为(　　)。

A. 目的明确原则　　B. 动态分析原则

C. 系统分析原则　　D. 成本效益原则

E. 实事求是原则

5. 在财务报表附注中应披露的会计政策有(　　)。

A. 坏账的数额　　B. 收入确认的原则

C. 所得税的处理方法　　D. 存货的计价方法

E. 固定资产的使用年限

6. 在财务报表附注中应披露的会计估计有(　　)。

A. 长期待摊费用的摊销期　　B. 存货的毁损和过期损失

C. 借款费用的处理　　D. 所得税的处理方法

E. 坏账损失的核算

7. 以下(　　)属于企业在报表附注中进行披露的或有负债。

A. 已贴现商业承兑汇票　　B. 预收账款

C. 为其他单位提供债务担保　　D. 应付账款

E. 未决诉讼

8. 上市公司信息披露的主要公告有(　　)。

A. 收购公告　　B. 包括重大事项公告

C. 利润预测　　D. 中期报告

E. 会计方法

9. 审计报告可以划分为(　　)。

A. 无保留意见的审计报告　　B. 赞成意见的审计报告

C. 否定意见的审计报告　　D. 保留意见的审计报告

E. 拒绝表示意见的审计报告

四、计算分析题

某公司的本年实际利润与预算利润的比较数据如下：

实际销售收入：(8 万件×5 元/件)40 万元

预算销售收入：(9 万件×4.8 元/件)43.2 万元，

差异：3.2 万元(不利)

要求：分别用定基替代法和连环替代法分解差异并进行简要分析。

第二章　资产负债表和利润表的阅读与分析

教学目的与要求

- 了解资产负债表和利润表的结构、作用和基本内容
- 理解和掌握资产负债表和利润表各项目的意义及阅读方法

教学重点与难点

重点是掌握资产负债表和利润表各项目的含义及其相互关系；掌握比较分析法和结构百分比分析法的应用。

本章的难点是理解分析过程是一个不断分解与不断比较的过程；认识到财务报表数据不一定完全适合分析的要求，需要根据分析目的调整报表数据。

第一节　资产负债表的阅读与分析

一、资产负债表的作用

资产负债表是反映企业在某一特定日期某一时点的资产、负债和所有者权益的总量、构成及其相互关系的财务报表。

该表的主要作用是揭示企业的财务状况，包括财务实力、财务结构、财务风险、财务效率等方面。具体地说，资产负债表有如下几个方面的作用。

(一)资产负债表可以反映企业实际控制的经济资源的数量和结构

控制一定数量的经济资源是企业生产经营的基本条件。经济资源的实质是未来经济利益，换句话说，经济资源体现企业的未来潜在利益。因此，一般地说，企业控制和运作的经济资源越多，其形成和产生新的经济利益和社会财富的能力也就越强。资产负债表向人们展示了企业获取经济利益的潜力和能力。

然而，不同性质的经济资源给企业带来经济利益的大小是不一样的，因此，对于报表使用者来说，仅仅了解控制经济资源的总量还不够，还必须同时观察企业经济资源的具体结构的合理性。同样的资源总量，配置结构不同，所能产生的经济利益或经济效益也就不同，因此，报表使用者阅读和分析资产负债表所反映的企业资产的具体组成项目，对其分析判断企业资源配置结构是否合理、有效，以及评估企业未来的发展，有着十分重要的意义。

(二)资产负债表可以反映企业的资金来源及其构成

企业全部资产的形成来自于两大渠道，即举债和吸引权益性资本，它们在总资产中的比重，体现了债权人和投资者对企业的资金贡献程度。从这个意义上说，资产负债表提供的负债和所有者权益的合计数，反映了债权人和投资者对企业的资金贡献程度、企业资本结构的合理性以及债权人利益的保障。资产经营和理财总是有风险的，风险的程度大小不仅通过负债与产权的对比关系体现，而且还通过负债的结构体现。不同的负债结构，则负债经营的风险也有差别。这样说来企业负债表既提供了负债的具体项目数字，又为合理有效地评估企业的经营和理财风险提供了重要的依据。

(三)资产负债表可以反映企业的财务弹性

财务弹性又称为财务适应性，是指企业融通资金和使用资金的能力。企业的财务弹性大小，取决于其资产结构和资本结构。保持合理的资产结构和资本结构，使企业既能以较低的资本成本获得所需要的资金，又可以改变现金流量的数额和时间分布，以便抓住有利的投资机会或应付突发事件。通过资产负债表，报表使用者可以利用企业的资产、负债的构成，以及企业的资本结构，并借助利润表及报表附注，评价企业的财务弹性。

(四)资产负债表有助于反映企业的经营业绩

企业的经营业绩主要表现在获利能力上。而对企业获利能力的考察，如果单独依据利润表，只能观察销售或者营业的获利能力。若要观察企业利用所控制的经济资源的获利能力，或者观察企业控制的经济资源所体现的经济利益的实现程度，以及投资者投入资本的增值能力，就要联系资产负债表。资产负债表与利润表相互结合，为全面分析和评价企业的获利能力和营运能力提供了基本依据。

二、资产负债表各要素的阅读与分析

资产负债表由三大要素组成，即资产、负债和所有者权益。资产负债表的具体项目相应地也就分为资产项目、负债项目和所有者权益项目三大类。报表之所以要列示这些具体的项目，是因为每个项目均代表不同的含义，体现不同的经济意义，反映企业不同的财务问题。

(一)资产要素的阅读与分析

在对资产要素进行分析时，至少应当关注以下五个方面的问题。

- 资产的特性
- 资产指标的作用

- 资产类项目的阅读与分析
- 资产的结构分析
- 资产指标的局限性

1. 资产的特性

资产是指过去的交易或者事项形成并由企业拥有或者控制的资源，该资源预期会给企业带来经济利益。资产是最基本的报表要素，其基本特性如下。

(1) 资产的现实性

首先，资产具有现实性。资产是由过去的交易或事项形成的。也就是说，资产必须是现实资源，而不是预期资源。未来交易或事项及未发生的交易或者事项可能产生的结果不属于现实的资源，不得确认为资产，如尚未实际交易的合同设备等。

其次，资产体现企业的法人财产权。资产是由企业自主拥有或者控制的资源，体现企业独立法人的财产权和经营权，它不以所有权为前提。也就是说，不管资产的法定所有权归谁，只要企业能够控制该资产所能体现的收益和风险，按照实质重于形式的原则，就应当确认为企业的资产，如融资租入固定资产等。

再次，资产体现收益性。一般认为，资产的最本质特征是预期经济利益。所谓预期经济利益是指直接或间接地增加企业的现金和现金等价物的潜力，这种潜力可以是生产性的，也可能采取转化为现金和现金等价物的形式，或采取能够减少现金流出的形式。按照这个特征，不能为企业带来预期利益的，就不能确认为资产，如一条在技术上已经被淘汰的生产线或已经发霉变质的存货。

(2) 资产的实体控制性

资产体现企业独立的控制权，按照通常的说法就是企业的自主经营权，或法人财产权。这个观点有几层含义：第一，资产不是以所有权为前提的，也就是说，资产不体现企业所有权，在资产上，看不出所有权的影子。因此，严格地说，所谓的“国有资产”实际上是一个不甚确切的概念，准确地说应该是国有资本；第二，企业的资产应当由企业的法人治理结构来控制和治理。按照公司法的要求，公司应当设立完整的法人治理结构，这个治理结构的基本框架是“董事长领导的三会制”。所谓“三会”，是指公司董事会、监事会和以总经理为首的行政指挥系统或者经理会。公司的资产由三会分工协作负责管理，其中董事会拥有对资产及其运作的决策权，经理会具体实施对资产的管理和日常控制，监事会监督资产的决策和使用；第三，资产的使用和控制不受所有者或政府部门的直接干预。只有在企业的经营管理行为违反国家的经济和社会政策、违反国家的法律法规和社会公德时，政府才有权干预企业资产的决策和使用。

(3) 资产的潜在获利性

资产是企业控制的经济资源。在经济学上，资源被认为是经济增长和经济发展的必要组成要素。在会计学上，“预期的未来经济利益”被视为资产的最本质的特征，也是资产确认的最基本的标准和条件。如果一项支出不产生未来的经济利益，或者未来的经济利益不符合或不再符合资产负债表中确认资产的标准，就应当在收益表中确认为一笔费用。按照国际会计准则的解释，“资产中包含未来的经济利益，是指直接或间接地增加流入企业的现金或现金等物价的潜力”。

当然，资产的潜在获利性的实现程度，或者资产的内在经济利益的实现程度，受制于经营管理的能力等若干实现因素。这就是为何资产多而利润少的原因。由于资产实质上是体现企业获利能力或者产生经济利益的能力，因此从这个意义上说，企业控制的资产应当越多越好。越是达到经济规模，其获利能力或效益就越好。西方的大公司所独立控制的资产通常达到几千亿美元，所产生的经济效益一般为上百亿美元或者几百亿美元，道理就在这里。过去我们的企业资产规模很小，经济效益差，现在提倡企业间兼并与合作，以扩大企业的资产规模，提高经济效益，道理也是因为资产体现企业的未来经济利益。

(4) 资产的时空限定性

会计上的资产总是与特定的时间与空间相关联，资产不能离开会计的一些基本假设或假定，这些假设与假定包括会计主体、持续经营、会计分期、权责发生制等，这也是会计学的资产与经济学的资产的一个根本区别。在经济学上，资产与资源是等价的，纯粹体现“未来经济利益”；而在会计学上，受时空限制使得其一部分资产项目已不再体现“未来经济利益”，如递延支出项目等，有些实际上是损失，已不再体现“未来经济利益”。这些不能体现未来经济利益的项目被称为“财务项目”或者“资产负债表项目”，通常指某一主体因为过去的交易所发生的、尚未分配的递延支出，它直接影响到企业的净资产，是能够用成本或者价格加以确认的项目。

2. 资产指标的作用

现代企业处在一个竞争激烈的市场环境里，其生存和发展的重要条件就是企业的综合竞争力。而财务实力是影响企业综合竞争力的一个重要因素。在会计上，透视企业财务实力的指标主要是资产和资本的规模。一般情况下，企业资产和资本的规模越大，其财务实力就越强，就越有综合竞争力。至少在传统产业如工业部门是如此的。

将资产作为衡量企业财务实力的一个重要指标，主要是出于以下考虑：第一，资产体现企业控制的、能够为企业带来经济利益的经济资源，企业控制的有效资源越多，其竞争力就越强；第二，在国际和国内，企业的规模大小的划分标准主要就是看企业的资产、销售和员工数量，而规模又是影响企业综合竞争力的关键性因素。从国际经验来看，资产和资本规模大的企业，其人才素质也较高，研究开发能力及其由此所决定的产品竞争力和多元化运作能力较强。这个观点说明企业的资产规模越大越好。

3. 资产类项目的阅读与分析

资产按存在形态和变现能力，在报表上一般分为流动资产、长期投资、固定资产、无形资产和长期待摊费用等。

(1) 流动资产

流动资产是指企业控制的能在 1 年内变现或耗用的资产。一个企业流动资产越多，在总资产中所占比重越大，说明该企业资产的流动性就越强。在报表上，流动资产主要包括货币资金、短期投资、应收票据、应收股利、应收利息、应收账款、预付账款、其他应收款、存货、待摊费用和待处理流动资产损失等项目。

① 货币资金。反映企业的各类库存现金及银行存款。一个企业的货币资金越多，说明该企业的支付能力越强。当然，如果货币资金过多，就会导致资金的闲置，影响货币资金的使用效率。因此，企业应根据自身实际情况确定和保持一个合理的货币资金持有数量。

② 短期投资。短期投资是指企业持有的能够并且准备在 1 年内随时变现的投资，包括股票投资、债券投资和基金投资，以及不超过 1 年(含 1 年)的其他投资。短期投资是现金的后备来源，因此与货币资金一样，企业短期投资越多，支付能力和财务适应能力就越强。不过短期投资与货币资金又有不同。比较而言，短期投资的风险要大于货币资金，尤其是在证券市场尚不完善的时期。因此，对持有短期投资的企业来说，应当注意防范风险，以增加投资的变现能力。由资产负债表中的短期投资之间的比例关系，大致可以观察企业短期投资的风险状况及其防范水平。而且短期投资是企业利用暂时闲置的资金进行的，主要的目的是获利，因此，企业还必须结合投资的效益情况进行分析。

对短期投资项目的分析至少应当关注三个方面：一是短期投资的对象即被投资单位结构；二是短期投资的品种和类别结构；三是短期投资的风险和收益。对短期投资品种和类别结构的分析可以借助报表附注中的有关信息。

③ 应收票据。在商品交易或劳务结算活动中，通常使用的票据是商业承兑汇票和银行承兑汇票。票据的法律约束力和兑付力强于一般的商业信用，因此为企业所广泛使用。包括在报表应收票据项目的票据，都是未到期的票据，这类票据不管其数额有多少，均可认为是能够收回的。

对应收票据项目的分析应当关注三个方面：一是应收票据的对象即债务人单位结构；二是应收票据的时间结构；三是应收票据是否已经被贴现或用于其他用途。

④ 应收股利。应收股利是企业因股利投资应收的现金股利及在采用其他投资形式时应收被投资单位的利润。由于现金股利多是按照权责发生制原则确认的，而被投资单位宣布分配现金股利时一般都充分考虑了本单位的现金支付能力，因此应收股利的风险一般较小，比应收账款甚至比应收票据、应收利息的风险还小。因此，应收股利的多少是预测企业未来现金流量的重要依据。

⑤ 应收利息。应收利息是企业因债权投资而应收取的利息，但不包括企业购入到期还本付息债券应收取的利息。债券投资应收取的利息收入一般是按照权责发生制原则确认的，并且企业预计利息收入时一般不考虑被投资单位的财务状况和现金支付能力，因此，

一般而言，应收利息的风险要大于应收股利。阅读本项目时，必须结合被投资单位的现金流量状况，充分考虑其风险，并作为估计未来现金流量的依据。

⑥　应收账款。应收账款是企业因销售商品、提供劳务等应向购物单位收取的各种款项。与应收票据相比，这类信用的风险要大，因而坏账准备金也就根据应收账款计算提取，一般不包括应收票据。但应收票据有确凿证据证明不能收回或收回的可能性不大时，也应将这部分应收票据并入应收账款计提坏账准备。这说明，企业应收账款的结余越多，发生坏账损失的风险就越大。从这个意义上说，应收账款越少越好。另外，应收账款反映自己的资金被信用单位占用，并且一般是无偿占用，不付利息，体现的是一种资金沉淀。在企业资金总量一定时，应收账款占用越多，使用费的损失就越大，资金的使用效率就越差，现金也越短缺。在这个意义上，应收账款也是越少越好。不过，实际情况往往是许多企业都被过多的应收账款和“三角债”所困扰。对企业来说，解决这个问题，仅仅靠政策和环境的改善是不行的，更要从自身做起，强化内部管理尤其是信用管理。

对应收账款项目的分析必须考虑四点：一是应收账款总量及其占总资产和流动资产的比重，藉以观察企业资产结构的合理性；二是应收账款的对象结构即债务人单位结构；三是应收账款的时间或账龄结构，通过对象结构和账龄结构的分析，评估企业应收账款的风险及其对未来现金流量的影响；四是应收账款被用于抵借或其他用途的情况。此外，还应当结合资产减值准备明细表的信息，对应收账款提取坏账准备的情况进行分析。此外，对应收账款账龄结构的分析可以借助报表附注中披露的相关信息。

⑦　预付账款。预付账款是企业在实际购买商品或劳务之前按协议预付的货款，体现的也是一种普通的商业信用和资金的无偿占用。预付账款的数额取决于市场环境。一般地说，在卖方环境中，多数产品供过于求，商品积压严重，预付账款发生的可能性就小。对企业来说，预付的账款总是越少越好。如果企业生产所需的材料设备或所经营的商品均处于买方市场状态，过多的预付账款反映出企业的理财存在问题。

⑧　其他应收款。其他应收款是企业应收的商品或劳务结算款项以外的款项，如员工向企业的借款等。这类项目也是越少越好，特别是员工的私人借款。在分析报表时，应当对其他应收款的总量及其占总资产或流动资产的比重，其他应收款的对象结构和时间结构等进行分析，以观察企业资产结构的合理性和风险程度。

⑨　存货。存货包括企业供应环节的存货如原材料、包装物、低值易耗品等，生产环节的存货如自制半成品、在制品等，销售环节的存货如库存商品、产成品和发出商品等。在零存货管理制度下，存货项目的金额为零。在卖方市场的环境下，存货项目的金额也不会太大。但在目前买方市场和管理弱化的条件下，许多企业存货的结余价值较大。存货结余越多，资金沉淀越多，可流动的资金就越少，资产的使用效率就越低。存货积压严重，资金周转速度慢，影响了企业正常经营所需要的资金和企业的正常运行。因此，对于企业来说，应加强管理，盘活现有资金，力争将存货的结余降低到最低限度，使资金能够有效地流动，节约利息费用。

对存货项目的分析，应当关注如下四个方面：一是存货的数量及其占总资产或流动资产的比重；二是存货的品种和类别结构；三是存货的时间结构；四是存货的质量等。此外，对存货结构的分析可以借助报表附注中的相关信息。

⑩ 待摊费用。待摊费用是企业发生的按会计上的权责发生制原则需要在 1 年内分月摊销的费用支出。是否作为待摊费用列账，主要的标准不在于支出数量的大小，而是该项支出是否对以后各期的收益产生影响。如上所述，待摊费用是以前期间的资产耗费。换句话说，资产已经在前期流出。所以在报表的编制期，不管该项目的金额有多少，均不体现企业控制的经济资源，不是企业真正的资产，是“虚资产”。这类项目所占金额越少越好。

(2) 长期投资

长期投资是指企业持有的不准备在 1 年内变现的投资，包括长期股权投资和长期债权投资两部分。企业持有这部分投资的主要目的是保持对被投资企业的控制权。因此，从企业所拥有的长期股权投资的数量和规模，并结合投资在被投资企业实收资本中所占的比例的大小，可以观察投资企业对被投资企业的实际控制能力及企业的地位状况，也可以观察企业的扩张能力，结合投资效益情况还可以观察企业未来的发展前景。

对外投资是企业资本经营和优化内部资源配置的重要途径和有效形式。企业应将长期投资的规模、投资的效益与内部资源报酬结合分析，判断通过对外投资进行资本竞争的能力。然而无论如何，企业都必须充分注意和防范投资风险。

对长期投资项目的分析，应当首先关注长期投资的规模、风险和收益；其次是长期投资的对象结构、品种和类别结构的分析也可以借助报表附注中的相关信息。

(3) 固定资产

固定资产是指使用年限在 1 年以上或单项价值在规定标准以上的资产。固定资产在使用中是逐渐消耗的，周期较长。因此，一个企业所拥有的固定资产越多，在总资产中所占比重越大，则资产的流动性和变现能力就越差，可容许的适度资产负债也就越低。固定资产的规模和结构，与企业所处的行业性质有关。一般情况是，工业企业的固定资产比重要大于第三产业的企业，因此，第三产业的资本流动性相对较强。

将报表中固定资产的原价、累计折旧和净值结合起来，所计算的固定资产净值率(净值/原值×100%)，可以观察固定资产的新旧状况。将固定资产净值与所计提的固定资产减值准备相结合，可以观察企业实际中拥有的固定资产及防范风险的能力。如果将计算的范围限制在设备方面，还可以观察企业技术装备的水平。从目前状况看，大部分企业的技术装备水平还不高。个别企业的固定资产中有相当一批设备在“超期服役”，亟待更新。

在固定资产一类的项目中，还有“固定资产清理”和“在建工程”等项目。原来的待处理财产损失项目在 2001 年发布的《企业会计制度》中已被取消，原因是待处理财产损失(包括待处理流动资产损失和待处理固定资产损失)本质上并不体现预期经济利益，不符合资产的确认标准，因而实质上并不是资产。

固定资产清理反映企业因出售、报废等原因转入清理费用但尚未清理完毕的固定资产的净值，以及固定资产清理过程中所发生的清理费用和变价收入等各项金额的差额。对于需要清理的固定资产，企业应加快清理，以此来盘活资产，优化企业资产分布结构。

在建工程反映企业期末各项未完成的工程的实际支出和尚未使用的工程物资的实际成本，包括交付安装的设备价值，未完建筑安装工程已经耗用的材料、工资和费用支出，预付承包工程物资的实际成本等。在建工程反映的也是一种沉淀和闲置的资金，在建工程越多，资产的使用效率就越低。因此，企业应加强工程建设的管理，加快工程资金的周转速度。

报表分析者应当根据报表附注中的相关信息，对固定资产的结构和成新率进行分析。

(4) 无形资产

无形资产是企业为生产商品，提供劳务，出租他人或为了管理的目的持有的、没有实物形态的非货币性长期资产，包括专利权、商标权、特许权、土地使用权、著作权、非专利技术和商誉权等。随着科技进步特别是知识经济时代的到来，企业控制的无形资产越多，其可持续发展能力和竞争能力就越强，因此企业应当重视培育无形资产。

值得注意的是，报表中反映的无形资产仅仅是企业所控制的全部无形资产的一部分，有时甚至是很小的一部分。换句话说，企业控制的全部无形资产，并没有都在现在的资产负债表上体现出来。原因是相当一部分无形资产目前还没有理想的或适当的计量方法，如人力资源、品牌、市场营销网络和渠道、企业文化等。一项资源被确认为会计上的无形资产并纳入资产负债表，必须具备三个条件：一是符合无形资产的定义；二是产生的经济利益很可能流入企业；三是成本能够可靠地计量。不同时具备这三个条件的资源，即使是无形的、有价值的经济资源，也不反映在会计的资产负债表中，这是阅读资产负债表时要注意的问题。

报表分析者应当结合报表附注中的有关信息，对无形资产的结构、无形资产的摊销情况进行分析。

(5) 长期待摊费用

长期待摊费用是企业已发生的需要在以后若干个会计年度分期摊销的费用，包括租入固定资产的改良支出和固定资产的大修理费用等。因此，它实际上是一笔递延费用，并不是真正的资产或资源，我们称它为“虚资产”。它是不能为企业直接使用的资产，在企业持续经营期间或固定资产修理之后，它只会削减企业的净收益。因此，这类项目，数额越少越好。

值得注意的是，企业开办期间发生的不能计入固定资产价值中的各项费用即开办费，发生时虽然需要通过长期待摊费用归集，但不需要在以后年度分期摊销，而是于开始生产经营当月一次计入当期损益。长期待摊费用所包括的这部分开办费，实际上也是“虚资产”。

报表附注中有关长期待摊费用的信息也是进行长期待摊费用项目分析的重要参考。

4. 资产的结构分析

资产代表企业控制的经济资源。资源要能最大限度地发挥其功能，就必须有一个合理的配置，而资源配置的合理与否，主要是通过对资产负债表的各类资产占总资产的比重即资产结构的分析来反映的，特别值得重视的几个资产结构如下。

(1) 现金资产比重

这里的现金是指企业的库存现金和银行活期存款，这个比重如果过低，就会影响企业的正常经营和正常支付；如果过高，又会导致现金闲置，影响企业的获利能力。因此企业应视情况确定一个合理的现金储备。不过，目前的情况不是企业现金过多，对大多数企业来说，主要任务是适当增加现金储备，提高资产的变现能力和支付能力。

(2) 应收账款和存货比重

存货是流动资产中流动性较差、变现能力较弱的一项资产，而应收账款由于近年来企业间的相互拖欠比较严重，影响了企业这部分资金的回笼。因此这两项资产在流动资产中所占的比重的大小，关系到企业流动资产的周转速度，进而影响企业的现金流量和偿债能力。由于流动资产中的存货和应收账款的大量存在，造成流动资产比重不足和流动资金使用上的严重短缺。从而导致大量的资金沉淀和闲置，使企业的现金短缺，资产使用效率低下。流动性项目所呈现的特征是，应收账款和存货越来越多，现金及现金流量越来越少。所以企业只有保持较低的应收账款和存货比重，才能确保其财务安全性，才能防止企业出现破产的风险。

(3) 生产经营用资产比重

企业的全部资产按其用途可以分为生产经营用资产和非生产经营用资产两部分。其中非生产经营用资产所占比重越大，则总资产使用效果就越差。在各类企业中，国有企业和集体企业非生产和经营资产比重较大，这是历史造成的。在传统经济体制下，企业承担着大量的社会职能。正所谓是小企业大社会，从而使企业积累了大量的非生产经营用资产，这也是国有企业和集体企业效率偏低的原因。因此，剥离非生产经营用资产、净化企业资产结构已成为国有和集体企业的改革原因之一。不过经营性与非经营性资产的标准和界限应根据新的形式重新确定。比如投资于研究开发或员工职业培训的资金，有利于提高企业的技术创新能力和培育软资源，从性质上应界定为经营性资产。

(4) 无形资产比重

总的来看这个比重越高越好。随着科技的进步和经济的发展尤其是知识经济的到来，硬资源在企业生存和发展中的作用和相对价值不断地下降。而包括无形资产在内的软资源在企业的生存和发展中的作用和相对价值不断地上升。与这个规律和趋势相适应，企业必须善于培育和合理配置无形资产。借助无形资产比重指标，可以观察企业知识化和高新技术化的程度，也可以分析企业可持续发展的潜力及综合竞争力的强弱。

(5) 对外投资比重

多数企业都希望这个比重高些。因为：第一，企业的资产需要一个适当的组合，内外分布便是企业降低资产风险的重要途径之一；第二，商品经营与资本经营并举，是现代企业经营发展的新趋势。而对外投资就是资本经营的重要形式。对资本经营的重视，将导致资产中对外投资比重上升；第三，借助这个指标可以观察企业资本经营的水平和效果。第四，集团化的大企业一般都是以资本为纽带组建的，如果企业的对外投资少，则集团化、大型化的进程和规模也是有限的。

5. 资产指标的局限性

与资本相比，将资产作为衡量财务实力的指标，其局限性也较大。换句话说，在阅读资产负债表的时候，应当注意资产这个指标的一系列局限性或缺陷。资产指标的局限性主要有以下四个方面。

(1) 资产的内容不完整

会计上的资产没有涵盖企业全部能够为企业带来经济利益的经济资源。在市场经济条件下，控制一定数量的经济资源仍是企业生存和发展的基础，也是企业获得一定竞争力的基础。企业的经济资源按存在的形态可分为硬资源和软资源两大类。硬资源就是有形资源，如现金、存货、投资和固定资产等。软资源就是无形资源，一个企业的无形资产主要包括四大部分：第一是市场资源，即与市场相联系的对企业发展有价值的东西，包括商誉、品牌、销售网络和渠道等；第二是人力资源，主要是人力资源的质量；第三是知识产权，包括专利权、商标权、版权、著作权、专有技术权、土地使用权等；第四是组织管理资源，如企业文化、管理哲学和管理艺术等。

软资源有以下几点特点：第一，随着科技进步和社会经济的发展，尤其是知识经济时代的到来，软资源对企业的生存和发展所起的作用越来越大，而硬资源的相对价值却在不断地减少；第二，软资源具有更好的成长性，其价值上升速度较快。

然而，被列入到资产负债表中的资产，主要是可以用货币计量的硬资产，相对价值上升且成长性最好的软资源受到轻视，除少数知识产权被纳入报表外，更多的软资源仍被排除在会计核算系统和财务报表之外，而价值相对下降的硬资源却一直作为会计核算和报表反映的重点。所谓资产的内容不完整，也是体现在对软资源的核算上。

由于更多的软资源没有在资产负债表上反映出来，所以资产负债表上的资产有时并不一定能够确切地反映一个企业的财务实力。一个较好的例子是美国通用汽车公司和微软公司，从账面上看，微软公司的资产还不到通用汽车公司的四分之一，然而能据此判断微软的财务实力不如通用公司吗？

(2) 资产的计量不真实

一方面，资产负债表上的资产都是能够用货币计算的资源，但现在还不能用货币计量的资源(如多数软资源)，尚未在资产负债表上体现出来。

另一方面即使是可以用货币计量的资源，在计量上也未必是真实的。因为会计使用货币度量进行核算时所使用的货币量度是“面值单位”，未考虑对象变动对货币购买力影响的货币单位，即所谓“币值不变假设”。然而现实中，物价经常处在变动之中，货币的购买力会随着物价的变化而变化，这就导致了矛盾——货币的现实变化与币值不变假设。这个矛盾必然导致会计上的账面资产价值与其真实价值的背离。这里说的真实价值，实际上就是资产的“现时价值”或“现时成本”。目前，报表上的大部分资产都是按历史成本计价的，所代表的不一定就是资产的真实价值，这是在阅读资产负债表时需要注意的又一问题。我国《企业会计制度》要求企业计提八项资产减值准备，即坏账准备、短期投资跌价准备、存货跌价准备、长期投资减值准备、固定投资减值准备、在建工程减值准备、无形资产减值准备和委托贷款减值准备，并要求企业在编制财务报表时按照扣除这八项资产减值准备后的资产净值列示在资产负债表中。这在很大程度上将原来会计核算的资产中的“水分”挤干，从而提高了会计上资产信息的真实性。

(3) 资产中包含虚资产

即使假定企业所面临的价格环境是不变的，即单项资产的历史成本就是它的现时成本，则报表上的资产价值也不一定就是它的真实价值。因为，报表上的资产总额是若干项目的合计数，其中有些项目并不是所谓的“资产”。资产体现的是企业控制的并能带来经济利益的经济资源，而报表中的有些项目，实际上并不是什么资源，更不能为企业带来经济利益，严格地说不能称为“资产”。在报表上，这样的项目在改革前的会计制度中主要有四个，即待摊费用、递延资产、递延税款借项和待处理财产损失。新的《企业会计制度》取消了资产负债表中的待处理财产损失项目和递延资产项目，但依然保留待摊费用和递延税款借项。这些项目实际上也不是真正的资源。这样，资产负债表上的全部资产就分成了两部分：一部分是实资产，包括货币资金、应收款项、存货、投资、固定资产和无形资产等；另一部分是虚资产。在阅读资产负债表时，在用资产指标来判断企业的财务实力时，甚至在用资产数量界定企业规模时，最好是剔除“虚资产”。

(4) 资产的分类不尽合理

在资产负债表上，资产按流动性通常分为两大类，即流动资产和非流动资产。这样的分类，是以一年或一个营业周期为标准的，即能够在一年或一个营业周期内变现或耗用的资产是流动资产，包括现金、应收款项、短期投资和存货等；不能在一年或一个营业周期内变现的资产是非流动资产，包括长期投资、固定资产和无形资产等。资产负债表上使用的这个标准是“理论标准”，它与“现实标准”还是有较大差距的。现实中，企业总是或多或少地存有超过一年收不回来的应收款项和超过一年没有销售出去的存货。这些长期化了的应收款项和存货，实际上已经不是流动资产而是长期资产，但在编制报表时，会计人员通常并不严格地进行这样的区分，结果这些长期化的应收款项和存货被不合理地列入流动资产之中，账面流动资产与实际流动资产发生了背离。但作为报表的阅读者，在看企业的资产尤其是观察流动资产时，最好是将长期化的资产从账面流动资产中剔除，以确定企业流动资产的真实数量。

企业实际控制的经济资源有很多种，如硬资源和软资源、有形资源和无形资源、人力资源与非人力资源、可单独辨认资源与不可单独辨认资源(商誉)、现实资源与潜在资源等。但按会计的要求，列入资产负债表上的经济资源，只能是现实可以用货币计量的经济资源，至于那些不可用货币计量的资源或现在没找到理想的计量方法予以计量的经济资源，如人力资源和知识资源等，目前还未在资产负债表中体现或反映出来。这也说明，资产负债表中的资产具有狭隘性，这是在阅读资产负债表时要十分注意的问题。

(二)负债要素的阅读与分析

对负债要素进行分析时，至少应当关注五个方面：一是会计上负债的特性；二是负债指标的作用；三是负债项目的阅读与分析；四是负债的结构分析；五是负债指标的局限性。

1. 负债的特性

在会计上，负债是指过去的交易或事项形成的而在目前负担的义务，履行该义务预期会导致经济利益流出企业，会计上负债的含义要比法律上的含义宽泛得多，许多会计上的负债如递延项目，并不具备法律上负债的特征。因此，会计上的负债需要具备如下三个特征。

(1) 现时性。也就是说，负债是由过去的交易或事项形成的而在目前负担的义务，如某企业因违反合同而造成的赔偿义务等。由于或有事项而形成的潜在义务，不能确认为负债。现时的义务基于已经发生的交易或事项，未发生的未来交易或事项不会产生负债。

(2) 有偿性。负债的偿付在未来约定的时间需要转移或使用现金、商品或劳务，这将导致经济利益流出企业。

(3) 强制性。负债是不可避免的义务，这种义务是源于法律、合同及类似的文档，是一种强制性的义务。

负债体现的是企业实际承担的可以用货币计量的义务。负债的偿还，将导致含有未来经济利益的资产的流出。

第一，负债在存续期间会导致企业资产的增加，因此具有潜在经济利益的可增加性，但这种潜在利益能否转化为现实，则取决于企业的生存环境和经营管理水平等因素，这说明负债对企业收益的增加是有风险的。

第二，即使负债所带来的资产能够产生经济效益，但负债一般是有偿的，只有在负债所产生的收益能够补偿负债的成本即利息时，负债对企业才是真正有利的。

第三，由于负债的偿还将导致资产(实际上是有效资产)的流出，因而只有在企业的有效资产能够偿还负债并且在偿还负债后剩余的资产能够确保企业的正常经营活动时，企业的负债行为才是有效的或正常的。由于负债的偿还将导致企业资产的外流，因此，在阅读资产负债表时，必须将负债与资产联系起来，考察企业资产对负债的物质保障程度。

与资产一样，企业的负债也具有多样性的特征。如货币化负债与非货币化负债，现实负债与潜在负债。而列入资产负债表的负债，必须是可以用货币计量的现实负债。因此，会计上的负债仅仅体现企业现在承担的货币负债。因此，在阅读资产负债表时不应只注意实际的资产负债率，还应当结合企业的生产经营和业务活动情况，估算和考察企业的自然负债率以及二者的关系。

可以用货币计量的负债有多种，会计按负债的偿还期限一般分为两大类：一是流动负债，包括短期借款、应付款项等；二是长期负债，包括长期借款、应付债券和长期应付款项等。对企业来说，流动负债的水平越低，即负债的长期化程度越高，偿债的压力和风险就越小。

2. 负债指标的作用

负债经营是现代企业的基本特征之一。报表上的负债数字，是衡量企业负债经营水平的基本指标，因此也就是判断企业财务风险的重要依据。过度的负债经营，不管是对债权人、经营者还是对其他利益相关者，都是有害的。

3. 负债类项目的阅读与分析

(1) 流动负债

流动负债是需要企业在 1 年内偿还的负债，这部分负债在全部负债中的比重越高，企业当前还债的压力越大，理财和经营的风险也就越大。一个理想的负债结构，应当是流动负债比重较低的结构。在报表上，流动负债类的项目主要包括短期借款、应付票据、应付账款、预付账款、其他应付款、应付工资、应付福利费、应交税金、应付股利、预计费用和预提费用等。

① 短期借款。短期借款是企业向银行性的金融机构借入的期限在 1 年以内的借款。在非银行性金融机构还不很发达的情况下，多数企业的短期借款还是银行流动资金借款。其数量的多少往往取决于企业生产经营和业务活动对流动资产的需要量、现有流动资金的沉淀和短缺情况等。企业应结合对借款的使用情况及使用效果分析该项目，一定数目的短期借款是经营所必需的，但如果数量太大，超出了企业的偿债能力，就会对企业的持续发展带来不利影响。短期借款适度与否，可以根据流动负债的总量、目前的现金流量状况和对未来 1 年内的现金流量的预测来判断。在一个现金流量状况较差的企业里，过高的短期借款将会增加财务风险。

对短期借款项目的分析主要是观察短期借款的数量及其占总负债或总资产的比重、短期借款偿还的时间结构及短期借款的来源结构。通过短期借款结构的分析，观察企业的财务风险。

② 应付票据。应付票据是企业为了抵付货款而开出、承兑的尚未到期的银行承兑汇票和商业承兑汇票。按照《票据法》的规定，票据的最长期限为 9 个月，因此其流动性高

于应付账款，相对应付账款而言，应付票据的压力和风险较大。

③　应付账款。反映企业购买原材料和接受劳务等供应而应付给供应单位的款项。在市场经济条件下，应付账款的发生是正常的，但如果超过信用期的应付账款的数额太大且时间太长，则体现企业的信用观念较差，这与应付票据不同。应付票据不管金额有多大，都不体现企业的信誉情况。

④　预付账款。反映企业预收购买单位的款项，其金额的多少及风险的大小应结合企业生产经营能力来分析评价。

⑤　应付工资。反映企业应付未付的员工工资的结余额。如果是在正常期限内发生，则不体现企业的资金和信誉状况。一个有信誉且资金还不紧缺的企业，一般是不会长期拖欠员工工资的。否则，如果企业有拖欠工资的情况，一般是因为企业出现了资金短缺。

⑥　应付福利费。应付福利费反映企业按职工实发工资总额和国家规定的比例即 14%提取的福利基金，不包括从净利润中提取的公益金。前者是用于职工个人福利，后者只能用于职工集体福利设施支出。由于企业的离、退休人员的负担过重，很多企业的应付福利费项目金额出现赤字。

⑦　应付股利。应付股利反映企业已经宣告发放但尚未实际支付的现金股利。由于企业做出发放现金股利的决策需要充分考虑本企业的现金流量和支付能力，因此，如无意外情况发生，应付股利实际上代表企业必须发生的现金流出，是估计企业未来现金流量的可靠依据。

⑧　应交税金。应交税金反映企业应交未交的各种税金，包括流转税和所得税等。按时、足额地缴纳税金，是每个企业应尽的法定义务，但如果该项目的金额过大，一般情况下，说明该企业有拖欠国家税款的现象。这个现象目前确实非常严重，应引起企业的重视。

⑨　其他应付款。其他应付款反映企业所有应付和暂收的其他单位和个人的款项，如应付保险费和存入保证金等。

⑩　预提费用。预提费用反映企业所有已经提取计入成本费用但尚未支付的费用，如预提固定资产大修理费用等。预提的固定资产修理费用一般是要在以后某期发生的，因此该项目实际上也预示着今后的现金流出。

⑪　预计费用。预计费用反映企业确认的与或有负债事项相关的现时义务。基于过去的交易或事项引起的或有负债，有些是潜在的义务，有些是现时的义务。企业需要预计的负债，仅仅是与或有负债事项相关的现时义务，并且还要具备另外两个条件：一是该义务的履行很可能导致经济利益流出企业；二是该义务的金额能够可靠地计量。预计负债虽然不一定会发生，甚至也不一定会按照所预计的金额发生，但预计负债作为一项现时的义务，其发生的可能性毕竟在 50%以上，有些甚至为“基本确定”，即发生的可能性在 95%以上。因此，出于谨慎考虑，企业在考察偿债能力和估计未来的现金流量时，也应当充分考虑这些预计负债。一般情况下，预计负债越多，未来的现金流出量也就越大。

(2) 长期负债

长期负债类项目是企业借入的期限在 1 年以上的债务，包括长期借款、长期应付债券和其他长期应付款等。与流动负债相比，长期负债的风险和压力较小。在负债的结构方面，企业应力求长期化和多元化。

① 长期借款。长期借款反映企业从银行和非银行金融机构借入的 1 年以上的借款本金和利息，主要是对银行的长期投资借款本金和利息。由于多数企业仍不能通过证券市场融资，资金来源的主要渠道还是银行借款，因此在多数企业的负债结构中，长期借款都占绝大部分比例。这导致企业的负债集中，无疑也增大了企业的财务风险。报表分析者应对长期借款的数量及其占总负债的比重、长期借款的时间结构和长期借款的来源结构进行分析，这是评价企业财务风险的重要依据。

② 长期应付债券。长期应付债券反映企业发行的尚未偿还的各种长期债券的本金和利息。相对于长期借款，长期应付债券的风险和压力较大。因为，债券的发行是面向全社会的，到期不还本息造成的社会影响较大，迫于社会压力，企业偿还债券本息的积极性一般要高于偿还银行本息的积极性。对银行的借款就不同了，至少到现在为止，银行的主体是国有银行，而相当一部分企业也有能拖就拖、能赖就赖的思想，结果银行的借款长期挂账。这种思想的形成有深刻的体制原因和历史原因，但随着市场经济体制的不断完善和外资银行的大量进入，这种状况会有较大改变。需要说明的是，在当前证券市场规模还不太大的情况下，企业通过发行债券融资受到严格的限制，许多企业还不能或没有资格发行债券。也就是说，在多数企业，报表上的这个项目实际上还是零。

③ 其他长期应付款。例如，在补偿贸易方式下引进国外的设备，尚未归还外商的设备价款；在融资租赁方式下，企业应付未付的融资租入固定资产的租金，以及住房周转金等。相对而言，这部分长期负债的风险最小。

4. 负债的结构分析

(1) 负债的长期化程度

这个比重越高，说明企业短期还债的压力和财务风险就越大。如果企业的现金储备不足，较高的短期负债率便是威胁企业生存的重大因素。因此，一个资本结构优化的企业，不仅应当保持适度的负债规模和负债经营水平，而且还应当通过不断地降低短期负债的比重，以使企业负债结构长期化和合理化。

在借助资产负债表观察企业负债的长期化程度时，还应注意预计负债的作用。一方面，应根据所掌握的新的证据，对相关或有事项和预计负债发生的可能性重新进行估计；另一方面，诸如未决诉讼和产品质量保证，有些可能就是长期化的。

(2) 负债的集中程度

从现实看，我国企业负债的主要内容是银行借款，这与我国资本市场特别是直接资本市场不发达有关，在我国更多的企业对外融资的渠道还是单一的银行借款。看负债的集中程度，主要就是看企业向银行的借款占总的银行借款的比重。在其他条件一定的情况下，负债越分散，或负债的集中度越小，负债经营的风险就越小。因此企业对外举债的渠道不能是单一的，采用多元化应是举债的一个策略。

5. 负债指标的局限性

财务报表上的负债，是按照一定的会计假设、原则、程序和方法核算出来的，体现企业由于过去的交易或事项引起的经济义务。受会计假设、原则等因素的限制，报表上的负债多少有些局限性，这也是在阅读资产负债表时需要关注的问题。报表上负债的局限性主要体现在以下三个方面。

(1) 负债中有虚负债

诸如预提的大修理费用等，实际上并不导致经济利益流出企业，因此并不是真正意义上的实负债。实负债有三个基本要素：第一，有明确的债权债务主体；第二，有明确的金额；第三，有明确的偿还期限。而预提大修理费用显然并不具备这些特征。按照《企业会计制度》的规定，固定资产的大修理费用可以按照两种方法核算：一是待摊的方法；二是预提的方法。采用预提的方法，预提的大修理费用计入负债；若采用待摊的方法，则发生的待摊费用计入资产。仅此来看，也很难把预提的修理费用作为真实的负债来看待。

(2) 负债的内容不完整

列入报表中的负债，都是实际已经发生的可以用货币计量的现实负债，至于那些不能用货币确切计量的未来负债和或有负债，并没有在报表上体现出来。按照《企业会计制度》的规定，或有负债的确认有两个基本条件：一是该义务是企业承担的现实义务；二是该义务的履行可能导致经济利益流出企业。按照这些条件，那些不是“现时的”和“很可能”导致经济利益流出企业的负债，就没有被纳入报表上负债的范围。

(3) 负债的分类不合理

在报表上，负债按偿还期限通常分为流动负债和长期负债两大类。这样的分类是以 1 年或一个营业周期为标准的，即需要在 1 年内偿还的是流动负债，否则就是长期负债。资产负债表使用的这个标准是“理论标准”，而这个“理论标准”与“现实标准”还是有较大差距的。如长期挂账的应付账款和应交税金等，这些长期化了的应付款项，实际上已经不是流动负债而是长期负债。但在编制报表时，会计人员通常并不严格地进行这样的区分，结果这些长期化的应付款项被不合理地列入流动负债中，账面流动负债与实际流动负债发生了背离。但作为报表的阅读者，在看企业的负债尤其是观察流动负债时，最好将长期化的负债从账面流动负债中剔除，以确定企业流动负债的真实数量。

(三)所有者权益要素的阅读与分析

所有者权益是企业投资人对企业净资产的所有权，是企业全部资产减去全部负债后的余额。对该要素进行分析，应当关注以下五个方面。

1. 所有者权益的特性

所有者权益表明企业的产权关系，即企业归谁所有。所有者权益与负债都是对企业资产的要求权，但负债与所有者权益之间又明显存在以下差别：

(1) 负债是对债权人负担的经济责任；所有者权益是对投资人负担的经济责任。

(2) 负债是在企业经营或者其他事项中发生的债务，是债权人对其债务的权利；所有者权益是投资者对其投入的资本及投入资本运用所产生的盈余(或亏损)的权利或义务。

(3) 负债必须于一定时期偿还；所有者权益一般只有在依法减资或企业解散清算时，才有可能还给投资者，在企业持续经营的情况下，一般不能收回投资。

(4) 所有者权益体现财务资本所有者对企业的要求权。在会计上，所遵循的产权观点是传统的“财务资本所有者拥有产权”的观点。就是说，会计上所说的这种权益的基本内容是：优先追加投资权；投资收益权；经营者选择权；管理监督权；剩余财产分配权等。其中有些权利是所有者直接行使的，如投资收益权等；有些权利可以直接行使也可以授权行使，如经营者选择权等。

产权的主题是实收资本或注册资本，此外还有留存收益和资本公积金等。留存收益一般分为两部分：一是指定用途的，称为盈余公积金；二是未指定用途的，称为未分配利润。未分配利润可以转化为指定用途的盈余公积金，盈余公积金又可以转化为资本。

2. 所有者权益指标的作用

所有者权益又称为产权，它是企业偿还负债的保障和基础。正因为如此，世界各国一般都要求企业有最低限额的产权数量。所有者权益体现企业投资者自有的对净资产的所有权，它是企业生存和持续发展的基础，也就是企业维护债权人权益的基本保证。因此，站在债权人的立场上，当然是所有者权益的规模和对总资产的比率越大越好，不过对企业投资者和经营者来说则并非如此。

3. 所有者权益类项目的阅读与分析

所有者权益类项目一般有四个，即实收资本或股本、资本公积、盈余公积和未分配利润。

(1) 实收资本或股本

实收资本或股本就是企业实际收到投资者投入的资本额，包括国家资本、法人资本、个人资本和外商资本。在股份制企业，就是股本。通常占企业全部所有者权益的绝大部分比重，是企业所有者权益的主要组成部分。企业的设立，国家都规定有注册资本的最低限额，如股份有限公司不低于 1 000 万元。首先，企业应将实收资本与注册资本的最低限额相比较，看是否符合国家的要求；其次，企业还应当观察实收资本的结构并根据资本产权多元化的状况建立合理的代表各方利益的治理结构；另外，还可以将资本结构与净收益分配结构相比较，观察资本的平等权利在企业的实现程度。企业也可以将资本与负债相比较，观察资本财务结构的稳定性和风险。

(2) 资本公积

资本公积包括资本溢价或股票溢价、财产重估增值准备、接受捐赠资产价值等。按照规定，资本公积金中的资本溢价(或股票溢价)和接受捐赠资产价值可以转增资本，而财产重估增值准备一般只能用于补偿以后的财产减值损失。

(3) 盈余公积

盈余公积是企业按规定从税后净利润中提取的积累资金，包括按净利润 10%计算提取的法定盈余公积金和企业自主确定的任意盈余公积金两部分。按规定，这部分公积金可以转增资本，可以用于弥补亏损，特殊情况下还可以用于分配股利。盈余公积金的数量越多，反映企业资金积累能力、亏损弥补能力和股利分派能力及应付风险的能力越强。

(4) 未分配利润

未分配利润反映企业各年累积的尚未分配给投资者的利润。按规定，当年未分配的利润，可以并入以后年度进行分配。因此，这部分利润越多，说明企业当年和以后年度的积累能力、股利分配能力及应付风险的能力就越强。

4. 所有者权益的结构分析

在会计学上，产权仅仅代表财务资本所有者在企业中应享有的权益。作为报表使用者不仅要求企业有适度的产权规模，以保障正常的偿债能力和获利能力，而且还期望企业有一个合理有效的产权结构，以确保财务结构的稳定性和建立有效的企业法人治理结构。进行产权结构的分析，重点是观察“某类投资者的实收资本占全部实收资本的比重”。借助这个指标，可观察企业产权结构的集中化程度及企业治理制度的有效性。从历史和现实看，产权高度集中或产权主体单一化的企业，通常是所有者主导企业治理。而在产权主体日益多元化的现代企业里，治理主导权一般为人力资本最大者拥有和控制。独资企业和合伙企业向现代公司制企业的演变与发展，说明了人力资本最大者拥有企业治理的主导权。

5. 所有者权益指标的局限性

企业的净资产有“账面净资产”与“实际净资产”之分，这是在阅读资产负债表时应注意的问题。二者的关系是“实际净资产=账面净资产-(不良资产+虚资产)”。

所谓不良资产，是指企业控制的但不能变现或无法正常发挥其功能的资产。目前，相当一部分企业存在不良资产，主要体现在四个方面，即不良应收款项、不良投资、不良存货和不良固定资产。有的企业不良资产的比重已经很大，若扣除不良资产，实际净资产可能已经是负数。另外还要注意“虚资产”的问题。所谓虚资产，是指资产负债表中被作为资产来看待，但实际上已经不符合资产的定义，不能真正代表企业的经济资源，如待摊费用、递延资产和待处理财产损失等。资产负债表的这些项目，名义上被视为资产，但实际上既不能用于偿还债务，也不能变现或正常使用，还不能真正代表经济资源，纯粹是按照会计上的权责发生制原则核算出的递延费用，所以不能作为真正的资产来看待，在计算实际净资产时必须予以扣除。若考虑由于物价变动等原因引起的资产账面价值背离真实价值的问题，实际净资产还要进行调整，即

实际净资产=账面净资产-(不良资产+虚资产)+资产评估增值

第二节 利润表的阅读与分析

一、利润表的作用

利润表也称为损益表，是反映企业一定期间内生产经营成果的财务报表。利润表的基本功能是计算企业一定期间内实现的利润或发生盈亏的形成原因。

利润表作为现代财务报表体系的核心，主要是由于利润表背后存在着相当多的经济利益关系，有关资料所反映的是企业利益相关者的直接利益。对企业利益相关者或报表使用者来说，利润表在以下方面发挥着重要的作用。

(一)为企业分配经营成果提供依据

企业是不同利益相关者缔结的一组合约，这些利益相关者如投资者、债权人、企业经营者、员工和客户等，分别以不同形式的专用性资本向企业做出贡献，主要目的是为了能够分享企业的经营成果。利润反映了可以向利益相关者分配的经营成果的形成和数额，因而利润表是企业分配经营成果的基本依据。国家的税收、管理人员的奖励、员工的薪资、股东的股利、债权人的利息及企业自身的留存收益等，这些利益关系项目的确定，均以利润表的数据为基础。

(二)评价企业的经营业绩

现代企业的基本特征是两权分离。资源特别是财务资本的所有者将资本委托给企业的经营者来经营管理，经营者因此便承担受托经管的责任，即所谓的受托责任。一段时期以后，经营者的受托责任的完成情况如何，如何考核和评价，便成为摆在所有者面前的一个十分重要而现实的问题。利润表的各种资料，实际上体现了企业在生产、经营和理财等方面的管理效率和效益，是对企业经营绩效的直接反映，因而是所有者考评经营者受托责任履行情况的重要依据。

(三)作出合理的经济决策

决策是利益相关者管理和控制企业的基本工具。投资者要进行投资决策，如资本是否投入、是否继续持有、是否修改代理契约等；债权人要进行信贷决策，如是否发生借贷关系、信贷资金是否继续保留等；经营者要进行经营决策，例如，如何生产和经营、是否筹

资或投资等；国家要进行宏观经济决策，如是否让企业上市发行债券或股票、是否降低利率、是否限制某种产品的生产等；员工要进行就业决策等。所有这些经济决策，信息都是基本的要素或依据，而利润表无疑就是进行这些经济决策的基本信息依据之一。

二、利润表要素的阅读与分析

利润的要素有收入、费用和利润三个，利润表的全部项目分为收入项目、费用支出项目和利润项目三大类。它们分别代表不同的经济意义，对企业利益相关者有不同的作用。

(一)收入要素的阅读与分析

企业的日常业务活动产生收入。一般认为，收入是企业在销售商品、提供劳务和提供他人使用本企业资产等日常经营活动中产生的经济利益的总流入。从这里可以看出收入具有以下几个特征。

(1) 收入形成于企业的日常业务，包括销售商品、提供劳务和提供他人使用本企业资产(如租赁资产、对外投资)等三个方面，这也是收入形成的三个原因。

(2) 收入的实质或结果是经济利益的流入，包括资产增加、负债减少和二者兼有三种形式，最常见的形式是资产增加的流入。但是，收入又与产生于偶然事项的营业外收入或利得不同，收入体现的是经济利益的总流入。

这个观点揭示收入及与其相关联的费用之间的内在联系或因果联系，收入只有在扣除了与其相关联的费用之后的净额，才是企业经济利益的净流入；而利得一般没有与其相联系的费用或损失。因此，利得直接体现经济利益的净流入。

收入是企业获得净收益或净利润的基础。一般情况下，收入越多，净利润也就越多。但在费用的增长超过收入增长的情况下，收入的增加就未必一定能带来净利润的增长。这正是当前企业存在的问题。有些企业，销售收入增长较快，但经济效益却未增加甚至下降，问题就在与收入相关联的成本费用上。因此，企业应正确认识收入及其增长，应当在收入增长的同时，下大力气降低成本费用水平。

对收入要素进行分析时，至少应当关注以下四个方面。

1. 收入的作用

收入是判断企业规模和经营能力的重要标志。世界 500 强的排名，主要就是依据销售收入的数量。我国大、中、小企业的划分标准中，也有销售额一项。在企业的经营策略中，常见的现象是宁可亏损也要保市场或销售，之所以如此，皆因销售能体现出一个企业的经营能力。

主营业务收入直接体现企业的市场占有情况。对一个国家来说，特定时期的特定产品或劳务市场容量大致是一个确定的数量，在市场容量一定的情况下，一个企业的主营业务收入或产品销售规模越大，其产品的市场占有份额就越高，则经营和竞争能力就越强。而产品或劳务的市场占有状况又直接影响甚至决定着该企业的生存和发展能力，从这个意义上说，企业必须把稳定和持续扩展市场作为维持其生存的重要保障。对企业来说，丧失经营能力，其危险程度显然要超过暂时出现的亏损。

根据销售收入计算的销售增长率指标，还可以观察企业经营的成长性。从个别产品或劳务的主要业务收入增长率指标上，还可以观察企业产品或经营结构情况，进而可以观察企业的成长性。产品寿命周期理论认为，任何一种产品的寿命周期均可以划分为四个阶段：第一阶段为开发期，产品开发成功投入正产生产，该阶段上销售规模较小，且增长还不太快；第二阶段为成长期，产品市场空间被打开，进行大规模的放量生产和销售，该阶段的产品销售可较快扩张和增长；第三阶段为成熟期，销售较为稳定，增长不会太快；第四阶段为衰退期，产品销售开始萎缩。根据这个原理并借助产品销售增长率指标，大致可以看出企业生产经营的产品所处的寿命周期阶段，据此也可以判断企业的成长性。对一个有良好成长性的企业来说，较为理想的产品结构是“成熟一代、生产一代、储备一代、开发一代”。对一个产品同时处于成熟期或衰退期的企业来说，其未来的成长性和可持续发展能力是令人怀疑的。

2. 收入类项目的阅读与分析

利润表所反映的收入类项目，是指所有体现企业经济利益流入，从而导致企业利润增加的项目，包括主营业务收入、其他业务收入、营业外收入和投资收益等项目。

(1) 主营业务收入

主营业务收入，在制造业企业是产品销售收入，在商品流通企业就是商品销售收入，在其他类型企业就是营业收入等。在利润表上，全部的营业收入是根据重要性程度进行分类的，分为主营业务收入和其他业务收入两部分，并分项列示。比较而言，主营业务收入稳定性较好，并且是企业收入的基本来源。一个企业，主营业务收入应该是最重要的，数额也应最大。这部分收入，是企业获利的基本保证，与企业主营业务利润进行比较，可以观察这部分收入的获利能力。而且，将本企业的主营业务收入与同行业的相同业务收入进行比较，还可以观察企业的地位和对行业的影响及控制力。

(2) 其他业务收入

其他业务收入包括资产出租收入等。至于无形资产转让收入，《企业会计制度》要求计入营业外收入，不再作为其他业务收入处理。

(3) 营业外收入

营业外收入是指与企业营业活动无直接联系的各种能导致经济利益净流入的事项，如固定资产盘盈、处理固定资产净收益、罚款收入等。这部分收入的数额较大并不是坏事，它使企业净利润增加，因而也增加了企业利润分配的能力。但是，营业外收入的稳定性较差，企业不能根据这部分收益预测将来的净收益水平。而且，如果营业外收入占利润总额的比例过大，说明企业的盈利结构出了问题，甚至是增加了不稳定的因素。值得注意的是，如果营业外收入中的技术转让收入保持一个较大的数额和持续的增长，则反映企业的研究与开发工作做得较好，而这正是将来企业发展所必需的。

(4) 投资收益

对多数企业来说，投资的主要目的都是为了获利，它增加了企业利润，增强了企业利润分配能力。但是，在目前条件下，投资还没有成为企业经常化的行为，因此如果这部分收益占总利润的比率过大的话，也说明盈利的不稳定和风险增大。

3. 收入的结构分析

作为报表分析者应当结合补充财务报表特别是主营业务收支明细表、部分报告来分析判断企业经营结构及其合理性和风险，具体包括以下方面。

(1) 收入的稳定性结构

主要是看经常性收入比重。经常性收入主要就是主营业务收入，一般具有持续再生的特性，因而其"预测价值"和对决策的意义更大。而基于偶发事项或间断性的业务引起的非经常性收入，即使在性质上是营业性的，其决策意义也较小。因此，对企业来说，使再生的经常性收入始终保持一个较高的比例，无疑是必要的。借助这个指标，可以观察企业持续经营能力的大小。

(2) 收入的有效性结构

主要是看有效收入比重。这是一个新的但极具有现实意义的概念。如上所述，有效收入与无效收入的判断标志，主要是看收入是否能最终给企业带来经济利益，主要形式是带来现金净流入。在市场经济条件下，无效收入的发生是不可避免的。因为，会计上收入是按照权责发生制的原则核算的。根据这个原则，只要收入实现了，不管货款是否收到，都要作为收入确认。而在市场经济条件下，信用制度的广泛运用使得企业的相当一部分收入与货款的回笼发生了时间上的分离，甚至有部分货款可能最终也无法收回，产生所谓的坏账。但是，对企业来说，较高的无效收入比重将意味着企业有较大的利益损失。因此，一个经营业绩良好的企业，应当是能够通过有效的措施，将无效收入的比重降低到最低限度。

在进行收入结构分析时，经常性收入和无效收入等数据，可以通过会计人员的有效职业判断合理估计，精确地计算几乎是不存在的。

(3) 收入的品种结构

财务报表有两类：一是对外报表；二是内部报表。《企业会计制度》规定的体现企业主营业务获利情况的报表就是利润表。但是，利润表只能反映企业全部主营业务收入的总体获利水平，至于每种产品或每类业务的获利情况，从报表中是看不出来的。但这方面的信息对于了解企业的经营结构是否合理，特别是评估企业经营的未来发展前景，又是十分必要的，按行业分布编制的分布报表虽能反映企业的业务经营结构，但不完善。有鉴于此，企业有必要在利润报表中增加"主营业务收支明细表"，供企业内部管理使用。根据主营业务明细表、销售明细表计算的各种产品或业务在总的销售收入中的比重，可以观察企业多元化经营战略的实施情况及与之相关的经营风险情况。一般情况下，如果企业某一种或某一类产品或业务的收入所占比重较大，说明该企业的经营较为集中或单一；反之，说明企业经营多元化的水平较高。

(4) 收入的行业结构

主要是根据分部报告来计算企业总的营业收入中各行业营业收入的比重。行业收入比重不同，企业所面临的经营风险也就不同。客观地说，经营多元化是企业发展进入新阶段的一个标志。从国外成功企业的发展经验看，均经历过从经营单一化到经营多元化的演进过程；并且从现实看，经营多元化企业一般都具有明显的规模优势。这几年，由于受市场环境变化、参与国际竞争和国家“抓大放小”政策等因素的影响，国内企业规模扩张的速度较快，趋势越来越明显。规模较大的企业纷纷制定和实施经营多元化的战略和策略，有些企业已经取得了明显的成效。从理论和时间两方面看，经营多元化都是企业合理配置内部资源和防范经营与理财风险的有效途径。但是，经营从单一化到多元化是有条件的，至少应包括：第一，主导产品或业务的竞争优势已经形成；第二，有足够的自有资金保证：第三，有相适应的管理控制能力；第四，有理想的投资和未来经营的方向等。在条件不具备时过早进入多元化，有可能不是降低风险而是转嫁风险。因此，多元化实际上是一把“双刃剑”，它可以降低风险也可以增加风险，关键是条件是否具备及企业如何运作。对一个企业来说，与其奉行“东方不亮西方亮”的经营理念，不如按照“亮了东方再亮西方”的思路开展自己的经营活动，这可以说是所有成功企业的共同经验。

(5) 收入的地区结构

主要是根据分部报告来计算企业的营业收入中每个地区营业收入的比重。地区收入比重不同，企业所面临的经营风险也就不同。

4. 收入指标的局限性

收入及由此派生的市场占有率是衡量企业经营能力的重要指标。但是，在使用会计上的收入指标时，应当充分注意报表上收入指标的局限性。因为，财务报表上的收入是依据权责发生制原则来核算或确认的。所谓权责发生制，是指收入或费用在其发生时确认，而不是在款项的收付时确认。在市场经济条件下，按照这个原则确认收入，就有可能出现这样一种情况：收入已经确认或体现在报表上了，但货款未收到甚至出现坏账。一旦与收入相关的款项成为坏账，则这种收入就不能为企业带来实际的经济利益，就不再符合收入的定义，这种收入，实际上就是虚的收入或无效的收入。无效收入不仅不能为企业带来实际经济利益，而且会给企业带来经济损失，至少是损失了企业销售发生的存货价值。因此，企业还必须把开拓市场和有效理财结合在一起。企业的销售存在发生坏账的风险，坏账越多，无效销售越多，损失越多。这是当前企业开拓市场、扩大销售时应当特别注意的问题。如果企业能够有效地控制坏账风险，则较高的市场份额就能给企业带来更多的实际利益。而有效地控制和防范坏账风险，就必须充分地发挥理财的功能，因为，从理论上说，防范信用风险是理财的功能。从实践看，国外大、中型企业在内部理财组织体系中一般均设有专门的信用管理部门。例如，香港的公司理财，一般就设有规划部(负责投资项目的可行性研究和编制投资预算等)、信贷部(负责信用调查、信用政策的设计和组织收款等)和经营部(负责筹措资金和组织资金的运用等)。从外部环境看，当前我国企业的销售收款风险较大，主要原因是多数企业资金短缺、信用观念较差等。而企业内部信用组织不健全和信用制度不完善，会使潜在的信用风险转化为现实，结果在相当一部分企业，销售的坏账损失较多。有效地控制销售信用风险，从企业内部来说，当前重点要做好以下工作：一是完善内部控制制度，尤其是要解决销货和收款一揽子承包的销售体制。这种销售体制虽已实行了多年，但在理论上并不符合内部牵制制度的原理。从实践看，由于销货和收款一肩挑，舞弊现象也经常发生。从理论和实践两方面来说，收款是企业财务的职能，销售是营销部门的职能。二是健全内部信用管理制度，包括信用调查、信用政策的设计和组织催款的制度等。

(二)费用要素的阅读与分析

费用是企业在生产经营中发生的各种耗费。由于费用与收入有内在的因果联系或关联性，因此，一般情况下，费用也由三种原因引起：一是生产和销售商品；二是加工和提供劳务；三是提供给他人使用本企业资产发生的损失等。报表分析应当充分关注企业的费用水平及其变化，并透视企业利润变化的原因。具体包括如下三方面。

1. 费用的特征

如果收入是带来经济利益的总流入，则费用就是导致企业经济利益的总流出。经济利益流出的形式有三种：一是资产减少；二是负债增加；三是两者兼有。由于费用是企业产生收入引起的，费用与收入之间具有一定的因果联系，因此，费用只有在得到收入补偿后的净额，才体现企业经济利益的净流出。一般情况下，与费用相关联的收入是能够补偿费用的，但在有些情况下，也会出现得不偿失的情况，这就是企业经营亏损。

费用的实质是经济利益的流出，但这并不是说费用对企业来说就是一个消极的因素。有所得必有所费。欲在企业日常业务活动中取得经济利益的流入，取得净收益或净利润，就必须发生费用。因此，费用是企业获得经济利益所必须付出的代价。当然，代价越小，则净收益就越大。因此，企业应当加强内部管理，有效控制费用的发生和费用水平，力争用较小的代价获得较高的回报。

在会计上，费用一般按其性质分为以下三大类。

(1) 直接费用

就是需要直接计入有关成本计算的对象，如产品的费用，包括直接材料、直接人工和其他直接费用等。在发生时，按一定的方法直接计入产品的成本。

(2) 间接费用

如产品的制造费用等，发生时不能直接辨明是哪一种产品发生的，只能在计算产品成本时按一定的方法分配计入成本。

(3) 期间费用

期间费用包括营业费用、管理费用和财务费用等。这类费用由于与特定会计期间相关联，所以不管数额有多少，均计入发生期间的利润表，均可以从本期收入中得到补偿。在产品产销衔接不好的情况下，直接费用和间接费用部分要递延到以后会计期间，而期间费用不管什么情况均不递延。因此，如果企业在核算时混淆费用的分类，就会影响利润计算的正确性。

2. 费用支出类项目的阅读与分析

利润表中的费用项目是指企业经济利益流出从而使利润减少的支出，包括主营业务成本、其他业务支出、营业费用、管理费用、财务费用、营业外支出、所得税等。

(1) 主营业务成本

主营业务成本，在制造业企业就是已经销售的产品的制造成本。对这个项目，比较有意义的分析方法是计算“主营业务成本对主营业务收入的比率”，并在不同会计期间进行比较，观察其变化的趋势。一旦企业的这个比率是呈上升趋势的，在其他费用条件一定的情况下，企业的经营获利能力将出现下降的态势，说明企业的内部管理出了问题。值得注意的是，会计在计算主营业务成本时，有多种方法可供选择，如先进先出法、后进先出法、移动平均法、加权平均法和个别计价法等，不同的计价方法对主营业务成本的影响是不同的。分析该项目的变化时，要注意到这个变化是否受成本计算方法变化的影响及影响的程度。

(2) 营业费用

营业费用是企业在销售商品(商品流通企业在购入商品)等过程中发生的费用，如销售人员的工资及福利费、佣金、广告费等。这项费用在性质上属于期间费用，全部数额均要从本期的产品销售利润中扣除，因此其对企业当期净利润的影响程度要比直接费用更大。尽管企业比较重视对营业费用的控制，但实际上营业费用的增长仍很快。可见，控制营业费用的任务依然十分艰巨。

(3) 管理费用

管理费用是企业为组织和管理生产活动所发生的费用，如管理人员的工资及福利费、办公费、管理费用中的固定资产的折旧和修理费、业务招待费、劳动保险费、工会经费、坏账损失等。这项期间费用全部从当期销售利润中抵扣，对当期净收益的影响与营业费用相同。

(4) 财务费用

财务费用是企业在融资过程中的支出，如结算的手续费、借款的利息支出等。企业的利息负担沉重，直接和主要的原因是企业资产负债率过高。

企业的产品销售利润还抵不上营业费用、管理费用、财务费用三项期间费用的支出，若再考虑销售税金及附加费，企业实际上是净亏损。这说明，强化内部管理，控制和降低费用特别是期间费用的水平，刻不容缓。

(5) 其他业务支出

其他业务支出是为取得其他业务收入而发生的支出。

(6) 营业外支出

营业外支出是指不属于企业生产经营的费用，与企业生产经营活动没有直接联系，但按规定应从企业实现的利润中扣除的各种支出，如固定资产盘亏，处理固定资产净损失、非常损失等。对于这些损失，企业应力争控制到最低限度。

(7) 所得税

企业的所得税支出不是利润分配的一种形式，而是一种费用。由于会计对收入和费用的确认，与税法的规定在某些方面不相同，这使得会计所反映的利润与税法规定的计税利润之间不一致，两者之间的差额表现为时间性差异和永久性差异。因此，利润表上反映的所得税费用，通常与企业实际缴纳的所得税不一致。这是在阅读利润表时应注意的问题。

3. 费用的结构分析

企业增加利润、提高效率的基本途径有两条：一是增加收入；二是降低成本费用。而选择何者为主，实际上受企业所处的经营和理财环境的影响。在卖方市场环境中，市场供不应求，这时企业一般都选择扩张生产和销售的数量作为获利的主要途径。良好的市场销路及由此引起的高价格和高收益水平，使得企业有可能忽视内部的管理。然而买方市场环境就不同了。买方市场的形成将使企业通过扩大产品销量和提高或维持高价格来增加收入的难度和风险增大，从而迫使企业不得不调整自己的经营和理财思路，将效益增加的途径从向外盯市场抓营销，而转向对内强化管理和对外扩大销售同时抓，并将高度重视企业的内部管理。对管理的重视，将带来企业成本费用水平的降低，但对企业来说，优化成本费用的结构与降低成本费用同等重要。进行成本费用结构分析，特别值得重视的几个方面如下。

(1) 主营业务成本比重

主营业务成本是企业成本费用的主要组成部分，也是在主营业务收入中所占比例最大的部分。就工业企业而言，产品销售成本一般要占产品销售收入的 80%以上，期间费用不足 20%。在实务中，对主营业务成本比重的分析通常是借助于“主营业务成本率”指标。计算方法是：

$$主营业务成本率=\frac{主营业务成本}{主营业务收入}\times 100\%$$

工业企业也可以通过计算“制造成本的比重”来分析成本的结构情况。制造成本包括直接材料、直接人工和间接制造费用等内容。而完全成本除包括制造成本外，还包括直接计入当期损益的期间费用，如营业费用、管理费用和财务费用等。

(2) 三项期间费用比重

营业费用、管理费用和财务费用是特别值得关注的数字。因为，从现实情况看，期间费用的上升是影响企业利润下降的主要原因。

期间费用中特别值得关注的是利息费用和管理费用中的不必要开支。因此，严格控制企业不合理的投资，控制企业负债经营的规模和水平，优化企业资本结构，是提高企业经济效益的重要措施。

(3) 研究开发费用比重

在成本费用的总水平降低的情况下，研究开发费用的比重却应进一步提高，这既是科技进步和知识经济发展及提高企业综合竞争力的要求，也是国内外企业发展的共同经验和趋势。在美国，多数企业的研究开发费用占销售额的比重在 5%左右，1995 年福特汽车公司的研究开发费用达 70 亿元，占销售的 5%，相当于我国大中型工业企业研究开发费用总投入的 0.61 倍。与国外比较，目前我国企业的研究开发投入水平明显偏低。

从各方面来说，研究与开发都必须放到战略的高度来认识和实施。回顾历史不难发现，每一个时代，每一个社会，都有一两项火车头作用的技术，它们把人类社会带向未来，谁拥有这些技术，谁就拥有这个时代。当前企业经营中面临的困难，表面上看是市场问题，而实际上是技术问题，市场的真正瓶颈是技术创新不足，企业缺乏创造卖方市场的本领。

(三)利润要素的阅读与分析

净利润是企业全部收益扣除全部费用损失后的净额。这里的全部收益，包括经营活动的收入和产生于偶发事项的利得，即营业外收入；这里的全部费用损失包括产生于生产经营活动中的费用和营业外的各项损失等，也包括需要从收入中扣除的各项税金。对利润要素进行阅读与分析，应当关注利润要素的特征、结构及其稳定性等方面。

1. 会计利润的特征

利润表反映的会计利润有其特殊性，这也是在阅读和分析利润表时应注意了解的问题。会计利润的特征主要有以下方面。

(1) 会计利润是根据企业实际发生的经济业务所获得的各种收入和所付出的相关成本费用进行计算的，因而具有较高的可验证性，相对比较客观。

(2) 会计利润是分期计算出来的，建立在分期假设的基础上，因而会计利润是企业某一既定期间的经营成果。

(3) 会计利润是依据权责发生制原则来确认收入的，收入或收益只有在实现以后才体现在利润表上，未实现的收益不管其发生的可能性程度有多大，均不包括在利润表之中。

(4) 会计利润是按历史成本原则计算出来的，不考虑物价变动的影响。这样，在物价持续上升的情况下，按历史成本计算出来的账面利润有可能会高估企业的净收益水平，导致账面利润与实际利润脱节或虚盈实亏。长此以往，企业的实物资本或生产经营能力就会受到侵蚀。

2. 会计利润指标的作用

首先，净利润是衡量企业经营目标实现程度的一个重要指标。一般认为，企业是营利性组织，获利是企业的主要经营目标。这个目标的实现程度，要根据利润表中提供的净利润数字来考察。获利越多，其目标的实现程度就越好。不过，我们还不能把净利润作为衡量企业目标实现的惟一指标，因为，在可持续发展的社会里，企业的经营在力求获利的同时，还应当履行好社会责任，如环境保护、就业和开发人力资源、自然资源的有效利用、维护消费者利益等。将社会责任纳入企业经营的目标体系，也是西方国家企业的普遍做法。

其次，根据净利润计算的销售利润率指标还是反映企业经营能力的重要指标。企业的经营不是为经营而经营，企业经营的主要目的是为了获利。因此，只有将主营业务收入与获利结合起来才能更准确地反映企业的经营能力或经营实力。稳定市场和开拓市场的目的还是获利，只有利润随市场的扩展增加，才可以说企业的经营实力增强了。因此，不能只注意主营业务收入的增长，更应当关心利润的增长。在对企业持续发展的贡献方面，利润总是胜于毛收入。

最后，根据净利润计算的利润增长率指标还是观察企业经营成长性和发展能力的重要依据，企业还可以将利润增长率与主营业务收入增长率进行比较分析。如果主营业务收入增长率高于利润增长率特别是主营业务利润增长率，说明企业成本费用的上升超过了主营业务收入的增长，这是值得注意的事项。

3. 利润类项目的阅读与分析

在利润表上，利润项目有四个，即主营业务利润、营业利润、利润总额和净利润，它们分别代表不同的意义。

(1) 主营业务利润

主营业务利润是企业主营业务收入扣除了主营业务成本、主营业务税金及附加以后的净值。在工业企业就是产品销售利润，在商品流通企业就是商品销售利润。主营业务利润对主营业务收入的比率越大，主营业务产生盈利的能力就越强。但是，主营业务利润是在扣除营业费用、管理费用和财务费用之前的“利润”概念，它实际上还不是真正的利润，而是相当于营业“毛利”。

(2) 营业利润

在利润表上，营业利润的计算方法如下。

营业利润=主营业务利润+其他业务利润-营业费用-管理费用-财务费用

将营业利润与主营业务收入比较计算的营业利润率可以反映企业正常营业的获利能力，且其效果和应用价值一般比按净利润计算的营业利润率或销售利润率要好。而且，由于营业利润中包含其他业务利润，这部分利润的稳定性和再生性不如主营业务利润好，因此营业利润在总体上的稳定性也就不如主营业务利润好。

(3) 利润总额

利润总额的计算方法是：

利润总额=营业利润+投资净收益+营业外收入-营业外支出+补贴收入

由于利润总额中包括了许多非常性项目，因此其稳定性最差。但是，不管利润的形成原因如何，全部的利润都增加了所有者权益，都可以用于对投资者进行分配。因此，利润总额总是多多益善。

(4) 净利润

净利润是企业利润总额扣除了所得税以后的净值。净利润在分配之前均属于投资者的权益，因此将它与实收资本或净资产比较所计算的资本收益率或净资产收益率，可以反映投资者投入资本的增值能力，从而可以反映经营者对所承担的受托责任的完成情况。

4. 利润的结构分析

企业利润的形成结构复杂，有主营业务利润、其他业务利润、投资净收益、营业外收支净额和以前年度损益调整等。一个合理的利润结构，应当是经常性业务利润占绝大比重的结构。因为，只有经常性业务的利润，才是具有持续不断的再生特征的利润，才对预测和决策具有价值。非经常性业务的利润如营业外收支净额等，不具有再生的性质，持续性和稳定性较差，不能成为企业持续发展的基础，也不具备预测和决策价值。

另外，无效利润和有效利润的比重也应当成为利润结构分析的重要内容。人们已习惯将“利润最大化”表述为企业经营的主要或基本目标，然而实际上，企业按照权责发生制原则核算出来的利润，其中或多或少地有一定的“水分”，即无效利润。

关于企业利润的形成结构，当前存在的主要问题是不合理，盈利的稳定性和持久性较差。从利润形成来源和增量构成看，当一个企业的主营业务的获利能力和盈利比重都在下降，而一旦这种下降成为长期趋势，就意味着企业的盈利结构由相对稳定性向不稳定、不持久的偶发项目转移，企业盈利的风险将会增加。这种趋势若长期持续下去，对于改善企业的财务状况，提高经济效益，都是不利的。

随着市场经济特别是资本市场的发展，企业的对外投资行为会越来越经常化，数量会越来越多，相应的投资收益的数量也会持续增加，并且投资收益的稳定性也在增强。这时即使企业的营业外收支净额不变，营业利润的比重也会不断下降。由于这个缘故造成的营业利润比重下降的现象，所以在分析企业的利润结构时，要根据具体情况分析判断，不能一概而论。

关于企业现金流量表的阅读与分析，我们将在第八章作进一步的介绍，在此不再赘述。

复习思考题

1. 资产负债表的概念及作用是什么？资产负债表包括哪些基本内容？
2. 对资产负债表进行分析时应注意哪些问题？
3. 资产负债表中资产指标、负债指标、所有者权益指标各有什么特点和作用？它们的局限性是什么？
4. 对应收账款和存货进行分析时应注意什么？
5. 利润表的概念及作用是什么？ 利润表包括哪些基本内容？
6. 利润表中收入、费用、利润指标各有什么特点和作用？它们的局限性是什么？
7. 对收入指标进行分析时应注意什么？
8. 在利润表中利润包括哪几个层次？应如何理解？

习　题

一、名词解释

货币资金　短期投资　应收账款　存货　股本　资本公积

二、单项选择题

1. 无形资产应按(　　)计量。

A. 实际成本　B. 摊余价值

C. 账面价值　D. 账面价值与可收回金额孰低

2. 当法定盈余公积达到注册资本的(　　)时，可以不再计提。

A. 5%　B. 10%

C. 25%　D. 50%

3. 下列各项中，(　　)不是影响固定资产净值升降的直接因素。

A. 固定资产净残值　B. 固定资产折旧方法

C. 折旧年限的变动　D. 固定资产减值准备的计提

4. 股份有限公司经登记注册，形成的核定股本或法定股本，又称为(　　)。

A. 实收资本　B. 股本

C. 资本公积　D. 注册资本

5. 下列关于财务报表分析的一般目的概括中，不正确的是(　　)。
A. 评价过去的经营业绩
B. 衡量现在的财务状况
C. 预测未来的发展趋势
D. 改善企业的财务状况

6. 下列权利中，不属于普通股股东权利的是(　　)。
A. 公司管理权
B. 分享盈余权
C. 优先认股权
D. 剩余财产优先求偿权

三、多项选择题

1. 盈余公积包括的项目有(　　)。
A. 法定盈余公积
B. 任意盈余公积
C. 法定公益金
D. 非常盈余公积
E. 一般盈余公积

2. 企业持有货币资金的目的主要是为了(　　)。
A. 投机的需要
B. 经营的需要
C. 投资的需要
D. 获利的需要
E. 预防的需要

3. 下列项目属于资本公积核算范围的是(　　)。
A. 接受捐赠
B. 法定资产重估增值
C. 提取公积金
D. 对外投资
E. 股本溢价

4. 资产负债表的分析可以分为(　　)三部分。
A. 所有者权益分析
B. 负债分析
C. 现金流动分析
D. 资产分析
E. 资本结构分析

5. 固定资产计价标准有(　　)。
A. 购买价值
B. 公允价值
C. 重置完全价值
D. 折余价值
E. 现金流量

6. 对财务报表进行分析，主要是对企业的(　　)进行分析。
A. 投资情况
B. 筹资情况
C. 财务状况
D. 经营成果
E. 现金流量

7. 根据分析的具体目的，财务报表分析包括(　　)。
A. 流动性分析
B. 盈利性分析
C. 财务风险分析
D. 专题分析

E. 资产周转能力分析

8. 财务报表分析的结果是(　　)。

A. 对企业偿债能力的评价　　B. 对企业盈利能力的评价

C. 对企业抵抗风险能力的评价　　D. 找出企业存在的问题

E. 提出改进的措施和建议

四、计算分析题

1. 以下是天力公司 2003 及 2004 年度的利润表。

利润表

编制单位：天力公司　　单位：万元

项　目	2003 年	2004 年
一、主营业务收入	40 938	48 201
减：主营业务成本	26 801	32 187
主营业务税金及附加	164	267
二、主营业务利润	13 973	15 747
加：其他业务利润	310	57
减：存货跌价损失		51
营业费用	1 380	1 537
管理费用	2 867	4 279
财务费用	1 615	1 855
三、营业利润	8 421	8 082
加：投资收益	990	1 250
补贴收入	350	1
营业外收入	344	364
减：营业外支出	59	33
四、利润总额	10 046	9 664
减：所得税	3 315	3 255
五、净利润	6 713	6 409

天力公司董事长认为，2004 年销售收入上升而利润下降不是正常情况，同时管理费用大幅度增加也属异常，要求有关人士进行解释。要求：

(1) 编制结构百分比财务报表，计算百分比至小数点后两位。

(2) 简要评述两年的各项变动，并分析其原因。

2. 华羽公司 2005 年度资产负债资料如下表:

资产负债表

编制单位：华羽公司　　　　2005 年度　　　　单位：万元

资　产	年末数	年初数	负债及所有者权益	年末数	年初数
流动资产	8 684	6 791	流动负债	5 850	4 140
其中：应收账款	4 071	3 144	其中：应付账款	5 277	3 614
存货	3 025	2 178	长期负债	10 334	4 545
固定资产原值	15 667	13 789	负债合计	16 184	8 685
固定资产净值	8 013	6 663	所有者权益	6 780	6 013
无形资产及递延资产	6 267	1 244	其中：实收资本	6 000	5 000
资产总计	22 964	14 698	负债及所有者权益	22 964	14 698

要求:

(1) 计算各项目金额的增(减)额和增(减)百分比。

(2) 根据计算结果，对流动资产、固定资产、流动负债、长期负债、所有者权益的增减变动情况进行分析评价。

(3) 运用结构百分比法，对华羽公司的资产负债进行结构变动分析。

第三章　短期偿债能力分析

教学目的和要求

- 了解短期偿债能力的含义
- 理解和掌握影响短期偿债能力的因素及短期偿债能力的各种评价指标
- 掌握短期偿债能力分析的基本原理和方法
- 能够应用短期偿债能力各比率进行同业比较分析、趋势比较分析和预算比较分析

教学重点与难点

本章的重点是短期偿债能力评价指标的计算与调整。

本章的难点是短期偿债能力的同业比较、趋势比较和预算比较的区别与联系。

第一节　短期偿债能力概述

偿债能力是指企业清偿到期债务的现金保障程度。由于企业的债务因期限不同，可分为短期负债和长期负债，所以偿债能力也分为短期偿债能力和长期偿债能力。本章只讨论短期偿债能力，长期偿债能力将在第四章讨论。

一、短期偿债能力的概念及影响因素

(一)短期偿债能力的概念

短期偿债能力是指企业用流动资产偿还流动负债的现金保障程度。由于短期偿债能力通常指企业偿还短期债务(期限为 1 年以内或超过 1 年的一个营业周期内)的能力，所以一个企业的短期偿债能力的大小，一方面取决于流动资产的数量和质量，另一方面取决于流动负债的数量和质量。下面具体阐述影响短期偿债能力的因素。

(二)影响短期偿债能力的因素

1. 流动资产的质量

流动资产的质量是指其“流动性”和“变现性”。流动性是指流动资产转换为现金所需要的时间。资产转换为现金需要的时间越短，则资产的流动性越强，越能很快地转换为可以偿债的现金。变现性是指资产能否很容易地、足额地转换为现金。如果流动资产的预计出售价格与实际出售价格的差额越小，则认为变现能力越强。有价证券容易变现，存货

则差一些，待摊费用虽然也属于流动资产却不能直接出售变现，所以在衡量变现能力时通常将其剔除。不易变现的资产，也可以通过拍卖变现，但要蒙受很大损失，不能足额地转变为现金。

2. 流动负债的质量

流动负债也有“质量”问题。一般说来，企业的所有债务都是要偿还的，但是并非所有债务都需要在到期时立即偿还，债务偿还的强制程度和紧迫性被视为负债的质量。通常债务偿还的期限越长，强制程度越低，对于债务人来说，债务质量就越差。如果企业所拥有的债务大部分属于质量较差的债务，则企业在短期内可将其营运资金做其他用途，从而使短期偿债能力提高。例如，与企业有长期合作关系的供货商的负债，在公司财务困难时比较容易推迟或重新进行协商。供货商对本公司有业务上的依赖，他们要权衡保持业务关系与强行索债的得失，其债务质量不高。有些债务则是到期必须偿还的，如应付税款，政府的收款权力很大，甚至可以给拖欠税款的公司以致命的惩罚，属于质量高的债务。而企业的大部分债务在这两个极端之间。

企业流动资产的数量和质量超过流动负债的数量和质量的程度，就是企业的短期偿债能力。

二、短期偿债能力分析的意义

短期偿债能力分析对于不同的报表使用者具有不同的意义。

对企业管理者来说，短期偿债能力的强弱意味着企业承受财务风险的能力大小。短期偿债能力弱，企业获得商业信用的可能性降低，将使企业无法利用供货商给予的折扣优惠，丧失有利可图的机会；特别是企业缺乏短期偿债能力时，为了还债，可能会强行出售投资或资产，这种行为会大大降低企业的盈利能力，同时还会使企业的信誉度降低，导致企业筹资困难，从而失去很多投资机会；当企业不能偿还到期债务时，企业将面临债务诉讼，当资不抵债时，企业将破产清算。

对投资者来说，短期偿债能力的强弱意味着企业盈利能力的高低和投资机会的多少。企业短期偿债能力下降通常是盈利水平降低和投资机会减少的先兆，这意味着资本投资的流失。因为，一般情况下，企业投资机会多，盈利水平高时，现金流入量也多；反之，则少。现金流入量多，资产的流动性就强，企业的短期偿债能力就强。

对企业的债权人来说，企业短期偿债能力的强弱意味着本金与利息能否按期收回。当企业短期偿债能力下降时，将导致债权人本金与利息收回的延迟；当企业丧失偿债能力时，将导致债权人无法收回本金与利息。

对企业的供货商和消费者来说，企业短期偿债能力的强弱意味着企业履行合同能力的强弱。当企业短期偿债能力下降时，企业将无力履行合同，供货商和消费者的利益将受到损害。

总之，短期偿债能力是十分重要的。当一个企业丧失短期偿债能力时，它的持续经营能力将受到质疑。此时，其他的报表分析指标就显得不那么重要了。可见，短期偿债能力分析对于报表使用者是至关重要的，也是报表分析的基础。

三、短期偿债能力的评价方法

短期偿债能力的评价大体上有四种办法。

1. 评价流动负债和流动资产的数量关系

如果流动资产大于流动负债，资产转换所得现金超过流动负债，则认为企业的短期偿债能力强。对于流动资产和流动负债的关系，我们可利用两个评价指标：一个是营运资金即流动资产与流动负债的差额；另一个是流动比率即流动资产与流动负债的比值。

2. 评价流动资产的流动性

只有不断流动的资产才能产生现金，只有取得现金才能偿债，而流动资产的流动性在一定程度上可以反映流动资产的质量，进而反映企业的短期偿债能力。评价流动资产的流动性，可利用流动资产周转率这个指标，这个指标有两种表达形式：流动资产周转天数和流动资产周转次数。

3. 评价流动负债的流动性

流动负债短期内必须偿还的可能性越大，流动性越强，流动负债的质量越高；反之，流动性则差，质量越低。流动负债的流动性主要从以下两个方面进行分析：一是对流动负债的到期日进行分析；二是对流动负债的推迟可能性进行分析。

4. 比较 1 年内产生的债务和产生的现金

偿债最终要用现金来偿还，因此可以 1 年内产生的现金流入和同期需要偿还的债务的关系评价偿债能力。我们将在第八章讨论现金与债务的关系问题，本章不再赘述。

第二节　短期偿债能力的评价指标及分析

短期偿债能力的评价指标，可归纳为反映流动负债和流动资产的数量关系的指标、反映流动资产流动性的指标和反映流动负债流动性的指标。

一、反映流动负债和流动资产数量关系的指标及分析

(一)营运资金

1. 营运资金的概念及计算

营运资金是指流动资产总额减去流动负债总额后的剩余部分，也称净营运资金，其计算公式如下：营运资金=流动资产总额-流动负债总额。营运资金越多，流动负债越有偿还保障。

【例 3.1】大华股份有限公司资产负债表如表 3.1 所示，依上式计算该企业的营运资金。

表 3.1 大华股份有限公司资产负债表 单位：万元

项 目	2004 年	2003 年	项 目	2004 年	2003 年
货币资金	46 334	16 832	短期借款	12 000	18 500
短期投资			应付票据		
应收票据	33 059	25 978	应付账款	27 498	24 626
应收股利			预收账款	14 494	10 950
应收利息			应付工资	1 681	1 557
应收账款	15 653	5 656	应付福利费	1 421	666
其他应收款	1 617	1 678	应付股利		
预付账款	8 661	11 400	应付利息	442	
应收补贴款			应交税金	4 877	5 823
存货	9 463	8 840	其他应交款	1 330	977
待摊费用			其他应付款	28 370	19 237
一年内到期的长期债权投资			预提费用		
其他流动资产			预计负债		
			一年内到期的长期负债		
			其他流动负债		
流动资产合计	114 787	70 384	流动负债合计	92 113	82 336

营运资金(2003 年末)=70 384-82 336=-11 952(万元)

营运资金(2004 年末)=114 787-92 113=22 674(万元)

大华股份有限公司的营运资金 2003 年末为-11 952 万元，2004 年末为 22 674 万元，

它是流动资产偿债后的剩余。2003 年末该企业流动资产小于流动负债，说明营运资金不足，而且资金缺口为 11 952 万元，短期偿债能力低下。2004 年末该企业流动资产大于流动负债，资金有溢余，即使有 22 674 万元的流动资产不能变现，该企业仍然可以偿还债务。通过上述对比，可以看出该企业 2004 年比 2003 年的短期偿债能力有所提高。

2. 营运资金的作用及局限性

营运资金是企业偿还流动负债的能力，是用于计算企业短期偿债能力的绝对指标。短期偿债能力的计算要求财务报表将“流动资产”和“流动负债”分别列示，并按流动性排序。企业能否偿还短期债务，要看有多少债务，以及有多少可以变现偿债的流动资产。当流动资产大于流动负债时，营运资金为正，说明营运资金出现溢余。此时，与营运资金对应的流动资产是以一定数额的长期负债或所有者权益作为资金来源。营运资金数额越大，说明企业不能偿债的风险越小。反之，当流动资产小于流动负债时，营运资金为负，说明营运资金出现短缺。此时，企业部分长期资产以流动负债作为资金来源，企业不能偿债的风险很大。

那么，企业营运资金的数量以多少为宜？短期债权人希望营运资金越多越好，这样就可以减少贷款风险。因为营运资金短缺会迫使企业为了维持正常的经营和信用，在不适合的时机、按不利的利率进行不利的借款，从而影响利息和股利的支付能力。但是过多地持有营运资金，也不是什么好事。高营运资金，意味着流动资产多而流动负债少。流动资产与长期资产相比，虽然流动性强、风险小，但是获利性差，过多的流动资产不利于企业提高营运能力。除了短期借款以外的流动负债通常不需要支付利息，流动负债过少说明企业利用无息负债扩大经营规模的能力较差。因此，企业应保持适当的营运资金规模。

没有一个统一的标准用来衡量营运资金保持多少是合理的。不同行业的营运资金规模有很大差别。一般说来，零售商的营运资金较多，因此它们除了流动资产外没有什么可以偿债的资产；而信誉好的餐饮企业营运资金很少，有时甚至是一个负数，因为其稳定的收入可以偿还同样稳定的流动负债；制造业一般有正的营运资金，但其数额差别很大。由于营运资金与经营规模相关，所以同一行业的不同企业之间的营运资金也缺乏可比性。

由于营运资金是一个绝对数，不便于不同企业间的对比，因此在实务中很少直接使用营运资金作为衡量短期偿债能力的指标。

【例 3.2】甲公司和乙公司的营运资金相同，但偿债能力显然不同，如表 3.2 所示。

表 3.2　营运资金表　　单位：万元

项　目	甲 公 司	乙 公 司
流动资产	500	1 800
流动负债	300	1 600
营运资金	200	200

因此，在实务中，评价不同企业的短期偿债能力主要是通过流动资产与流动负债的相对比例即流动比率来评价。

(二)流动比率

1. 流动比率的概念及计算

流动比率是流动资产与流动负债的比值，是衡量企业短期偿债能力的核心比率。流动比率的内涵是每1元流动负债有多少元流动资产作为物质保障。其计算公式如下：

流动比率=流动资产/流动负债

通常认为，流动比率越高，企业的偿债能力越强，短期债权人利益的安全程度也就越高。这是因为较高的流动比率可以保证在流动负债到期时能够有较多的流动资产可供变现来偿债。这个比率还表明当企业遇到突发性现金流出，如发生意外损失时的支付能力。

【例3.3】大华股份有限公司 2003 年和 2004 年的资产负债表(表3.1)计算的流动比率为：

2003年年末流动比率=70 384÷82 336=0.85

2004年年末流动比率=114 787÷92 113=1.25

计算结果表明，该企业2003年每1元流动负债有0.85元的流动资产作保障，2004年提高到 1.25 元。从债权人角度来看，这当然是好的趋势，因其债务的保障程度提高了。从经营者角度来看，其短期偿债能力提高，意味着其财务风险降低，使企业比较容易筹集到资金。但是，1.25 的流动比率对该企业来说是否合理；还需要进一步进行趋势分析和同行业分析。坚持一个非常高的流动比率标准，债务人可能会找不到放款的对象，也就失去了赚钱的机会。

2. 流动比率的合理性及局限性

(1) 流动比率的合理性

流动比率的合理性标准是一个极其复杂的问题，不如把复杂问题简单化。首先，不同国家的金融环境不同，使得企业采用不同的信用政策和财务政策，由此导致不同的流动比率。例如，美国企业的流动比率平均在 1.4 左右，日本企业的流动比率平均在 1.2 左右。其次，同一国家不同行业的平均流动比率也有明显的差别。例如，美国的纺织业接近2.5，而食品业只有1.1。2000年度我国上市公司中，流动比率超过1的占多数，因为多数企业只有很少的短期借款，长期资金较充裕。再次，平均流动比率近年有不断下降的趋势，因为新的经营方式使得所需要的流动资产逐渐减少了。美国、英国、欧共体和日本企业的平均流动比率在1.2～1.4之间，达到或超过2的企业已经是个别现象。因此，流动比率的合理性，必须通过动态分析、趋势比较分析和同业比较分析来评价。

一般认为制造企业合理的最低流动比率是 2，其理由是变现能力最差的存货金额通常占流动资产总额的一半左右，剩下的流动性大的流动资产至少要等于流动负债，企业的短期偿债能力才会有保证。对于这种说法理论界还持有很多争论，有待于实践的检验。

(2)　流动比率的局限性

流动比率在评价企业的短期偿债能力时非常有用。因为，该指标易于理解、计算简单、数据易于获取。但指标本身也存在一定的局限性。

①　流动比率是一个静态指标。作为反映短期偿债能力的指标，流动比率只是说明了在报表日流动资产作为流动负债的现金保障程度，即在某一时点上用于偿还流动负债的可用资源。然而，流动资产和流动负债是不断流动的，它们的存量也是不断变化的；流动负债被不断偿还，又不断有新的负债产生。流动比率不能描述这种"继起性"，不能反映 1 年中有多少流动负债需要偿还，以及能够获得多少可供偿债的现金。因此，流动比率对短期偿债能力的反映是不完善的，在实务中需要根据现金流量表计算现金偿债指标来补充说明，以准确地反映企业的短期偿债能力。

②　流动资产中包含了流动性较差的应收账款、存货、预付账款等，它们能否足额、迅速地转换为现金是有疑问的。因此，要对这些资产的流动性进行必要地分析，包括存货周转率、应收账款周转率等，以补充流动比率对偿债能力衡量的不足。

3. 流动比率分析

流动比率是短期偿债能力分析的核心指标，它揭示了流动负债被偿付的可能性，反映在最坏的情况下，如出现严重亏损或企业处于清算时，抵御资产价值缩水的安全程度。

流动比率的分析主要采用趋势分析和同行业分析等方法。流动比率的趋势分析和同行业分析应按下面的程序进行。

第一，计算流动比率，将本期实际指标值与上期实际指标值或行业平均值进行比较，并得出初步结论，即企业实际指标值比上期或同行业好还是差。

第二，分析流动资产，目的是考察流动资产的质量。由于存货和应收账款在流动资产中的流动性通常较低，所以，影响流动比率水平的主要因素是存货和应收账款的周转情况。一般采取的方法是分别计算存货周转率和应收账款周转率，并将其与上期或行业平均值进行比较，得出进一步的结论，即哪一项流动资产是影响流动比率的主要因素。

第三，如果存货周转率较低，说明其流动性较差，可进一步计算速动比率，考察企业速动比率的水平和质量，并与上期及行业平均值比较，并得出结论，即企业实际指标值比上期或同行业好还是差。

第四，如果速动比率低于上期或同行业水平，说明应收账款周转速度慢，可进一步计算现金比率，并与上期或行业平均值比较，得出结论，即企业实际指标值比上期或同行业好还是差。

第五，通过上述比较，综合评价企业的短期偿债能力。

1)　流动比率的趋势分析

流动比率的趋势分析是指对企业历史各期流动比率实际值进行的比较分析。外部分析人员通过分析历史各时期的变动，对企业短期偿债能力的变动趋势做出判断；内部分析人员通过趋势分析，有利于发现问题，吸取历史的经验和教训，改善企业的偿债能力。

采用趋势分析有两个优点：一是比较可靠，趋势分析以企业历史指标为依据，历史指标是企业曾经达到的水平，通过比较，可以观察企业偿债能力的变动趋势；二是具有较强的可比性，便于找出问题。其缺点有两个：一是历史指标只能代表过去的实际水平，不能代表合理水平。因此，趋势分析主要通过比较，揭示差异，分析原因，推断趋势；二是经营环境变动后，也会减弱历史比较的可比性。

【例 3.4】下面以某公司连续 5 年的资料(见表 3.3)为例，对该企业的流动比率进行趋势分析。

表 3.3 流动比率趋势分析

单位：万元

项 目	2000 年	2001 年	2002 年	2003 年	2004 年
流动资产	9 446.34	13 964.98	16 924.95	19 133.58	64 895.40
流动负债	1 195.95	4 484.87	7 852.99	11 299.98	48 116.76
流动比率	7.90	3.11	2.16	1.69	1.40

从上表可以看出，该公司连续 5 年的流动比率呈逐年降低的态势，说明企业的短期偿债能力逐年降低，而且降低的速度还很快。是什么原因导致了这种变化呢？除了各年流动负债的提高速度快于流动资产的提高速度，致使流动比率逐年降低外，还可能存在引起流动比率变动的深层原因，应分析流动资产的质量和流动负债的构成。

2004 年流动资产大幅度提高可能是货币资金、应收账款和存货项目大幅度上升带来的。其中，货币资金上升可能是因为企业为配股准备了大量现金；应收账款和存货上升可能是因为本年新增合并报表子公司。那么，为什么流动资产的大幅上升没有带来流动比率的提高，反而使流动比率下降呢？要解决这个问题，必须分析流动负债的变动，并比较流动资产与流动负债的增长速度。

该企业 2004 年流动负债总额比上年提高 36 826.78 万元，增长 325.90%，增幅巨大 。2004 年流动负债大幅提高的主要原因可能是短期借款和预收账款大幅上升。其中，短期借款上升可能是因为企业为周转所需流动资金和配股项目举借债务；预收账款上升可能是因为本年新增合并报表子公司和开发软件预收款增加所致。

通过流动资产和流动负债分析可以看出，流动资产的大幅提高并未带来流动比率的提高，反而使其下降，其原因是流动负债的增长速度快于流动资产的增长速度。

2) 流动比率的同业分析

同业分析是指将企业指标的实际值与同行业的平均标准值所进行的比较分析。对企业短期偿债能力强弱的判断必须要结合所在行业的平均水平，如果本企业的某一指标好于行业标准，则说明企业在这一方面是处于行业平均水平之上。比如，某企业流动比率为1.25，该企业所处的行业标准为1.2，则说明该企业的短期偿债能力处于行业水平之上。

同业比较分析有两个重要的前提：一是如何确定同类企业；二是如何确定行业标准。同类企业的确定没有一个公认的标准，一般情况下可以按以下两个标准来判断：一是看最终产品是否相同，生产同类产品或同系列产品的企业即可认定为同类企业。比如，以钢材为最终产品的钢材企业，以计算机为最终产品的计算机生产企业。这些企业之所以认定为同类企业，是因为生产同类产品的企业具有相同的生产经营特点。不仅在生产设备、加工工艺等方面具有较大的可比性，而且在资产构成、资本结构、成本构成和价格水平等方面也可相互参照。二是看生产结构是否相同。这里的生产结构主要是指企业原材料、生产技术、生产方式，当企业采用相同的原材料、相同的生产技术和相同的生产方式时，即使最终产品不同，也可以认为是同类企业。比如，制药企业、食品加工企业等。

行业标准是以一定时期和一定范围的同类企业为样本，采用一定的方法对相关数据进行测算而得出的平均值。行业标准的确认方法主要使用统计分析法，即以大量历史统计数据为样本，测算各类指标平均值作为评价标准。这种方法假设大多数企业都正常经营，所以样本数据能反映各行业的经济运行状态。企业如何获取行业标准值呢？通常可以采用两种方法，一是根据财政部颁布的企业绩效评价标准，目前财政部已建立了企业绩效评价标准，并且不定期公布；二是根据上市公司的公开信息，进行统计分析，也可以直接利用专业分析机构按行业对上市公司主要财务指标的统计分析结果。

【例 3.5】下面以某股份有限公司连续 5 年的资料为例，结合综合类企业流动比率平均值，对该企业的流动比率进行同业分析，如表 3.4 所示。

表 3.4　流动比率同业分析　单位：万元

项　目	1996 年	1997 年	1998 年	1999 年	2000 年
行业平均值	2.56	2.33	2.25	2	1.67
企业实际值	7.90	3.11	2.16	1.69	1.33

从表 3.4 可以看出，该企业前两年的流动比率始终高于行业标准值，说明前两年企业的短期偿债能力高于行业平均水平；而后 3 年的流动比率则低于行业平均值，说明企业的短期偿债能力明显降低。那么，是不是流动比率高就好，而低就不好呢？流动比率快速下降的真正原因是什么？我们将在流动比率的影响因素分析中进行深入探讨。

3)　流动比率的构成分析

如果两个企业的流动比率都等于 1.25，是否应认为它们的短期偿债能力相同呢？回答应当是否定的。因为构成流动比率的流动资产和流动负债质量不同，有些流动资产不能变现偿债，有些流动负债不一定在到期时立即偿还，所以必须对流动资产和流动负债的质量进行分析和评价，才能把握流动比率数值的真正含义。同时为了使流动比率能准确地反映短期偿债能力，有必要对流动资产和流动负债的构成进行分析。

(1) 流动资产

流动资产是可以在 1 年或超过 1 年的一个营业周期内变现或耗用的资产，其主要项目如下。

① 货币资金。由于货币资金本身可用于偿债，其变现时间等于零，并且通常不存在变现损失问题，因此货币资金是偿债能力最强的资金。但是，具有特殊用途的货币资金不能作为可偿债资产，如专门用于固定资产投资的货币资金、银行限制性条款中规定的最低存款余额等。它们不能随时用于偿债，应予以扣除。

② 短期投资。短期投资的流动性和变现性仅次于货币资金。当企业需要货币资金时，可以立即出售有价证券，收回货币资金。短期证券按取得时的成本计价，当市场价格低于账面价值时，计提短期投资减值准备，使短期投资按市场价值反映。如果市场价格低于账面价值，企业又不按会计制度的规定计提减值准备，则会高估短期投资的变现数额。

③ 应收票据。按我国现行制度规定，应收票据按面值计价。在资产负债表上，应收票据项目反映了企业未到期也未向银行贴现的应收票据面值。未到期的应收票据转换为现金，要支付贴现息，其变现损失大于短期投资。

④ 应收账款。在计算营运资金时，要对应收账款的数额进行某些调整：首先，一些应收账款可能收不回来而成为坏账，只有扣除了坏账准备后的应收账款净额才能纳入计算营运资金的范围；其次，不能在短期内变现的项目应予以扣除，例如，收款期长于 1 年的应收账款；第三，账龄超过 1 年的应收账款，不能视为可偿债资产；第四，关联公司的应收账款可能是一种融资安排，其收回是没有保障的，应予以扣除。

⑤ 存货。积压的存货不应计入可偿债资产。在期末应计提存货跌价准备，扣除跌价准备后的存货才属于可偿债资产。此外还应注意存货的计价方法，例如，使用后进先出法会低估可偿债资产。

⑥ 预付账款。预付账款是指企业按照购货合同规定预付给供应单位的款项。预付账款是一种已经支付但尚未失去效用的成本。这些预付款项将在 1 年或超过 1 年的一个营业周期内转变成企业的某种经济利益。虽然预付账款通常不能收回现金，但是可以在短期内节省现金支出，因此多数人认为可以将其列入可偿债资产。

(2) 流动负债

流动负债是在 1 年或超过 1 年的一个营业周期内偿还的债务，其主要项目有：短期借款、应付票据、应付账款、预收账款、应付工资、应交税金、预提费用等。在进行分析时，不应假定报表中有关的流动负债分类总是正确的。最终支付可能性很高的短期债务，不一定都纳入了流动负债之中。在分析时应注意以下问题。

① 递延税款贷项虽然符合流动负债的报告标准，但是它并不引起未来现金流出。例如，折旧是一种暂时性差异，它在回转时被金额更大的原始差异所抵消，并不导致税款的支付。

② 与担保有关的或有负债，没有被列入报表。但是，如果它们的数额较大，并且很有可能发生，就应将其列入需要偿还的债务。

③ 经营租赁合同中的未来付款承诺，没有被列入报表。但是如果金额较大，并且是不可撤销的合同，就应将未来最低租金支付额纳入需要偿还的债务。

④ 建造或购买长期资产合同中的阶段性付款等，也是一种承诺，应当列入需要偿还的债务。

⑤ 流动负债的计价。由于流动负债数据都来自账面数据，当低估流动负债的账面价值时，就会高估营运资金；反之，如果高估流动负债的账面价值，就会低估营运资金。

(4) 流动比率的影响因素分析

一般情况下，流动资产的流动性和流动负债的流动性是影响流动比率的主要因素。有关流动比率的影响因素分析的内容将在以后章节中介绍。

(三)速动比率

1. 速动比率的概念及计算

流动比率虽然可以用来评价流动资产总体的变现能力，但是短期债权人认为这个指标还不够。因为，计算流动比率的流动资产中包含着变现能力较差的存货。他们希望获得比流动比率更进一步的有关变现能力的比率指标，这个指标被称为速动比率，也叫酸性试验比率。

速动比率是速动资产与流动负债的比值。所谓速动资产是流动资产扣除存货后的数额，速动比率的内涵是每 1 元流动负债有多少元速动资产作现金保障。该指标用来反映企业的短期偿债能力，是流动比率的一个重要辅助指标，用于评价企业流动资产变现能力的强弱。该指标越高，表明企业偿还流动负债的能力越强。速动比率的计算公式为：

速动比率=(流动资产−存货)÷流动负债

【例 3.6】如大华股份有限公司报表(见表 3.1)所示：2004 年年末的流动资产为 114 787 万元，其中存货为 9 463 万元，流动负债为 92 113 万元。该公司速动比率的计算如下：

速动比率=(114 787−9 463)÷92 113=1.14

大华股份有限公司属于综合类上市公司，1.14 的速动比率是不错的，说明该企业有很好的短期偿债能力。

一般认为，如果每 1 元的流动负债有 1 元的速动资产来偿还，即速动比率的标准值为 1 时，则表明企业既有良好的债务偿还能力，又有较为合理的流动资产结构。速动比率没有统一的标准，各行业的速动比率会有很大差别。例如，采用大量现金销售的商店，几乎没有应收账款，大大低于 1 的速动比率则是很正常的。相反，一些应收账款较多的企业，速动比率可能要大于 1。

2. 速动比率的优点及局限性

(1) 速动比率的优点

与流动比率相比，速动比率扣除了变现能力较差的存货，弥补了流动比率的不足。在计算速动比率时把存货从流动资产中剔除的主要原因如下。

第一，与其他流动资产相比存货的变现速度最慢。原材料、半成品要经过加工才能转变成产成品，产成品出售后，转变为应收账款，然后才能收回现金，而应收账款在收回过程中是有风险的。

第二，由于某种原因，存货中可能含有已损失报废但还没作处理的不能变现的存货。按照新的资产定义，如果某项资产已经不能给企业带来效益，就不能称其为资产。显然其不能作为企业偿债的保障。

第三，部分存货可能已经抵押给某债权人。如果存货已经做抵押，其在一定时期内是不可能变现的。

第四，存货估价还存在着成本与合理市价相差悬殊的问题。因为资产负债表中存货是按照历史成本原则计价的，而在通货膨胀或通货紧缩的情况下，存货的市价与其成本价会有很大的差别，变现后可能与原成本价不符。

综合上述原因，把存货从流动资产总额中剔除而计算出的速动比率是企业实际的短期偿债能力，该指标反映的短期偿债能力比流动比率更为准确，更加可信。

(2) 速动比率的局限性

虽然速动比率扣除了变现能力较差的存货，弥补了流动比率的不足。但是，该指标仍然存在着一定的局限性。

第一，速动比率只是揭示了速动资产与流动负债的关系，是一个静态指标。作为反映企业短期偿债能力的指标，速动比率只是说明了在某一时点每 1 元流动负债的保障程度，即在某一时点用于偿还流动负债的速动资产，并不能说明未来现金流入的多少，未来现金流入是反映短期偿债能力的最好指标。

第二，速动资产中还包含了流动性较差的应收账款，使速动比率所反映的偿债能力受到怀疑。特别是当速动资产中含有大量不良应收账款时，必然会减弱企业的短期偿债能力。

第三，各种预付款项及预付费用的变现能力也很差。预付款项需要经过一定时期转变为存货以后，才能恢复其流动性；预付费用是要在一定的会计期间分期摊销，不可能转变为现金。如果要更准确地反映企业的短期偿债能力，这两项在计算速动比率时也应扣除。

(四)保守速动比率

在计算速动比率时，除扣除存货以外，还可以从流动资产中剔除其他一些可能与当期现金流量无关的项目，如待摊费用、预付账款等，以更进一步地分析企业的变现能力。国际上流行采用保守速动比率的方法，所谓保守速动比率是指保守速度资产与流动负债的比值。保守速动资产一般是指货币资金、短期证券投资净额和应收账款净额的总和。也可以在流动资产总额的基础上，分别减去存货、待摊费用、预付账款来计算。其公式如下：

保守速动比率=(货币资金+短期证券投资净额+应收款项净额)÷流动负债

保守速动比率=(流动资产-存货-预付账款-待摊费用)÷流动负债

【例 3.7】如大华股份有限公司报表(见表 3.1)所示：2004 年年末的货币资金为 46 334 万元，短期证券投资净额为 0，应收款项净额为 15 653 万元，流动负债为 92 113 万元。该公司保守速动比率的计算如下：

保守速动比率=(46 334+0+15 653)÷92 113=0.67

(五)现金比率

在保守速动比率的基础上扣除应收账款，可以计算企业的即刻变现能力。现金比率是现金类资产与流动负债的比值。现金类资产是指货币资金和短期投资净额。这两项资产的特点是随时可以变现，或可以随时转让变现。现金比率的计算公式如下：

现金比率=(货币资金+短期投资净额)÷流动负债

【例 3.8】如大华股份有限公司报表(见表 3.1)所示：2000 年年末的货币资金为 46 334 万元，短期投资净额为 0，其现金比率的计算如下：

现金比率=(46 334+0)÷92 113=0.50

计算结果表明，该企业每 1 元流动负债有 0.5 元的现金作为偿债的保障。现金比率反映企业的即刻变现能力。现金比率高，说明企业即刻变现能力强。在评价企业变现能力时，一般说来现金比率的重要性不大，因为不可能要求企业用现金和短期证券投资来偿付全部的流动负债，企业也没有必要总是保持足够还债的现金和短期证券投资。但是，当发现企业的应收账款和存货的变现能力存在问题时，现金比率就显得很重要了。此时，它可用于评价在最坏情况下企业的短期偿债能力。此外，在某些行业中，现金比率可能是很重要的，因此要重视分析在特殊条件下的现金比率指标。

现金比率这个指标不是越高越好，如果太高则可能反映该企业不善于充分利用现金资源，没有把现金投入经营以赚取更多的利润。因此，在对这个指标下结论之前，应充分了解企业情况。有时候企业可能有特别的计划需要使用现金，如集资用于扩大生产能力，就必须使手头上的现金增加，在这种情况下，现金比率很高，不能误认为偿债能力很强。但无论如何，过低的现金比率能反映企业的支付能力一定存在问题，时间长了会影响企业的信用，所以企业保持合理的现金比率是很必要的。

二、反映流动资产流动性的指标及分析

上述根据资产负债表的有关指标计算出来的流动比率、速动比率及现金比率，只有和

同行业平均水平及本企业历史水平进行比较，才能知道这个比率是高还是低。然而，要找出过高或过低的原因，还必须分析流动资产和流动负债所包括的内容及经营上的因素。一般情况下，流动资产的流动性和流动负债的流动性是影响流动比率的主要因素。

(一)流动资产的流动性分析

影响流动资产流动性的因素主要是营业周期的长短及流动资产的构成。营业周期是指从取得存货开始到销售存货并收回现金为止的这段时间。其含义指的是需要多长时间能将期末存货全部变为现金。营业周期的长短取决于存货周转天数和应收账款周转天数。营业周期的计算公式如下：

营业周期=存货周转天数+应收账款周转天数

一般情况下，营业周期短，说明资金周转速度快；营业周期长，说明资金周转速度慢。关于营业周期我们将在第六章作进一步分析。

为进一步分析流动资产的流动性强弱，应对流动资产中应收账款和存货的流动性作进一步分析。

具体分析方法是将该企业应收账款周转率和存货周转率同行业平均值进行对比。如果该企业存货周转率低于行业平均值，说明存货相对于销售量显得过多，这是企业流动比率低于行业标准值的主要原因，应进一步分析原因。内部分析人员应继续分析原材料、在产品和产成品，计算各自的周转率，并与同行业比较，查找使存货周转率降低的主要原因。假设是原材料存货出了问题，应进一步分析是哪一项原材料；如果确定是某材料，应进一步分析是哪一项作业出了问题。比如，是采购成本过高，还是储存费用上升。如果应收账款周转率也低于行业标准值，该企业应收账款的占用相对于销售收入而言可能过高了。应进一步分析企业采用的信用政策和应收账款的账龄，看一看是哪里出了问题。

1. 存货周转分析

在流动资产中，存货所占的比重较大。存货的流动性将直接影响企业的短期偿债能力。这里我们要讨论存货的变现能力和流动比率的关系。存货的变现能力一般用存货的周转速度指标来反映，即存货周转率或存货周转天数。

存货周转率是衡量和评价企业购入存货、投入生产、销售收回等各环节管理状况的综合性指标。它是主营业务成本除以存货平均余额而得到的比率，或叫存货周转次数。用时间表示的存货周转率就是存货周转天数。计算公式为：

存货周转率(次数)=主营业务成本÷存货平均余额

存货周转天数=360÷存货周转率

=360÷(主营业务成本÷存货平均余额)

=(存货平均余额×360)÷主营业务成本

公式中“主营业务成本”来自利润表，“存货平均余额”是根据资产负债表中的“期初存货”与“期末存货”计算的平均数。

【例 3.9】如大华股份有限公司 2004 年度报表(见表 3.1)所示：主营业务成本为 142 813 万元，年初存货 8 840 万元，期末存货为 9 463 万元。该公司存货周转率为：

存货周转率=142 813÷[(8 840+9 463)÷2]=15.61(次)

存货周转天数=360÷15.61=23.06(天)

一般来讲，存货周转速度越快，存货的占用水平越低，流动性越强，存货转换为现金或应收账款的速度就越快，可以增强企业的变现能力；存货周转速度越慢，则有相反的结果。

存货周转率(存货周转天数)指标反映企业的存货管理水平，它不仅影响企业的短期偿债能力，也是整个企业管理的一个重要内容。企业管理者和有条件的外部报表使用者，除了分析批量因素、季节性生产的变化等情况外，还应对存货的结构及影响存货周转速度的重要项目进行分析，如计算原材料周转率、在产品周转率等。计算公式如下：

原材料周转率=耗用原材料成本÷原材料平均余额

在产品周转率=制造成本÷在产品平均余额

存货周转分析的目的是从不同角度和环节上找出存货管理中的问题，使存货管理在保证生产经营连续性的同时，尽可能少占用经营资金，提高资金的使用效率，增强企业的短期偿债能力，提高企业的管理水平。

2. 应收账款周转分析

应收账款和存货一样，在流动资产中有着举足轻重的地位。及时收回应收账款，不仅可以增强企业的短期偿债能力，也反映企业在管理应收账款方面的效率。

反映应收账款周转速度的指标是应收账款周转率，也就是年度内应收账款转为现金的平均次数，它说明应收账款流动的速度。用时间表示的周转次数是应收账款周转天数，也叫平均应收账款回收期，它表示企业从取得应收账款的权利到收回款项，转换为现金所需要的时间。其计算公式为：

应收账款周转率=主营业务收入÷应收账款平均余额

应收账款周转天数=360÷应收账款周转率

=(应收账款平均余额×360)÷主营业务收入

公式中的“主营业务收入”来自利润表，“应收账款平均余额”是根据资产负债表中“年初应收账款余额”与“年末应收账款余额”计算的平均数。

【例 3.10】大华股份有限公司 2004 年度报表如表 3.1 所示：该企业主营业务收入为 240 921 万元，年初应收账款余额为 5 656 万元，年末应收账款余额为 15 653 万元。依上式计算应收账款周转率为：

应收账款周转率(次数)=240 921÷[(5 656+15 653)÷2]=22.61(次)

应收账款周转天数=360÷22.61=15.92(天)

一般来说，应收账款周转率越高，平均收账期越短，说明应收账款的收回越快。否则，企业的营运资金过多地停滞在应收账款上，影响正常的资金周转。影响该指标正确计算的因素如下。

(1) 季节性经营的企业使用这个指标时不能反映实际情况。

(2) 大量使用分期付款结算方式。

(3) 大量的销售为现销。

(4) 年末销售大幅度上升或下降。

这些因素都会对该指标的计算结果产生较大的影响。

财务报表的外部使用者可以将计算出的指标与该企业前期、与行业平均水平或其他类似企业相比较，以判断该指标的高低。

(二)流动负债的流动性分析

不是所有的流动负债都需要在到期时立即偿还，流动负债的“流动性”是指流动负债在短期内必须偿还的可能性。短期内必须偿还的可能性越大，流动性越强，流动负债的质量就越高；反之，流动性则差，质量越低。流动负债的流动性分析主要从以下两个方面进行。

1. 流动负债的到期日分析

在企业的各项流动负债中，由于它们的形成方式不同，债权人不同，法律的约束也不同。为了对企业的偿债能力做出准确判断，有必要掌握流动负债的到期日。

2. 流动负债的推迟可能性分析

无论企业的支付能力如何，有些债务是必须支付的，如企业的各种应交税金。而有些债务的支付期是可以推迟的，如因赊购形成的应付账款，特别是对一些与企业有着良好合作关系的供应商。当企业发生财务困难时，可以通过友好协商，推迟支付应付账款，以缓解企业资金的压力。内部分析人员掌握了详细的资料，通过推迟可能性的分析，确定企业短期可推迟支付的债务，及短期必须支付的债务，对短期偿债能力做出准确判断。

第三节 案 例 分 析

一、海天公司短期偿债能力分析

(一)案例相关资料

海天公司 2005 年 12 月 31 日的资产负债表和截止 2005 年 12 月 31 日的损益表如表 3.5 和表 3.6 所示。

表 3.5　海天公司资产负债表

2005 年 12 月 31 日　单位：元

项　目	2005 年	2004 年
资产		
现金	50 000	280 000
应收账款净额	920 000	700 000
存货	1 300 000	850 000
预付账款	40 000	60 000
固定资产	2 000 000	400 000
累计折旧	200 000	100 000
资产总计	4 110 000	2 190 000
负债和股东权益		
应付账款	490 000	440 000
应付所得税	150 000	40 000
预提费用	60 000	50 000
应付债券	1 650 000	200 000
普通股股本	1 060 000	960 000
留存收益	700 000	500 000
负债和股东权益合计	4 110 000	2 190 000

表 3.6　海天公司损益表

2005 年 12 月 31 日　单位：元

项　目	金　额
销售收入	5 000 000
减费用：	
销售成本(包括折旧 40 000)	3 100 000
销售和管理费用(包括折旧 60 000)	800 000
利息费用(全部以现金支付)	110 000
费用合计	4 010 000
税前收益	990 000
所得税	300 000
净收益	690 000

注：2005 年支付现金股利 490 000 元。

海天公司总经理不能理解为什么公司在偿付当期债务方面存在困难，他注意到企业经营是不错的，因为销售收入不止翻了一番，而且公司 2005 年获得的利润为 690 000 元。

要求：

(1) 如何对总经理作出一个合理的解释？

(2) 计算相关的短期偿债能力指标。

(3) 对海天公司的短期偿债能力进行评价。

(二)案例分析

1. 作为财务人员可对总经理作如下解释

收入和利润是依据权责发生制确定的。因此，不能直接以收入和利润额的多少作为判断公司偿付当期债务的标准。应根据海天公司现金流量和偿债能力的分析才能作出较为客观的判断。

2. 公司 2005 年短期偿债能力指标计算

2005 年初

(1) 流动比率=(28+70+85+6)÷(44+4+5)=189÷53=3.57

(2) 速动比率=(189−85)÷53=1.96

(3) 保守速动比率=(28+70)÷53=1.85

(4) 现金比率=28÷53=0.53

(5) 营运资金=(28+70+85+6)−(44+4+5)=189–53=136(万元)

2005 年末

(1) 流动比率=(5+92+130+4)÷(49+15+6)=3.30

(2) 速动比率=(231−130)÷70=1.44

(3) 保守速动比率=(5+92)÷70=1.39

(4) 现金比率=5÷70=0.07

(5) 营运资金=(5+92+130+4)−(49+15+6)=161(万元)

海天公司 2005 年短期偿债能力指标变动如表 3.7 所示。

表 3.7 海天公司 2005 年短期偿债能力指标变动

指 标	年 初	年 末	变 动
流动比率	3.57	3.30	−0.27
速动比率	1.96	1.44	−0.52
现金比率	0.53	0.07	−0.46
营运资金/万元	136	161	25

3. 海天公司短期偿债能力评价

上述计算分析和会计报表表明：海天公司流动比率和速动比率年末比年初分别降低了0.27和0.52，但是均高于标准值，因此从这两个指标看，公司的短期偿债能力与年初相比虽有所降低，但一般看来仍较强。公司的现金比率年末仅为0.07，比年初下降了0.46，其降低速度为86.79%，并且公司的现金由年初的28万元下降到5万元，反映出公司现金支付能力的严重不足，因为一般现金比率不得低于20%～30%。此外公司的营运资金虽然比年初增加了25万元，但是由于年末的流动负债已由年初的53万元增至70万元，长期负债也由20万元增至165万元，而且营运资金的流转速度也有所降低，导致企业的短期偿债能力有所下降。如果我们结合公司现金流量的分析就可知公司短期偿债能力并非很强，且存在较大困难。关于现金流量的分析我们将在第八章介绍，在此不再赘述。

综合上述分析，海天公司的短期偿债能力不是很强，该公司采用的是高风险、高报酬的财务结构，若经营不很景气，则表明公司的举债经营的程度偏高，财务结构不很稳定。

二、A公司短期偿债能力分析

(一)案例相关资料

A公司为钢铁制品公司，具有30多年的生产历史，产品远销国内外市场。但是，近5年中，国外同类进口产品不断冲击国内市场，由于进口产品价格较低，国内市场对它们的消费持续增长；国外制造商凭借较低的劳动力成本和技术上的先进设备，其产品的成本也较低。同时，市场上越来越多的日用制品都采用了铝、塑料等替代性材料，A公司前景并不乐观。

公司2004年(上1年)有关财务资料如表3.8、表3.9和表3.10所示。

表3.8　A公司利润(简表)

编制公司：A公司　　2004年12月31日　　单位：千元

项　目	金　额
销售收入	2 537 500
减：销售成本	1 852 000
营业费用合计	609 000
营业利润	76 500
减：利息费用	46 500
税前净利润	30 000
减：所得税(40%)	12 000
税后净利润	18 000

注：A公司2003年的销售收入为2 489 000千元。

表 3.9 A 公司资产负债表

编制公司：A 公司　　2004 年 12 月 31 日　　单位：千元

资　产	年初数	年末数	负债和所有者权益	年初数	年末数
流动资产：			流动负债：		
货币资金	12 050	12 500	应付票据	185 000	155 500
应收账款	381 950	402 778	应付账款	200 250	115 000
存货	381 722.5	350 312.5	预提费用	50 451	37 500
流动资产合计	775 722.5	765 590.5	长期负债：	350 000	582 625
固定资产：			负债合计	785 701	890 625
固定资产原价	845 853.5	1 046 909.5	所有者权益：		
减：累计折旧	174 000	250 000	股本	75 000	75 000
固定资产净值	671 853.5	796 909.5	资本公积	96 875	96 875
			留存收益	490 000	500 000
			所有者权益合计	661 875	671 875
资产总计	1 447 576	1 562 500	负债与所有者权益	1 447 576	1 562 500

表 3.10 A 公司历史财务比率

财务比率	年　份			行业平均值
	2002	2003	2004	
流动比率	1.7	1.8		1.5
速动比率	1.0	0.9		1.2
资产负债率	45.8%	54.3%		24.5%
已获利息倍数	2.2	1.9		2.5

要求：

(1) 计算该公司 2004 年的短期偿债能力比率。

(2) 通过横向与纵向对比对该公司的短期偿债能力进行分析和评价。

(二)案例分析

1. 2004 年的短期偿债能力财务比率的计算

2004 年初：

(1) 流动比率=775 722.5÷(185 000+200 250+50 451)=775 722.5÷435 701=1.8

(2) 速动比率=(775 722.5−381 722.5)÷435 701=0.9

(3) 保守速动比率=(12 050+381 950)÷435 701=0.9

(4) 现金比率=12 050÷435 701=0.027 6=2.8%

(5) 营运资金=775 722.5−435 701=340 021.5(千元)

2004 年末：

(1) 流动比率=765 590.5÷308 000=2.5

(2) 速动比率=(765 590.5−350 312.5)÷308 000=415 278÷308 000=1.3

(3) 保守速动比率=(12 500+402 778)÷308 000=1.3

(4) 现金比率=12 500÷308 000=0.041=4.1%

(5) 营运资金=765 590.5−308 000=457 590.5(千元)

2. A 公司 2004 年短期偿债能力的分析和评价

A 公司 2004 年短期偿债能力指标的变动如表 3.11 所示。

表 3.11　A 公司 2004 年短期偿债能力指标变动表

指　标	年　初	年　末	差　异	变动率/%
流动比率	1.8	2.5	0.7	38.9
速动比率	0.9	1.3	0.4	44.4
现金比率	2.8%	4.1%	1.3%	46.4
营运资金/千元	340 021.5	457 590.5	117 569	34.6

2004 年 A 公司短期偿债能力指标影响因素的变动如表 3.12 所示。

表 3.12　短期偿债能力指标影响因素的变动　单位：千元

项　目	年　初	年　末	差　额	差异率/%
货币资金	12 050	12 500	450	3.7
应收账款	381 950	402 778	20 828	5.5
存货	381 722.5	350 312.5	−31 410	−8.2
流动资产合计	775 722.5	765 590.5	−10 132	−1.3
流动负债	435 701	308 000	−127 701	−29.3
其中：应付票据	185 000	155 500	−29 500	−15.9
应付账款	200 250	115 000	−85 250	−42.7
预提费用	50 451	37 500	−12 951	−25.7
长期负债	350 000	582 625	232 625	66.5
销售收入	2 189 000	2 537 500	348 500	15.9

上述纵向对比表明：A 公司 1 年来的主要短期偿债能力指标，如流动比率逐年增加，速动比率整体存在不断增加的趋势，但略有波动，尤其是 2004 年末各项短期偿债能力指

标均比年初有所增加，说明公司的短期偿债能力不断提高。其中流动比率提高了 0.7(2.5−1.8 = 0.7)，增长速度为 38.9%，这是流动资产减少和流动负债减少两个因素共同影响的结果。但是由于流动负债的下降速度为 29.3%，远超过流动资产的下降速度(1.3%)，因此，主要还是由于流动负债的大幅度减少造成流动比率大幅度提高。速动比率提高了 0.4，上升速度为 44.4%，这主要是由于货币资金、应收账款等速动资产的增加和流动负债的减少所致。现金比率也由 2.8%提高到 4.1%，增加了 1.3%，这主要是由于货币资金增加和流动负债的减少所致。此外，公司的营运资金也比年初增加了 117 569 千元，其增长速度为 34.6%，远超过业务量的增长(15.9%)，揭示了公司营运资金的部分来源是依靠长期负债获得的，从而使公司财务结构的稳定性及其收益能力的风险性提高，公司管理者应对此给予足够的重视。

从横向对比分析来看，A 公司的主要短期偿债能力指标与行业平均值比较情况如表 3.13 所示。

表 3.13 A 公司的主要短期偿债能力指标与行业平均值比较情况

财务比率	年 份			行业平均值	与行业对比差异		
	2002	2003	2004		2002	2003	2004
流动比率	1.7	1.8	2.5	1.5	0.2	0.3	1.0
速动比率	1.0	0.9	1.3	1.2	−0.2	−0.3	0.1

上述结果表明：A 公司近 3 年短期偿债能力逐步提高的同时，流动比率各年均高于行业水平，特别是 2004 年比行业水平高 1.0，从现有报表数据分析主要是由于偿还了应付票据和应付账款使流动负债减少所致，此外还由于压缩库存、减少存货，加速了资产流动，从而使公司的短期偿债能力大幅度提高。而速动比率却不同，2002 年和 2003 年均比行业水平差，仅有 2004 年高于行业平均值 0.1，可见公司 2004 年提高短期偿债能力的工作成效很大。这主要是由于速动资产增加和流动负债减少的综合影响所致。

综合上述横向和纵向分析表明，A 公司的短期偿债能力逐年提高，且高于行业平均值。这主要得益于压缩库存、加速资产的营运能力、调整财务结构、增加长期负债、减少流动负债。但是与此同时公司的财务风险也提高了。

复习思考题

1. 什么是短期偿债能力？影响短期偿债能力的因素有哪些？
2. 企业的利益相关各方为何重视短期偿债能力？
3. 保持适当的营运资本规模的意义是什么？
4. 流动资产的质量体现在哪两个方面？什么是流动资产的流动性和变现性？

5. 流动负债的质量体现在哪两个方面？
6. 反映企业短期偿债能力的财务指标有哪些？如何计算和分析？
7. 流动比率和速动比率的局限性表现在哪些方面？
8. 为什么在计算速动比率时要把存货从流动资产中剔除？
9. 如何利用应收账款周转率和存货周转率对流动资产的流动性进行分析？

习　题

一、名词解释

偿债能力　营运资本　速动资产　流动比率　速动比率　现金比率

二、单项选择题

1. 短期债权包括(　　)。
   A. 融资租赁　B. 银行长期贷款
   C. 商业信用　D. 长期债券
2. 可用于偿还流动负债的流动资产指(　　)。
   A. 存出投资款　B. 回收期在 1 年以上的应收款项
   C. 现金　D. 银行汇票存款
3. 酸性测试比率，实际上就是(　　)。
   A. 流动比率　B. 现金比率
   C. 保守速动比率　D. 速动比率
4. 现金类资产是指货币资金和(　　)。
   A. 存货　B. 短期投资净额
   C. 应收票据　D. 1 年内到期的和长期债务投资
5. 企业(　　)时，可以增加流动资产的实际变现能力。
   A. 取得应收票据贴现款　B. 为其他单位提供债务担保
   C. 拥有较多的长期资产　D. 有可动用的银行贷款指标
6. 减少企业流动资产变现能力的因素是(　　)。
   A. 取得商业承兑汇票　B. 未决诉讼、仲裁形成的或有负债
   C. 有可动用的银行贷款指标　D. 长期投资到期收回
7. 流动资产和流动负债的比值被称为(　　)。
   A. 流动比率　B. 速动比率
   C. 营运比率　D. 资产负债率

8. 资产负债表中资产项目的排列顺序是依据(　　)。
   A. 项目的重要性　　B. 项目的收益性
   C. 项目的流动性　　D. 项目的时间性
9. 企业持有较多的货币资金，最有利于企业的(　　)。
   A. 投资人　　B. 经营者
   C. 长期债权人　　D. 短期债权人
10. 一般说来，偿还流动负债的现金来源于(　　)。
   A. 长期借款　　B. 短期借款
   C. 流动资产　　D. 吸收投资
11. 下列经济业务会使企业的速动比率提高的是(　　)。
   A. 销售产成品　　B. 收回应收账款
   C. 购买短期债券　　D. 用固定资产对外进行长期投资

三、多项选择题

1. 流动资产包括(　　)。
   A. 应收账款　　B. 待摊费用
   C. 预收账款　　D. 预付账款
   E. 短期借款
2. (　　)不属于流动负债。
   A. 应收账款　　B. 预付账款
   C. 预提费用　　D. 1 年内到期的长期借款
   E. 短期借款
3. 不能用于偿还流动负债的流动资产有(　　)。
   A. 信用卡保证金存款　　B. 有退货权的应收账款
   C. 存出投资款　　D. 回收期在 1 年以上的应收款项
   E. 现金
4. 造成流动比率不能正确反映偿债能力的原因有(　　)。
   A. 季节性经营的企业，销售不均衡　　B. 大量使用分期付款结算方式
   C. 年末销售大幅度上升或下降　　D. 大量的销售为现销
   E. 存货计价方式发生改变
5. 在计算速动比率时要把存货从流动资产中剔除是因为(　　)。
   A. 存货估价成本与合理市价相差悬殊
   B. 存货中可能含有已损失报废但还没作处理的不能变现的存货
   C. 存货种类繁多，难以综合计算其价值

D. 存货的变现速度最慢

E. 部分存货可能已抵押给某债权人

6. 保守速动资产一般是指以下几项流动资产(　　)。

A. 短期证券投资净额　　B. 待摊费用

C. 预付账款　　D. 应收账款净额

E. 货币资金

7. 影响速动比率的因素有(　　)。

A. 应收账款　　B. 存货

C. 短期借款　　D. 应收票据

E. 预付账款

8. 反映变现能力的指标中，更适合同行业不同企业之间，以及本企业不同历史时期进行比较的指标有(　　)。

A. 营运资金　　B. 流动比率

C. 速动比率　　D. 保守速动比率

E. 酸性测试比率

9. 侧重于分析企业短期偿债能力的财务指标有(　　)。

A. 资产负债率　　B. 流动比率

C. 现金比率　　D. 利息费用保障倍数

E. 速动比率

10. 速动资产指现金和易于变现、几乎可以随时用来偿还债务的流动资产，其构成要素有(　　)。

A. 存货　　B. 货币资金

C. 短期投资　　D. 应收票据

E. 待摊费用

四、计算分析题

1. 某企业的全部流动资产为 800 000 元，流动比率为 1.5，该公司购入商品 190 000 元以备销售，其中的 80 000 元为赊购。

要求:

计算该笔交易后的流动比率。

2. 根据习题 1 的资料，若该公司又购置固定资产一部，价值 70 000 元，其中 20 000 元以银行存款支付，其余开出应付票据一张。

要求:

(1) 计算该笔交易后的营运资本。

(2) 计算该笔交易后的流动比率。

(3) 试对该公司的短期偿债能力做出评价。

3. 资料：某企业2003年底和2004年底的部分账面资料如下表所示。

某企业2003年底和2004年底的部分账面资料表 单位：万元

项 目	2003年	2004年
现金	12	10
银行存款	5 000	6 700
短期投资——债券投资	100	120
应收票据	200	500
应收账款	1 500	1 600
原材料	8 000	5 400
固定资产	82 800	83 600
累计折旧	700	500
应付票据	1 000	1 200
应交税金	300	450
预提费用	200	180
长期借款	10 000	10 000
(其中：本年到期部分)	3 000	2 000
短期借款	5 000	6 000

要求：

计算该企业2003年和2004年的营运资本、流动比率、速动比率和现金比率，并对两年的短期偿债能力进行简要分析。

4. 资料：某企业年收入(全部为赊销)为500万元，毛利率为20%，年末流动资产为100万元，流动负债为80万元，存货为40万元。

要求：如果企业的存货周转率达16次，则该企业的年初存货为多少？

5. 资料：根据习题4的资料，如果企业要求应收账款平均持有量为40万元，则应收账款周转期应为多少天(一年按360天计算)？

6. 某公司年末财务报表资料为：流动负债400万元，流动比率2.5，速动比率1.3，销售成本800万元，年初存货320万元。

要求：计算该公司本年度的存货周转率。

第四章　长期偿债能力分析

教学目的与要求

- 了解长期偿债能力的含义
- 理解长期偿债能力分析的各种衡量指标和影响长期偿债能力的各种因素
- 掌握长期偿债能力分析的基本原理和方法，包括应用长期偿债能力各种财务比率进行分析，以及对影响长期偿债能力的各种因素进行分析，以培养学生对资产负债表主要信息的综合分析能力，客观地评价企业的财务状况

教学重点与难点

本章的重点是长期偿债能力评价指标的计算与调整及对这些指标的分析。

本章的难点是掌握影响长期偿债能力的其他因素，以及理解偿债能力与获利能力的关系。

第一节　长期偿债能力概述

一、长期偿债能力的概念及特点

长期偿债能力是企业偿还长期债务的现金保障程度，亦即企业以未来的现金流量偿还债务本息的能力。对于企业的长期偿债能力，主要是通过利润表或者资产负债表所反映的情况加以考察。企业的长期债务是指偿还期在 1 年或者超过 1 年的一个营业周期以上的负债，包括长期借款、应付债券、长期应付款等，会计上又称为长期负债。

一般来讲，长期负债具有利率高、期限长和金额大的特点，尤其在企业的收益能力降至低于负债利息率的情况下，举借长期负债将加大企业还本付息的负担，在企业赢利不多时还会导致亏损，因而使企业的财务风险加大。企业的长期负债会对企业的财务状况产生重大影响。企业对一笔债务总是负有两种责任：一是偿还债务本金的责任；二是支付债务利息的责任。因此，外部报表信息使用者尤其是债权人对企业的长期偿债能力十分重视，分析企业的长期偿债能力，主要是为了确定该企业偿还债务本金和支付债务利息的能力。

二、影响长期偿债能力的因素

由于长期债务的期限长、利率高，企业的长期偿债能力主要取决于企业资产与负债的比例关系(资本结构)及企业的获利能力，而不是资产的短期流动性。

(一)资本结构

1. 资本结构的概念

资本结构是指企业各种长期筹资来源的构成和比例关系。企业长期资本的来源，主要是权益资本和债务性资本。通常情况下，负债筹资的成本较低，弹性较大，是企业灵活调动资金余缺的重要手段。但是，负债是要偿还本金和利息的，无论企业的经营业绩如何，负债都会给企业带来财务风险；权益资本不需要偿还，可以在企业经营中永久使用。

2. 资本结构对长期偿债能力的影响

资本结构对企业长期偿债能力的影响主要体现在以下两个方面：

(1) 权益资本是承担长期债务的基础

对于公司制企业来说，股东对债务只承担有限责任，其责任以其出资额为限。如果借款不能按时归还，法院可以强制债务人出售财产偿债，如果企业的财产不足以偿债，即没有净资产，法律则保护债务人使其不承担其他责任。权益资本是企业拥有的净资产，是股东承担民事责任的限度，也就成为企业借款的基础。因此，权益资本越多，债权人越有保障，即长期偿债能力越强；权益资本越少，债权人越没有保障，则长期偿债能力越弱。在流动负债一定的情况下，如果企业长期负债的比例高，企业不能偿债的可能性增大。在资金市场上，能否借入资金及借入多少资金，取决于企业权益资本的实力。

(2) 资本结构影响企业的财务风险，进而影响企业的偿债能力

由于负债的利息是在税前支付的，因此债务性资本的成本低于权益性资本的成本，从这个意义上来讲，企业应适度举债。而负债的利息是固定的，不管企业是否盈利及盈利多少，都要按约定的利率和借款数额计算并支付利息。借款越多，要支付的固定利息越多，使得净利润的变化率大于息税前净收益，这就是财务杠杆原理。借款越多，净利润的稳定性越差，可以归还债务本金的现金流入就越不稳定，企业的财务风险加大，偿还债务的能力变弱。从这一点来看，企业不应过度举债，以防范风险，进而提高企业的长期偿债能力。

(二)获利能力

1. 获利能力的概念

企业的获利能力是指企业在一定时期内获取收益的能力。一个企业为了继续生存和发展，应该取得一定的收益。表示企业获利能力的指标主要包括销售毛利率、主营业务利润率、营业利润率、销售利润率、销售净利率及投资报酬率等，这些指标是从不同的方面反映企业的获利能力的。

销售毛利率是企业销售净利率的最初基础，没有足够大的毛利率便不能盈利；主营业

务利润率是计算利润总额的基础，反映企业基本的获利能力，一个企业没有足够大的主营业务利润便不能盈利；营业利润率对企业的获利能力的考察更趋全面，它主要反映企业在增加收入、提高效益方面的管理绩效，该利润率越高，则企业获利能力越强；销售利润率是说明主营业务收入带来的利润的能力，即表明企业销售获取收益的能力的高低；而销售净利率则是反映企业主营业务收入赚取净收益的能力；投资报酬率反映企业在投资活动中赚取收益的能力。总之，上述这些指标越高，则表明企业的获利能力越强。

2. 获利能力对长期偿债能力的影响

长期偿债能力与获利能力密切相关。企业能否有充足的现金流入偿还长期负债，在很大程度上取决于企业的获利能力。一个长期亏损的企业，要保全其权益资本都很难，就更难保持正常的长期偿债能力。而一个长期获利的企业，有着良好的现金流入，必然保持正常的长期偿债能力。与短期负债不同，企业的长期负债大多用于长期资产的投资，形成企业的固定生产能力。在企业正常生产的情况下，不可能靠出售长期资产偿还债务的本金与利息，只能依靠生产经营所得。企业支付给长期债权人的利息，主要来自于融通资金新创造的盈利。所以，长期偿债能力是与企业的获利能力密切相关的。一般来说，企业的获利能力越强，长期偿债能力越强；反之，则越弱。

(三)影响长期偿债能力的其他因素

在分析企业长期偿债能力时，除了上述的资本结构和获利能力主要影响长期偿债能力外，还有一些其他因素会对长期偿债能力产生影响。

1. 长期租赁

当企业急需某种设备或资产而又缺乏足够的资金时，可以通过租赁的方式解决。财产租赁有两种形式：融资租赁和经营租赁。

融资租赁是由租赁公司垫付资金购买设备租给承租人使用，承租人按合同规定支付租金(包括设备买价、利息、手续费等)。一般情况下，在承租方付清最后一笔租金后，其所有权归承租方所有，实际上属于变相的分期付款购买固定资产。因此，在融资租赁形式下，租入的固定资产作为企业的固定资产入账和管理，相应的租赁费用作为长期负债处理。这种资本化的租赁，在分析长期偿债能力时通常包括在债务比率指标计算之中。

经营租赁是指以出租人向承租人提供设备等资产的短期使用权为特征的租赁形式。对于经营租赁，由于设备的所有权最终属于出租人，因此承租人无须对设备计提折旧，无须在资产负债表上反映，只需将租金计入费用。

当企业的经营租赁量比较大、期限比较长或具有经常性时，则构成了一种长期性筹资，这种长期性筹资虽然不包括在长期负债之内，但到期时必须支付租金，这就使利润表中的利息费用总额与实际利息费用产生了偏差，从而会对企业的偿债能力产生影响。因此，如果企业经常发生经营租赁业务，就应考虑租赁费用对偿债能力的影响。

2. 担保责任

企业可能为其他单位获得贷款而提供担保，这些担保是企业潜在的负债。如果被担保企业经营上出现问题，企业将负有连带责任。在分析企业的偿债能力时，应根据有关资料判断担保责任带来的潜在的负债问题。

担保项目的时间长短不一，有的涉及企业的长期负债，有的涉及企业的短期负债。在分析企业长期偿债能力时，应根据有关资料判断担保责任带来的潜在的长期负债问题。

3. 或有项目

或有项目，亦称或有事项。或有项目是指在未来某个或几个事件发生或不发生的情况下，会给企业带来收益或损失，但现在还无法确定是否发生的项目。或有项目的特点是：现存条件的最终结果不确定，对它的处理方法要取决于未来的发展。或有项目一旦发生便会影响企业的财务状况，可能给企业带来经济利益(即或有资产)，也可能带来经济义务(即或有负债)。产生或有资产会提高企业的偿债能力；产生或有负债会降低企业的偿债能力。因此，企业必须对它们予以足够的重视，在评价企业长期偿债能力时也要考虑它们的潜在影响。

4. 合资经营

合资经营是指两个或两个以上的企业为某一特定目的而建立的联合关系。某些合资经营可能采用合伙企业形式或其他非股份公司的企业形式。另外一类合资经营则是采用由两个或多个企业共同拥有的股份公司的形式。

由于合资企业有多种形式，对合资企业会计处理的会计原则是很灵活的。即把合资企业看作是投资还是企业合并是其中的关键。一些合资企业对母公司来说非常重要。这就有一个问题，即母公司对其有控制能力还是仅仅有重要影响，当母公司有控制能力时，通常要按持股比例与合资企业合并。而其他合资公司通常应按权益法核算并在投资账户中反映。这两种情况都需要在附注中作为重要信息揭示出来。

当企业参与合资时，通常要做出承诺，如要为合资企业的银行贷款提供担保，或者与合资企业签订长期的原材料购货合同。这类活动可能使得公司存在大量的不出现在资产负债表上的潜在负债或义务。这种潜在负债或义务是所有合资企业，包括那些已经合并的企业都存在的。为了了解重要的潜在负债或义务，应阅读与合资企业有关的附注，然后认真考虑这些因合资而使企业承担的潜在负债或义务的有关信息，进而分析其对企业长期偿债能力的影响。

三、长期偿债能力分析的意义

长期偿债能力分析对于不同的报表信息使用者具有不同的重要意义。下面就不同的报表信息使用者进行长期偿债能力分析的意义分别进行介绍。

(1) 经营者进行长期偿债能力分析，有利于优化资本结构，降低财务成本

企业的资本结构不同，长期偿债能力也不同。同时，企业具有不同的资本结构，资本成本也存在一定的差异，进而影响企业价值。通过长期偿债能力的分析，可以揭示资本结构中存在的问题，及时加以调整，优化资本结构，提高企业价值。

长期偿债能力分析有利于降低财务风险。由于债务利息在税前支付，负债可以给企业带来税额庇护利益。与权益资本相比，债务性资本的成本低。增加负债比例，可以降低企业的资本成本。但当负债比率超过一定限度时，息税前盈余就会降低，企业不能偿债的可能性加大，财务风险上升。通过偿债能力分析，发现筹资管理中存在的问题，及时调整负债比例，降低财务风险。

(2) 投资者通过对长期偿债能力进行分析，可以判断企业投资的安全性及盈利性

投资的安全性与企业的偿债能力密切相关。通常，如果企业的偿债能力较强，就不会通过变卖财产偿还债务，投资者就不会遭受相应的损失，其投资的安全性就越高。

投资的盈利性与企业的长期偿债能力也密切相关。企业适度举债不仅可以降低财务风险，还可以利用财务杠杆的作用增加盈利。

(3) 债权人通过对长期偿债能力进行分析，可以判断债权的安全程度

债权的安全程度是指债权人是否能按期、足额地收回本金及利息的可能性。债权的安全程度与长期偿债能力密切相关。企业偿债能力强，债权的安全程度高；反之，如果企业负债比例过大，说明企业的大部分风险由债权人负担，则企业无力偿还债务本息的可能性就越高，即债权人投资的安全程度较低。

此外，对于与企业有密切利益关系的部门和企业来说，长期偿债能力分析也具有重要意义。对于政府及相关管理部门，通过偿债能力分析，可以了解企业经营的安全性，从而制定相应的财政金融政策；对于业务关联的企业，通过长期偿债能力分析，可以了解企业是否具有长期的支付能力，借以判断企业的信用状况和未来的经营能力，并据此进行正确的决策。

第二节　长期偿债能力的评价指标及分析

由于企业的长期偿债能力取决于资本结构和获利能力两个因素，与之相对应，就需要分别计算反映资本结构和获利能力的财务指标来对其进行分析和评价。在实务中，我们通常利用资产负债表和利润表来分析和评价企业的长期偿债能力。利用资产负债表分析长期偿债能力的指标主要有资产负债率、产权比率、权益乘数和有形净值债务率。利用利润表分析长期偿债能力的指标主要有利息费用保障倍数和固定支出偿付倍数。

一、资产负债率及其分析

(一)资产负债率的概念及计算

资产负债率是全部负债总额占全部资产总额的百分比，也就是负债总额与资产总额之间的比例关系，也称为债务比率。资产负债率反映在资产总额中有多大比例是通过借债筹资的，即举债经营程度。它可用于衡量企业利用债权人的资金进行财务活动的能力，同时也反映企业在清算时对债权人利益的保障程度，即负债保障程度。其计算公式为：

资产负债率=(负债总额÷资产总额)×100%

公式中的负债总额是指企业的全部负债，不仅包括长期负债，而且包括流动负债。这是因为，就一笔流动负债而言，企业要在短期内偿还。但在企业长期的经营活动中，流动负债总是被长期占用的。比如，一项应付账款在短期内要偿还，但由于经营的需要，企业总是要长期地保持一定数量的应付账款，这部分应付账款就成为企业长期资本来源的一部分。因此，本着稳健性原则，将流动负债包括在负债总额内，用于计算资产负债率是合理的。公式中的资产总额指企业的全部资产总额，包括流动资产、固定资产、长期投资、无形资产和递延资产等。

【例 4.1】大华股份有限公司 2003 年资产负债表资料中：资产总额为 253 956 万元，流动负债 82 334 万元，长期负债 3 000 万元，负债总额 85 334 万元。试计算该公司的资产负债率。

根据公式计算资产负债率为：

资产负债率=(85 334÷253 956)×100%=33.60%

大华股份有限公司的资产负债率是 33.60%，明显低于一般公认标准。这个比率是否有利于企业，还需要具体分析。

(二)资产负债率指标的作用

资产负债率是衡量企业负债水平及风险程度的重要标志。负债对于企业来说是一把双刃剑：一方面，负债增加了企业的风险，借债越多，风险越大。负债多会增加债权人的索偿权，同时会使企业背上沉重的偿债包袱，企业将要在未来某一时刻支出一大笔固定的现金。然而，企业同期的现金流入受经营风险的影响并无保障。固定的现金流出与不确定的现金流入构成了企业的财务风险。借款的数额越大，企业的风险就越大。另一方面，债务的成本低于权益资本的成本，增加债务可以改善盈利能力，提高股票价格，增加股东财富。既然债务同时增加企业的利润和风险，企业管理者的任务就是在利润和风险之间取得平衡。资产负债率指标较好地反映了企业的负债水平和风险程度。

目前人们还不能准确地计算出一个企业的最佳资本结构。企业的目标资本结构，是根据成功企业的经验数据得出的。一般认为，资产负债率的适宜水平是 40%～60%。企业在经营活动中，同时存在着两种风险，一种是经营风险，一种是财务风险。对于经营风险比较高的企业，为减少财务风险应选择比较低的资产负债率，例如，许多高科技的企业资产负债率水平都比较低；对于经营风险低的企业，为增加股东收益应选择比较高的资产负债率，如供水、供电企业的资产负债率都比较高。我国交通、运输、电力等基础行业的资产负债率水平平均为 50%，加工业为 65%，商贸业为 80%。企业对债务的态度除了行业差别之外，不同国家或地区也有差别。英国和美国公司的资产负债率很少超过 50%，而亚洲和欧盟企业的资产负债率要明显高于 50%，有的成功企业甚至达到 70%。至于为什么会有这种差别，一部分人认为是因为亚洲和欧洲大陆的银行机构集中了大部分资金，而美国和英国的资金大部分集中在股权投资人手中；另一部分人则认为，这种差别并非出于财务上的原因，而是观念、文化和历史等因素作用的结果。

(三)资产负债率分析的意义

资产负债率指标反映债权人所提供的资本占全部资本的比重。这个指标也被称为举债经营比率。不同的报表使用者使用该指标的意义不同。

1. 从债权人角度分析

从债权人的角度来看，他们最关心的是贷给企业的款项是否能按期、足额收回本金和利息。对债权人来说，资产负债率越低越好。因为，资产负债率低，债权人提供的资金与企业资本总额相比，所占比重较低，企业不能偿债的可能性小，企业的风险主要由股东承担，这对债权人来讲，是十分有利的；反之，资产负债率高，债权人提供的资金与企业资本总额相比所占比重较高，企业不能偿债的可能性大，企业的风险主要由债权人承担，这对债权人来讲，是十分不利的。

2. 从股东角度分析

从股东的角度来看，他们最关心的是投入资本能否给企业带来好处。

(1) 由于负债利息是在税前支付的，通过负债筹资可以给企业带来税额庇护利益，使负债筹资的资本成本低于权益资本筹资的成本，企业可以通过负债筹资获得财务杠杆利益。从这一点看，股东希望保持较高的资产负债率水平。

(2) 在企业的经营活动中，负债筹集的资金与股东投入的资金发挥着同样的作用，只有当全部资本利润率超过借款利息率时，股东得到的利润才会增加；相反，如果全部资本利润率低于借款利息率，股东得到的利润会减少。因为，当借款利息率高于全部资本利润率时，借入资本支付的利息要由属于股东的利润来偿还。所以从股东的角度来看，当全部资本利润率高于借款利息率时，负债比例越高越好；反之，负债比例越低越好。

(3) 与权益资本筹资相比，增加负债不会分散原有股东的控制权。负债筹资只是改变了企业的资产负债比例，不会改变原有的股权结构。因此，不改变股东的控制权。从这一点看，股东希望保持较高的资产负债率。

3. 从经营者角度分析

从经营者的角度来看，他们最关心的是在充分利用借入资本给企业带来好处的同时，尽可能降低财务风险。

(1) 由于负债利息可以在税前利润中抵扣，企业可以少纳所得税。资产负债率越高，这种节税带来的收益就越大。

(2) 如果企业资产负债率过高，超出债权人的心理承受能力时，债权人会认为风险太大而不愿意贷款给企业；企业就借不到钱；如果企业不举债或负债比例很小，说明企业采用较保守的财务策略，利用债权人资本进行经营活动的能力较差。在正常情况下，较高的资产负债率表明企业活力充沛，是企业快速发展的信号。

(3) 从财务管理的角度来看，在利用资产负债率进行借入资本决策时，企业应该审时度势，充分估计预期的利润和增加的风险，在二者之间权衡利弊得失，把资产负债率控制在适度的水平上。

(四)资产负债率指标的分析

【例 4.2】大华股份有限公司 2003 年和 2004 年资产负债表资料如表 4.1 所示。

表 4.1 大华股份有限公司 2003 年和 2004 年资产负债表 单位：万元

项 目	2003 年	2004 年	差 额
资产总额	253 956	363 984	110 028
流动负债	82 334	92 112	9 778
长期负债	3 000	71 908	68 908
负债总额	85 334	164 021	78 687

注：行业平均资产负债率为 60%。

要求：分别计算 2003 年年末和 2004 年年末的资产负债率指标，并进行简要分析。

根据公式计算资产负债率为：

2003 年年末资产负债率=(85 334÷253 956)×100%=33.60%

2004 年年末资产负债率=(164 021÷363 984)×100%=45.06%

(1) 与同行业平均值相比，大华股份有限公司 2003 年和 2004 年的资产负债率均低于同行业平均水平，保持了一个较低的资产负债率水平。这说明企业具备较强的长期偿债能力。企业采纳了较为保守的财务政策，提高了今后在需要现金时的借款能力。

(2) 与上年同期相比，2004 年资产负债率提高了 11.46%，由 2003 年的 33.60%提高到 2004 年的 45.06%，说明企业的财务风险较上年增加了，长期偿债能力有所降低。

(3) 从大华股份有限公司的上述资料可以看出，2004 年同 2003 年相比资产负债率水平变动的原因主要是：

① 负债总额由年初的 85 334 万元，上升到年末的 164 021 万元，增加额为 78 687 万元，增加了 92.21%，可见负债增长之快。其中，流动负债增加额为 9 778 万元，上升了 11.88%。长期负债增加额为 68 908 万元，增加了 22.97%。长期负债增长幅度巨大。

② 企业调整了资产结构，资产总额由年初的 253 956 万元，增加到年末的 363 984 万元，上升幅度为 69.77%。其中，流动资产由年初的 153 956 万元，增加到年末的 363 984 万元，增长幅度为 236.42%。流动资产占总资产的比重由年初的 27.72%，上升到年末的 31.54%。长期资产的比重由年初的 72.28%，下降到年末的 68.46%。资产结构的调整，使资产的流动性明显提高。

通过分析我们可以得出结论：大华股份有限公司长期偿债能力有所降低，财务风险增加，但是在同行业中其资产负债率仍处于较低的水平，目前还不会有大的偿债危机。应该引起公司管理层注意的是：该公司在此期间对资产结构进行了调整，虽然加快了资产的流动性，但是存在着资产结构与负债结构不相匹配的情况。因为，一方面由于应收款项投资规模的不断扩大，造成流动资产的快速增长(增长率为 236.42%)，而长期资产比重有所降低。另一方面，长期负债增长幅度巨大，与长期资产的增长速度不相适应，因此，公司的财务状况还有待改进和提高。

此外，为提高企业抵御风险的能力，采取更保守的财务政策可能是有益的。但是，公司 2004 年全部资本利润率为 13.91%，高于平均的利息率，提高负债比率之后，虽然财务风险加大了，但预期明年的权益资本收益率可能会有更大的增长。

在资产负债率指标的分析中，还应注意以下几个问题。

(1) 在实务中，对资产负债率指标的计算公式存在争议。有的观点认为，流动负债不应包括在计算公式内。理由是：流动负债不是长期资金的来源，应予以排除。如果不排除，就不能恰当地反映企业的债务状况。本教材采纳了保守的观点，即用总资产与总负债相除。这是因为：首先，流动负债是企业外部资金来源的一部分。例如，就应付账款来说，虽属于流动负债并在一定的期限内偿还，新的应付账款会不断产生，应付账款作为一个整体已变成外部资金来源的一部分，并会永久存在。其次，从持续经营的角度来看，长期负债是在转化为流动负债后偿还的，与其对应的长期资产也要先转化为流动资产。这种长期负债向流动负债的转化，以及长期资产向流动资产的转化，说明在计算资产负债率指标时，不能把流动负债排除在外。

(2) 根据资产负债率评价企业的长期偿债能力时，应结合国家总体经济状况、行业发展趋势、企业所处的竞争环境等外部因素。在不同的时期人们对合理的资产负债率有不同的判断。在经济发展比较快的繁荣时期，人们倾向于提高负债比率，以充分利用国家给予的利息抵税的好处；在经济发展较慢的衰退时期，人们倾向于降低负债比率，以减少由于销售下降对净利润的影响。

(3) 资产负债率的主要用途之一是揭示债权人利益的保障程度。本质上，资产负债率指标是确定企业在破产这一最坏情形出现时，从资产总额和负债总额的相互关系来分析企业负债的偿还能力及对债权人利益的保障程度。即企业破产时，债权人能得到多大程度的保护。在企业破产时，资产被迫紧急出售甚至拍卖，很难获取与公平价格相当的现金，并且还会发生大量的清算费用，因此100%的负债率是债权人无法接受的。账面上资产等于负债的企业，实际上已经资不抵债。因此，70%～80%的资产负债率已经是债权人可以接受的最低限度。

(4) 为什么许多国有企业的资产负债率高于 80%，仍然可以存在，甚至可以继续得到贷款呢？这主要是非经济因素在起作用，如政府干预、人情贷款等。不能把这种情况下的负债比率看成是正常、合理的比率。从亚洲金融危机的历史经验看，过量的借款不仅不能挽救债权人，而且会拖垮贷款银行，造成社会经济的更大损失。

二、产权比率及其分析

(一)产权比率的概念及其计算

产权比率是负债总额与股东权益总额之间的比率，也称为债务股权比率。它也是衡量企业长期偿债能力的指标之一。其计算公式为：

产权比率=(负债总额÷所有者权益总额)×100%

公式中的“所有者权益”在股份有限公司是指“股东权益”。

【例 4.3】如大华股份有限公司 2004 年报表所示：2004 年年末负债总额为 164 021 万元，所有者权益为 199 963 万元。试计算该公司的产权比率指标。

根据计算公式：产权比率=(164 021÷199 963)×100%=82.03%

(二)产权比率指标的作用

1. 产权比率的高低直接反映出企业偿债能力的强弱

产权比率指标越低，表明企业的长期偿债能力越强，债权人承担的风险越小，债权人也就愿意增加货款额。产权比率高，是高风险、高报酬的财务结构；产权比率低，是低风险、低报酬的财务结构。一般认为，该比率为 1∶1 比较合适理想，但也不是绝对的，该指标必须与其他企业及行业平均水平对比才能做出正确的评价。

2. 产权比率反映了负债与所有者权益的相对关系

首先，产权比率反映了债权人提供的资本与股东提供的资本的相对关系，揭示企业基本财务结构的稳定性。一般来说，股东投入资本大于借入资本时比较好，但并不绝对。站在股东的立场，在通货膨胀加剧时期，企业增加负债可以将财务风险和通货膨胀的损失转嫁给债权人承担。这是由于，在经济繁荣时期，多借债可以获得额外的利润；在经济衰退时期，少借债可以减少利息负担和财务风险。

其次，产权比率反映了债权人投入资本受所有者权益的保障程度，也可以表明当企业处于清算状态时，对债权人利益的保障程度。法律规定，债权人的索偿权先于所有者。公司如果进入清算状态，债权人提供资本占所有者投入资本的比重越小，债权人的利益受保障的程度就越高。

最后，产权比率也反映了经营者运用财务杠杆的程度，当该指标过低时，表明企业不能充分发挥负债带来的杠杆作用；反之，当该指标过高时，表明企业过度运用财务杠杆，增加了企业的财务风险。

(三)产权比率指标的分析

产权比率与资产负债率都是用于衡量长期偿债能力的指标，它们具有相同的经济意义。资产负债率和产权比率可以相互换算。

产权比率=负债÷所有者权益

=负债÷(资产−负债)

=资产负债率÷(1−资产负债率)

【例 4.4】大华股份有限公司资产负债报表有关资料如表 4.2 所示。

表 4.2　大华股份有限公司资产负债报表　单位：万元

项　目	2003 年	2004 年	差　额
负债总额	85 334	164 021	78 687
所有者权益总额	168 622	199 963	31 341
资产总额	253 956	363 984	110 028

要求：依上述资料计算产权比率，并做出简要分析。

根据公式计算产权比率为：

2003 年产权比率=85334÷168622×100% = 50.61%

=33.60%÷(1 − 33.60%)= 50.60%

2004 年产权比率=164021÷199963×100%= 82.03%

=45.06%÷(1 − 45.06%)= 82.02%

结果表明：该公司 2004 年产权比率变动幅度比较大，由年初的 50.60%上升到年末的 82.03%，反映出公司的长期偿债能力降低，增加了企业的财务风险，也大大降低了对债权人利益的保障程度。但是，从另一个方面表明公司充分发挥了负债的财务杠杆作用，有利于提高净资产报酬率，即有利于提高股东权益报酬率。公司采用的是高风险、高报酬的资本结构。值得注意的是该资本结构并不是任何企业都适用，它要求企业必须具备较强的承担风险的能力。

因此，产权比率只是资产负债率的另一种表示方法，产权比率的分析方法与资产负债率的分析方法类似。资产负债率指标的分析中应注意的问题，在产权比率指标的分析中也应引起注意。比如，将本企业产权比率与其他企业对比时，应注意是否一致等。

尽管产权比率与资产负债率都是用于衡量长期偿债能力的指标，但两指标之间还是有区别的。其区别主要表现在：两者反映长期偿债能力的侧重点不同。产权比率侧重于揭示债务资本与权益资本的相互关系，说明企业财务结构的风险性及所有者权益对偿债风险的承受能力。资产负债率侧重于揭示总资本中有多少是靠负债取得的，说明债权人利益的保障程度及企业利用债权人资金进行财务活动的能力。

所有者权益就是企业的净资产，产权比率所反映的偿债能力是以净资产为物质保障的。但是，净资产中的某些项目，如无形资产、递延资产、待摊费用、待处理财产损益等价值具有极大的不确定性，且不易形成支付能力。因此，在使用产权比率时，必须结合有形净值债务率指标，作进一步的分析。

有形净值债务率是指企业负债总额与有形资产净值的百分比。有形资产净值是所有者权益减去无形资产净值后的差额，即所有者具有所有权的有形资产的价值。之所以将无形资产扣除，原因在于无形资产具有极大的不确定性，在企业清算时，它不能用于抵偿债务。

有形净值债务率用于揭示企业的长期偿债能力，表明债权人在企业破产时的被保护程度。这一指标实质上是产权比率指标的延伸，是评价企业长期偿债能力更为保守和稳健的一个财务比率，它比产权比率更为谨慎，因为它不考虑无形资产的价值。特别是当企业陷入财务危机、面临破产等情况下，使用该指标衡量企业的长期偿债能力更有实际意义。从长期偿债能力来讲，有形净值债务率比率越低越好。这一指标的优劣主要通过企业不同时期的比较来说明。

其计算公式为：

有形净值债务率=[负债总额÷(股东权益-无形资产净值)]×100%。

【例 4.5】某公司有形净值债务率计算的有关资料如表 4.3 所示。

表 4.3 某公司有形净值债务率计算的有关资料 单位：万元

项 目	年 度	
	2000	2001
负债总额	34 046.5	31 785.5
所有者权益	125 230.1	141 280.1
无形资产净值	7 833.8	8 966.3
有形净值	117 396.3	132 313.8
有形净值债务率(%)	29	24.02

从以上计算可看出，2001 年年末与 2000 年年末相比，有形净值债务率降低了 4.98%(24.02%−29%)，说明公司的长期偿债能力在不断提高。

有形净值债务率是通过企业负债总额与有形净值进行对比，来反映企业在清算时债权人投入资本受到股东权益的保障程度。主要是用于衡量企业的风险程度和对债务的偿还能力。

三、权益乘数及其分析

(一)权益乘数的概念及计算

权益乘数是企业资产总额与股东权益(所有者权益)总额之间的比率。反映企业的负债程度。一般来说，权益乘数越大，企业的负债程度越高。它也是运用资产负债表分析企业长期偿债能力的指标之一。

其计算公式为：权益乘数=资产总额÷所有者权益
=资产总额÷(资产总额−负债总额)
=1÷(1−资产负债率)
=产权比率÷资产负债率

【例 4.6】大华股份有限公司 2004 年年末资产负债表的有关信息资料如表 4.4 所示。

表 4.4　大华股份有限公司 2004 年年末资产负债表　单位：万元

指　标	资产总额	所有者权益	资产负债率	产权比率
金额	363 984	199 963	45.06%	82.03%

根据公式计算：2004 年年末权益乘数=363 984÷199 963=1.82
=82.03%÷45.06%=1.82
=1÷(1 − 45.06%)=1.82

(二)权益乘数与资产负债率、产权比率的关系

从前面的计算过程不难看出，权益乘数与资产负债率和产权比率具有相同的经济意义，而且它们之间相互关联且可以相互换算。

(1) 权益乘数的大小主要受资产负债率的影响，如果总资产不变，权益乘数与之成同方向变动，也就是说，负债比率越高，权益乘数越高，说明企业有较高的负债程度，会给企业带来较多的财务杠杆利益，同时也给企业带来了较多的风险。

(2) 权益乘数与产权比率也有密切的关系，在总资产不变的情况下，负债越高，权益乘数越高，产权比率也越高，表明企业股东权益对债权人利益的保障程度越低，企业的长期偿债能力也越低。

权益乘数与产权比率之间的关系可用如下数学关系式来表达：

权益乘数 – 产权比率 =1

即权益乘数与产权比率之差等于 1。

权益乘数=1+产权比率

资产负债率+1÷权益乘数 =1

同时，权益乘数的倒数与资产负债率之和也等于 1。

(三)权益乘数的分析

权益乘数分析的目的，在于揭示股东投入资本给企业带来的经营业绩的状况，也是企业获利能力的基本保障。一般而言，权益乘数越高，企业的获利能力越强，但由于股东投入的资本较少，就会给企业带来较多的风险，因而企业的长期偿债能力就越低。

通常权益乘数分析，主要是通过对权益乘数的变化及其趋势的分析来进行。

【例 4.7】大华股份有限公司 2004 年报表有关资料及其分析如表 4.5 所示。

表 4.5　大华股份有限公司 2004 年报表

单位：万元

项　目	2003 年	2004 年	差　异
资产总额	253 956	363 984	110 028
所有者权益总额	168 622	199 963	31 341
资产负债率	33.60%	45.06%	11.46%
产权比率	50.60%	82.02%	31.42%
权益乘数	1.51	1.82	0.31(20.53%)

分析结果表明：大华股份有限公司 2004 年同 2003 年相比，有关各项指标均有不同程度的提高，由此权益乘数也由 2003 年的 1.51 增加到 2004 年的 1.82，提高幅度为 0.31 或 20.53%，反映了企业由于股东权益的提高速度远不及总资产的上升速度，造成企业财务风险的增加；权益乘数和产权比率及资产负债率均提高，说明企业的负债比例过高，因而降低了企业的长期偿债能力。但是还不能就此定论企业的财务状况出现了危机，因为它恰恰说明该公司采用的是一种高风险、高报酬的财务结构战略。

由于权益乘数与产权比率和资产负债率密切相关，因此，权益乘数分析的其他内容可借助这两个指标的相关分析来进行。此外，在实务中还可以结合资产权益率来进行偿债能力分析，因为资产权益率和权益乘数都是对资产负债率的补充说明。

资产权益率是指所有者权益与资产总额的比率，说明企业的资产中有多少是所有者投入资本所形成的，计算公式如下：

资产权益率=所有者权益÷资产总额×100%

(1) 资产权益率与资产负债比率之和按同一口径计算应等于 1，资产权益率越大，负债比率就越小，企业的财务风险也就越小。资产权益率是从另一个侧面反映企业的长期偿债能力的指标。

(2) 资产权益率的倒数称为权益乘数，是指资产总额与所有者权益的比率。它说明企业资产总额与所有者权益的倍数关系。权益乘数越大，表明所有者投入企业的资本所占的比重就越小，企业对负债经营利用得越充分；反之，表明所有者投入企业的资本在资产总额中所占的比重越大，债权人权益的保障程度越高，企业偿债能力也就越强。

四、利息费用保障倍数

上面介绍的衡量企业长期偿债能力的几个指标，都是利用资产负债表来进行分析的。但是由于资产负债表是静态报表，它反映了企业在一定时期内某一时点上的财务状况。该表中的指标都是时点指标，以此反映的偿债能力仅仅是某一时刻的偿债能力，缺乏代表性，不能反映企业在一定时期内的偿债能力。因此运用资产负债表分析企业的长期偿债能力，存在着明显的不足。为补充其不足，我们利用利润表计算利息费用保障倍数来分析和评价企业的长期偿债能力。

(一)利息费用保障倍数的概念及计算

利息费用保障倍数是指企业经营业务收益与利息费用的比率，也称为已获利息倍数或利息偿付倍数。它表明企业经营业务收益相当于利息费用的倍数，其数额越大说明企业的长期偿债能力越强。其计算公式为：

利息费用保障倍数 = 息税前利润÷利息费用

= (税前利润+利息费用)÷利息费用

= (税后利润+所得税+利息费用)÷利息费用

公式中的分子“息税前利润”是指利润表中未扣除利息费用和所得税之前的利润。它可以用“利润总额加利息费用”来测算，也可以用“净利润加所得税和利息费用”来测算。

公式中的分母“利息费用”是指本期发生的全部应付利息，不仅包括计入财务费用的利息费用，还应包括资本化利息。所谓资本化利息是指计入固定资产成本的利息，即企业为构建某项固定资产而借入的专门借款所发生的利息。如为构建固定资产而发行债券的利息，在固定资产尚未交付使用前属于资本化的利息。它应计入资产负债表的“在建工程”项目，这项利息不反映在利润表中，但与利息费用一样，也是企业的应付利息，理应包括在利息费用中。利息费用资本化的结果是将利息计入固定资产的价值，而不是作为费用处理。虽然资本化利息不在利润表中作为费用扣除，但也是企业的一项负债，将来也要偿还。利息费用保障倍数就是要衡量企业支付利息的能力，因此，“利息费用”应包括全部利息。

【例 4.8】大华股份有限公司利润报表及相关资料如下：2004 年利润总额为 50 637 万元，利息费用为 2 045 万元。试计算该公司利息费用保障倍数。

依公式计算：

利息费用保障倍数=(50 637+2 045)÷2 045=25.76

如果利息费用保障倍数适当，表明企业偿付到期利息的风险较小，当本金到期时企业也能筹集到新的资金。在金融市场上，如果一个企业有良好的偿付利息的记录，各期有较高的、稳定的偿付利息的能力，将会比较顺利地获得资金。企业也能最大限度地利用借入资本产生的财务杠杆利益，确定合理的财务结构。

(二)利息费用保障倍数的作用

利息费用保障倍数指标反映了当期企业经营收益是所需支付的债务利息的多少倍，从偿付债务利息资金来源的角度考察债务利息的偿还能力。如果利息费用保障倍数足够大，表明企业偿付债务利息的风险小。该指标越高，表明企业的债务偿还越有保障，即企业支付利息费用的能力越强，企业对到期债务偿还的保障程度就越高；相反，则表明企业没有足够的资金来源偿还债务利息，企业偿债能力低下。

如何合理确定企业的利息费用保障倍数？这需要将该企业的这一指标与其他企业，特别是本行业的平均水平进行比较来确定。

因企业所处的行业不同，利息费用保障倍数有不同的标准界限。一般公认的利息费用保障倍数为 3～4 倍比较安全。从长期来看，该指标至少应大于 1，则表明企业负债经营能赚取比资金成本更高的利润。但这仅表明企业能维持经营，利息费用保障倍数为 1 是远远不够的。利息费用保障倍数如果小于 1，则表明企业无力赚取大于资金成本的利润，将面临亏损，企业财务风险较大。当企业不能偿还到期利息时，企业在市场上将丧失良好的信用，给企业再筹资带来困难。

(三)利息费用保障倍数分析

从稳健的角度出发，为考察企业利息费用保障倍数指标的稳定性，一般应比较企业连续几年的该项指标。这是由于企业在经营好的年度要偿付债务，在经营不好的年度也要偿还大约同等的债务。应选择这几年中最低的利息费用保障倍数指标，作为最基本的标准。任何一个企业的经营受环境等因素的影响，都有周期性。在获利高的年度，利息费用保障倍数指标可能会很高；在获利低的年度，可能无力偿付债务利息。采用几年中最低的利息费用保障倍数，可保障最低的偿债能力。但遇有特殊情况，须结合实际来确定。

在利用利息费用保障倍数指标分析企业的偿债能力时，还要注意一些非付现费用问题。从长期看，企业必须拥有支付所有经营费用的资金。但从一个较短的时期来看，企业存在大量的非付现费用，如折旧费、待摊费用、递延资产、无形资产摊销等，而这些都已列入本期费用，从当期的收入中扣除。因此有些企业即使出现利息费用保障倍数指标小于 1 的情况，也不一定不能偿还债务利息。因此，为反映企业短期内偿付债务利息的能力，可以将非付现费用加回到利息费用保障倍数计算公式的分子中。这样计算出的指标是以收付实现制为基础的，不够稳健，因此一般只能用于短期偿债能力的评价。

【例 4.9】大华股份有限公司利润表及有关资料如表 4.6 所示。

表 4.6　大华股份有限公司利润表及有关资料　单位：万元

项　目	2003 年	2004 年	差异率/%	差　异
利润总额	19 568	50 637	158.77	31 069
利息支出额	1 057	2 045	93.7	988
利息保障倍数	19.51	25.76	32.03	6.25

要求：根据上述资料计算利息费用保障倍数，并对其反映的偿债能力状况进行评价。

根据公式计算利息费用保障数为：

2003 年利息费用保障倍数=(195 68+1 057)÷1 057

=20 625÷1 057=19.51

2004 年利息费用保障倍数=(50 637+2 045)÷2 045

=52 682÷2 045=25.76

根据上述计算结果，可以从以下几个方面进行分析：

(1) 公司 2003 年和 2004 年的利息费用保障倍数均说明企业具有偿还债务利息的能力。从理论上说，只要利息费用保障倍数大于 3～4 倍，企业就能偿还债务利息。该指标越高，债权人利益的保障程度就越高。与一般公认标准值相比，该公司利息费用保障倍数很高，说明借钱给该公司的风险很小。

(2) 与上年同期相比，2004 年利息费用保障倍数有较大幅度上升。由 2003 年的 19.51，上升到 2004 年的 25.76，上升幅度较大(为 32.03%)。这说明：企业偿还债务利息的能力增强，财务风险降低。

(3) 利息费用保障倍数提高的主要原因有两个：一是本年企业利润总额比上年提高 31069 万元，增长幅度为 158.77%，这说明企业只要有足够的盈余，就有充足的能力偿付利息费用；二是 2004 年利息费用虽然增加，且比上年增加 988 万元，增长幅度为 93.56%，但是其增长幅度远低于利润总额的增长幅度，因此，它仍会使利息费用保障倍数提高。

此外，在运用利息费用保障倍数指标分析企业长期偿债能力时，还可以单独计算偿付长期债务利息的能力。该指标叫做长期债务与营运资金比率，是用企业的长期债务与营运资金相除计算的。

五、长期负债与营运资金比率

(一)长期负债与营运资金比率及其分析

长期负债与营运资金比率是指长期负债与营运资金之间的比率。它不仅表明企业的短期偿债能力，而且还反映着企业未来偿还长期债务的保障程度。

其计算公式为：长期负债与营运资金比率=长期负债÷营运资金

=长期负债÷(流动资产−流动负债)

【例 4.10】大华股份有限公司 2004 年长期负债为 71 908 万元，流动负债为 92 113 万元，流动资产为 114 787 万元。

则 2004 年的长期负债与营运资金比率=71 908 ÷(114 787−92 113)

=71 908 ÷22 674=3.171

长期负债与营运资金比率低，不仅表明企业的短期偿债能力较强，而且还预示着企业未来偿还长期债务的保障程度也较强。一般情况下，长期负债不应超过营运资金。长期负债会随时间延续不断转化为流动负债，并需动用流动资产来偿还。保持长期负债不超过营运资金，就不会因这种转化而造成流动资产小于流动负债，使长期债权人和短期债权人的利益都能得到保护，长期债权人和短期债权人才会感到他们的贷款是有安全保障的。

(二)长期负债与营运资金比率分析应注意的问题

长期负债与营运资金比率的大小，在一定程度上受企业筹资策略的影响。在资产负债率一定的情况下，流动负债与长期负债的结构安排会因筹资策略的改变而不同，保守的做法是追求财务稳定性，更多地筹措长期负债；激进的做法是追求资金成本的节约，更多地使用流动负债。为此，要全面地分析其对长期偿债能力的影响，有必要对负债资本的状况进行分析。负债资本的状况可通过负债资本的构成(包括流动负债和长期负债的构成)、负债资本的安全性来反映。另外还可结合现金流量表来进行分析。关于流动负债的分析我们在第三章已经做了介绍，现金流量分析的有关内容我们将在第八章介绍，在此不再赘述。下面仅对长期负债分析做一简要介绍。长期负债分析主要通过计算如下指标来进行。

(1) 长期负债构成比率

长期负债构成比率=长期负债÷总资本×100%

(2) 长期负债对流动负债比率

长期负债对流动负债比率=长期负债÷流动负债×100%

上述比率主要侧重于长期负债的构成情况。

(3) 长期负债对负债资本比率

长期负债对负债资本比率=长期负债÷负债资本×100%

该比率反映负债资本中长期负债所占的比重。如果流动负债少而长期负债多，便可以说企业的安全性好，因此，一般认为这个比率高为好。

(4) 固定资产对长期负债比率

固定资产对长期负债比率=固定资产÷负债资本×100%

该比率反映企业的负债资本有多少固定资产做物质保障，因为固定资产担保着长期负债，所以，这个比率反映了长期负债的安全性。

第三节　案 例 分 析

一、A 公司长期偿债能力分析

(一)案例相关资料

A 公司为钢铁制品公司，具有 30 多年的生产历史，产品远销国内外市场。但是，近 5 年中，国外同类进口产品不断冲击国内市场，由于进口产品价格较低，国内市场对它们的消费持续增长；国外制造商凭借较低的劳动力成本和技术上的先进设备，其产品的成本也较低。同时，市场上越来越多的日用制品都采用了铝、塑料等替代性材料，A 公司前景并不乐观。

对此，公司想通过一项更新设备计划来增强自身的竞争力，拟投资 800 万元的新设备。投产后，产量将提高，产品质量将得到进一步的改善，降低了产品单位成本。公司 2003 年(上一年)有关财务资料如表 4.7、表 4.8 和表 4.9 所示。

表 4.7　利润表

编制公司：A 公司　　2003 年 12 月 31 日　　单位：千元

项　目	金　额
销售收入	2 537 500
减：销售成本	1 852 000
毛利	685 500
减：销售费用	325 000
管理费用	208 000
折旧费用	76 000
营业利润	76 500
减：利息费用	46 500
税前净利润	30 000
减：所得税(40%)	12 000
税后净利润	18 000

表 4.8 A 公司资产负债表

2003 年 12 月 31 日 单位：千元

资　产	年初数	年末数	负债与所有者权益	年初数	年末数
流动资产：			流动负债：		
货币资金	12 050	12 500	应付票据	185 000	155 500
应收账款	381 950	402 778	应付账款	200 250	115 000
存货	381 722.5	350 312.5	预提费用	50 451	37 500
流动资产合计	775 722.5	765 590.5	长期负债：	350 000	582 625
固定资产：			负债合计	785 701	890 625
固定资产原价	845 853.5	1 046 909.5	所有者权益：		
减：累计折旧	174 000	250 000	股本	75 000	75 000
固定资产净值	671 853.5	796 909.5	资本公积	96 875	96 875
			留存收益	490 000	500 000
			所有者权益合计	661 875	671 875
资产总计	1 447 576	1 562 500	负债与所有者权益	1 447 576	1 562 500

表 4.9 A 公司历史财务比率

财务比率	年份			行业平均值
	2001	2002	2003	
流动比率	1.7	1.8		1.5
速动比率	1.0	0.9		1.2
资产负债率	45.8%	54.3%		24.5%
已获利息倍数	2.2	1.9		2.5
毛利率	27.5%	28%		26%
净利率	1.1%	1.0%		1.2%
投资报酬率	1.7%	1.5%		2.4%
权益报酬率	3.1%	3.3%		3.2%

要求：

1. 计算 2003 年公司各种长期偿债能力财务比率。
2. 通过横向与纵向对比对公司的长期偿债能力进行分析和评价。

(二)案例分析

1. A 公司长期偿债能力的分析

A 公司 2003 年长期偿债能力指标的计算资料如表 4.10 所示，2003 年年末长期偿债能力指标的计算资料如表 4.11 所示。

表 4.10 A 公司 2003 年长期偿债能力指标的计算资料

编制公司：A 公司 单位：千元

项 目	金 额		增减额
	期初数	期末数	
资产总额	1 447 576	1 562 500	114 924
负债总额	785 701	890 625	104 924
利息费用		46 500	
息税前利润		76 500	
所有者权益	661 875	671 875	10 000
流动资产	775 722.5	765 590.5	10 132
流动负债	435 701	308 000	127 701

表 4.11 2003 年末长期偿债能力指标的计算表

编制公司：A 公司

指 标	年初数	年末数	变动
资产负债率	54.3%	57.00%	2.7%
已获利息保障倍数	1.9	1.6	−0.3
产权比率	119%	133%	14%
权益乘数	2.2	2.3	0.1
长期负债与营运资金比率	1.0	1.3	0.3

上述 2003 年末长期偿债能力指标的计算过程如下：

(1) 资产负债率=890 625÷1 562 500=57%

(2) 已获利息保障倍数=76 500÷46500=1.6

(3) 产权比率=890 625÷671 875×100%=133%

(4) 权益乘数=1 562 500÷671 875=2.3

(5) 长期负债与营运资金比率=(890 625−308 000)÷(765 590.5−308 000)

=582 625÷457 590.5=1.3

2. A 公司历史和同行业财务比率指标如表 4.12 所示

表 4.12 A 公司历史和同行业财务比率指标

财务比率	年份			行业平均值
	2001	2002	2003	
资产负债率	45.8%	54.3%	57%	24.5%
利息保障倍数	2.2	1.9	1.6	2.5
产权比率	85%	119%	133%	80%
权益乘数	1.9	2.2	2.3	1.8
长期负债与营运资金比率	0.9	1.0	1.3	0.9

3. A 公司长期偿债能力分析和评价

(1) A 公司资产负债率呈逐年上升趋势且高于行业平均值，表明公司负债偏高，再举债将面临困难，公司财务风险高。

(2) 利息保障倍数逐年下降且低于行业平均值，主要是公司负债偏高，盈利能力不强所致，表明公司长期偿债能力可能会有问题。

(3) 产权比率逐年增加，且高于行业平均值，主要是公司负债偏高所致，表明公司长期偿债能力减弱。

(4) 权益乘数逐年上升，且高出行业平均值的幅度较大，表明公司虽然所有者权益各年均有提高，但远不及负债提高的幅度大，造成权益乘数的增加，致使公司的长期偿债能力下降。

(5) 公司的长期负债与营运资金比率逐年有较大幅度的增长，且均高于行业平均值。同时近两年公司的长期负债与营运资金比率都大于 1，表明公司的长期负债已经超过了营运资金，这样不仅会给长期债权人的资金安全带来影响，也会使短期债权人感到借款的安全没有保障。

综合上述分析可知，A 公司已处于高负债的运作，长期偿债能力有逐年下降的趋势，并且财务风险较高，表明公司运用的是一种高风险、高报酬的财务结构。希望潜在的债权人和有关人员对此应引起重视，此外还应结合公司的收益能力和其他相关信息进行分析，谨慎投资。

二、海天公司长期偿债能力分析

(一)案例相关资料

海天公司 2005 年 12 月 31 日的资产负债表和截止 2005 年 12 月 31 日的损益表如表 4.13 和表 4.14 所示。

表 4.13　海天公司资产负债表

2005 年 12 月 31 日　　单位：元

项　目	2005 年	2004 年
资产		
现金	50 000	280 000
应收账款、净额	920 000	700 000
存货	1 300 000	850 000
预付账款	40 000	60 000
固定资产	2 000 000	400 000
累计折旧	200 000	100 000
资产总计	4 110 000	2 190 000
负债和股东权益		
应付账款	490 000	440 000
应付所得税	150 000	40 000
预提费用	60 000	50 000
应付债券	1 650 000	200 000
普通股股本	1 060 000	960 000
留存收益	700 000	500 000
负债和股东权益合计	4 110 000	2 190 000

表 4.14　海天公司损益表

2005 年 12 月 31 日　　单位：元

项　目	金　额
销售收入	5 000 000
减费用：	
销售成本(包括折旧 40 000)	3 100 000
销售和管理费用(包括折旧 60 000)	800 000
利息费用(全部以现金支付)	110 000
费用合计	4 010 000
税前收益	990 000
所得税	300 000
净收益	690 000

注：2005 年支付现金股利 490 000 元。

海天公司总经理不能理解为什么公司在偿付当期债务方面存在困难，他注意到企业经营是不错的，因为销售收入不止翻了一番，而且公司2005年获得的利润为690 000元。

要求：

(1) 如何对总经理作出一个合理的解释？

(2) 计算该公司2005年的长期偿债能力指标。

(3) 对海天公司的长期偿债能力进行分析和评价。

(二)案例分析

1. 作为公司财务人员可对总经理作如下解释

收入和利润是依据权责发生制原则确定的。因此，不能直接以收入和利润额的多少作为判断公司偿付当期债务的标准。应根据海天公司现金流量和偿债能力的分析才能作出较为客观的判断。

2. 公司2005年长期偿债能力指标计算

(1) 资产负债率=(70+165)÷411×100% = 57.18%

(2) 利息保障倍数=(99+11)÷11=10

(3) 产权比率=(70+165)÷(106+70)=1.34

(4) 权益乘数=411÷(106+70)=2.34

(5) 长期负债与营运资金比率=165÷[(5+92+130+4)−(49+15+6)]

=165÷(231−70) =1.02

3. 海天公司长期偿债能力评价

(1) 关于海天公司的短期偿债能力我们已经在第三章进行了分析，已知公司短期偿债能力并非很强，且存在较大困难。

(2) 从损益表来看，海天公司获利能力比较强。但是较为客观的判断还有望作近一步的分析。

(3) 海天公司利息保障倍数达到10，如果海天公司能够提高盈利质量，从长远来看，公司长期偿债能力尚好。

(4) 海天公司资产负债率为57.18%，需要结合同业比较分析判断公司的债务状况。

(5) 从公司的产权比率和权益乘数看，均大于1，表明公司的负债是所有者权益的1.34倍，反映出公司的负债较多，对债权人利益的保障程度较低，因此公司长期偿债能力不强。它揭示了公司如果经营不是很景气的化，则基本财务结构不是很稳定。

(6) 公司的长期负债与营运资金比率为1.02，超过了标准值，表明公司的长期负债超过了营运资金，是营运资金的1.02倍，说明借钱给公司存在一定的风险。

综合上述分析，海天公司的长期偿债能力不是很强，并且采用的是高风险、高报酬的财务结构，若经营不很景气，则表明公司举债经营的程度偏高，财务结构不很稳定。

复习思考题

1. 简述企业长期偿债能力分析的意义。
2. 影响长期偿债能力的因素有哪些？
3. 企业长期偿债能力分析常用的财务比率有哪些？应如何应用它们来评价企业的长期偿债能力？
4. 在评价企业长期偿债能力时为什么要考虑或有事项？
5. 在评价企业长期偿债能力时为什么要考虑长期租赁？
6. 在评价企业长期偿债能力时为什么要考虑合资经营？
7. 为什么在分析了资产负债率后，还要对其两个补充说明的指标权益乘数和所有者权益比率进行分析？
8. 简述为什么在分析产权比率时，还要对有形净值债务率进行分析？
9. 为什么债权人认为资产负债率越低越好，而投资人认为应保持较高的资产负债率？
10. 产权比率与资产负债率两指标之间有何区别？
11. 如何理解长期资产与长期债务的对应关系？

习　题

一、名词解释

长期偿债能力　资本结构　资产负债率　产权比率

权益乘数　有形净值债务率

二、单项选择题

1. 下列项目中属于长期债务的是(　　)。

   A. 短期贷款　　B. 融资租赁

   C. 商业信用　　D. 短期偿债能力

2. 企业的长期偿债能力主要取决于(　　)。

   A. 资产的短期流动　　B. 获利能力

   C. 资产的多少　　D. 债务的多少

3. 可以分析评价长期偿债能力的指标是(　　)。

   A. 存货周转率　　B. 流动比率

C. 保守速动比率　　D. 固定支出偿付倍数

4. 理想的有形净值债务率应维持在(　　)的比例。

A. 3∶1　　B. 2∶1

C. 1∶1　　D. 0.5∶1

5. 资本结构具体是指企业的(　　)的构成和比例关系。

A. 长期资本与长期负债　　B. 长期债权投资与流动负债

C. 长期应付款与固定资产　　D. 递延资产与应付账款

6. 某企业的流动资产为 230 000 元，长期资产为 4 300 000 元，流动负债为 105 000 元，长期负债 830 000 元，则资产负债率为(　　)。

A. 19%　　B. 18%　　C. 45%　　D. 21%

7. 要想取得财务杠杆效应，应当使全部资本利润率(　　)借款利息率。

A. 大于　　B. 小于

C. 等于　　D. 无关系

8. 不会分散原有股东的控制权的筹资方式是(　　)。

A. 吸收投资　　B. 发行债券

C. 接受捐赠　　D. 取得经营利润

9. 盛大公司 2004 年年末资产总额为 9 800 000 元，负债总额为 5 256 000 元，计算产权比率(　　)。

A. 1.16　　B. 0.54

C. 0.46　　D. 0.86

10. 诚然公司报表所示：2004 年年末无形资产净值为 160 000 元，负债总额为 12 780 000 元，所有者权益总额为 22 900 000 元。计算有形净值债务率为(　　)。

A. 55.8%　　B. 55.4%

C. 56%　　D. 178%

11. 利息费用是指本期发生的全部应收利息，不仅包括计入财务费用的利息费用，还应包括(　　)。

A. 汇兑损益

B. 构建固定资产而发行债券的当年利息

C. 固定资产已投入使用之后的应付债券利息

D. 银行存款利息收入

三、多项选择题

1. 需要偿还的债务不仅仅指流动负债，还包括(　　)。

A. 长期负债的到期部分

B. 长期借款

C. 在不可废除合同中未来应付租金数
D. 购买长期资产合同中的分期付款数
E. 将于 3 年后到期的应付债券

2. 影响有形净值债务率的因素有(　　)。
A. 流动负债　B. 长期负债　C. 股东权益
D. 负债总额　E. 无形资产净值

3. 只是改变企业的资产负债比例，不会改变原有的股权结构筹资方式的是(　　)。
A. 短期借款　B. 发行债券　C. 吸收投资
D. 接受捐赠　E. 赊购原材料

4. 在分析资产负债率时，(　　)应包括在负债项目中。
A. 应付福利费　B. 盈余公积　C. 未交税金
D. 长期应付款　E. 资本公积

5. 下列项目(　　)属于无形资产范围。
A. 非专利技术　B. 商标　C. 土地使用权
D. 专利权　E. 商誉

6. 与息税前利润相关的因素包括(　　)。
A. 利息费用　B. 所得税　C. 营业费用
D. 净利润　E. 投资收益

7. 影响折旧的因素有(　　)。
A. 固定资产原值　B. 变更折旧方法　C. 折旧方法
D. 固定资产残值　E. 固定资产使用年限

8. (　　)指标可用来分析长期偿债能力。
A. 产权比率　B. 资产负债率　C. 有形净值负债率
D. 流动比率　E. 酸性测试比率

9. 负债总额与有形资产净值应维持(　　)的比例。
A. 0.5∶1　B. 1∶1　C. 2∶1
D. 相等　E. 没有参照标准

10. 企业的长期债务包括(　　)。
A. 应付债券　B. 摊销期长的待摊费用　C. 长期应付款
D. 长期债券投资　E. 长期借款

11. (　　)是计算固定支出偿付倍数时应考虑的因素。
A. 所得税率　B. 优先股股息　C. 息税前利润
D. 利息费用　E. 融资租赁费中的利息费用

四、计算分析题

1. 某企业2003年末负债总额为954 950万元，总资产额为1 706 600万元；2004年末负债总额为1 114 320万元，总资产额为1 888 350万元。要求：计算两年的资产负债率，并对企业资产负债率的变动情况进行简要分析。

2. 某企业2003年末，负债总额为34 046万元，股东权益为125 230万元；2004年末，负债总额为31 785万元，股东权益为141 280万元。要求：计算两年的产权比率，并对其变动情况进行简要分析。

3. 某公司2005年有关资料如下表：

某公司2005年有关资料表 单位：万元

项　目	第一季度	第二季度
净利润	2 610	2 061
利息费用	810	688
所得税额	780	620

要求：根据上述资料计算2005年第一、二季度的利息费用保障倍数，并对其变动情况进行分析。

4. 某公司2003年末，资产总额为1 687 000万元，股东权益为732 050万元，无形资产净值为80 000万元；2004年年末负债总额为111 432万元，资产总额为1 900 350万元，无形资产净值为76 000万元。要求：计算两年的有形净值债务率，并对其变动情况进行简要分析。

5. 某企业税后利润为67万元，所得税率33%，利息费用50万元。要求：计算该企业的利息费用保障倍数。

6. 某公司是一零售业上市公司，2004年的资产负债表摘录如下：

某公司资产负债表

编制单位：某公司 2004年12月31日 单位：万元

资　产		负债及股东权益	
流动资产	875	流动负债	375
长期投资	37.5	长期借款	562.5
固定资产	1 750	应付债券	300
无形及递延资产	13.75	长期应付款	62.5
无形资产	7.5	其他长期负债	25
递延资产	6.25	长期负债合计	950

续表

资　产		负债及股东权益	
其他长期资产	3.75	股东权益	1 355
资产总计	2 680	负债及股东权益合计	2 680

要求：计算该公司的资产负债率、产权比率和有形净值债务率。

7.　某公司的利润表摘录如下：

利润表

编制单位：某公司　　2003 年末　　单位：万元

项　目	金　额
一、产品销售收入	3 500
二、产品销售利润	409
加：其他业务利润	10
减：管理费用	360
财务费用	900
三、营业利润	1 841
四、利润总额	1 841
减：所得税	607.53
五、净利润	1 233.47

该公司本年度利息费用 125 万元。要求：计算该公司利息费用保障倍数。

8.　甲公司 2005 年度上半年(1～6 月份)的会计报表主要资料见下列各表：

资产负债表(简表)

编制单位：甲公司　　2005 年 6 月 30 日　　单位：万元

资　产	金　额		负债及所有者权益	金　额	
	期初	期末		期初	期末
现　金	764	310	应付账款	516	526
应收账款	1 156	1 340	应付票据	336	506
存　货	700	1 096	其他流动负债	468	938
固定资产净额	1 170	2 494	长期负债	1 026	1 826
资产合计	3 790	5 240	实收资本	1 444	1 444
			负债及所有者权益合计	3 790	5 240

利润表(简表)

编制单位：甲公司　　2005年6月30日　　单位：万元

项　目	金　额
销售收入	8 430
销货成本	6 570
毛　利	1 860
管理费用	932
利息费用	450
税前利润	478
所得税	157.74
净　利	320.26

要求：计算该公司的长期偿债能力的财务指标，填入下面财务比率计算表中。并与行业平均水平比较，说明该公司可能存在的问题。

财务比率计算表

财务比率	行业平均水平	甲 公 司	比　较
资产负债率	50%		
产权比率	100%		
有形净值债务率	90%		
利息费用保障倍数	4 倍		

第五章　获利能力分析

教学目的与要求

- 了解获利能力的概念及获利能力分析的意义
- 重点掌握获利能力的评价指标及其分析，尤其是销售利润率各指标的计算和分析
- 理解和掌握获利能力的影响因素

教学重点与难点

重点掌握销售毛利的分析，特别是其影响因素分析，这是提高企业获利能力的基础；理解经营杠杆对企业营业利润的影响。

本章的难点是确切地反映企业的获利能力状况，不同的获利能力指标中收益的概念不尽相同，应注意结合指标需求选择恰当的收益额。

第一节　获利能力的概念及其影响因素

一、获利能力的概念

获利能力是指企业在一定时期内获取利润的能力。获利能力体现了企业运用所支配的经济资源开展某种经营活动，从中赚取利润的能力。企业的经营活动是否具有较强的获利能力，对企业的生存和发展至关重要。

企业的获利能力对企业的所有利益关系人来说都非常重要。企业的获利能力强，能够赚取丰厚的利润，债权人的利息和本金才有偿还的保障，经营管理者才能凭借良好的业绩获得相应的奖励，投资人才有分配股利的基础，国家才有征收所得税的依据，企业职工才有望增加劳动收入和改善福利待遇。因此，获利能力是任何利益关系人在任何情况下都非常关心的。

从企业的角度看，获利能力可以用两种方法评价。一种方法是利润和销售收入的比例关系。由于销售收入是取得利润的基础，利润是收入的一部分，在收入一定的情况下，利润占收入的比重越大，则利润越多，所以利润占收入的比重成为企业获利能力的标志之一。另一种方法是利润和资产的比例关系。资产创造了收入，收入产生了利润，取得利润的基础最终是资产。所以利润和资产的比例关系，成为获利能力的另一个标志。本章主要讨论销售收入与利润的比例关系，即企业的销售获利能力。在以后章节将讨论利润与资产的比例关系。

二、获利能力的影响因素

获利能力受各方面因素的影响，诸如经营能力、成本水平、财务状况及风险等，这些因素对获利能力有利有弊。分析和研究这些因素的影响对准确评价企业的获利能力是非常重要的。

(一)经营能力

经营能力决定企业的获利能力，具体表现在：企业经营能力强，其资产在一定期间内的周转次数就多，资产的获利机会就多。因此，在资产每次周转的获利水平一定的情况下，必然使该期间的利润额增加，进而使得据以计算的利润率指标相对较高，即反映出来的获利能力较强。反之，若企业经营能力差，意味着其资产周转缓慢，获利机会少，在此情况下，企业的利润水平及据以计算的获利能力指标会相对较低，即反映出来的获利能力不佳。

(二)成本水平

企业成本水平对获利能力产生反方向的影响，在企业经营能力一定的情况下，其成本水平越高，企业的获利能力越低，抵御市场风险的能力越弱，则市场竞争能力越低；反之，当企业的经营成果一定时，成本水平越低，则获利空间越大，企业抵御市场风险的能力和市场竞争能力就越强。因此，企业的利润率越高，从某一侧面表明企业对成本费用的控制能力和管理水平越高，即说明企业为取得收益而付出的代价越小，企业赢利能力越强。

(三)财务状况及风险

一个企业的财务状况的稳定性及风险的高低对其获利能力有着极其重要的影响。

首先，财务状况的稳定性取决于资本结构，而资本结构对获利能力产生着重要影响。资本结构是风险与收益在融资环节相权衡的结果，它对企业经营具有重要影响。由于长期负债的利息在税前列支，而且具有相对的固定性，因此它不仅影响着税前、税后利润额，还发挥着财务杠杆作用，即当长期资本报酬率高于长期负债利息率时，净资本报酬率随着负债率的增加而增加；反之，长期资本报酬率低于长期负债利息率，则净资本报酬率随着负债率的增加而减少，甚至由正值变为负值，长期资本报酬率越低，则净资本报酬率随负债率增加其负值将越来越大。由此不难看出，资本结构的变化使企业股东权益报酬率发生变化，它属于一种典型的理财收益，同时，它也反映了与高财务风险相关的获利能力的易变性。因此，欲增强企业的获利能力，既要尽可能减少资本占用，又要妥善安排资本结构。

其次，各项资产的平均占用额对获利能力也有影响。各项资产的平均占用额是相应的资产报酬率的负影响因素，即在息税前利润一定的情况下，各项资产的平均占用额越大，相应的资产报酬率越低，说明企业的获利能力越弱。资产是盈利的物质基础，没有资产的运动，盈利就无从谈起。无论是资产占用数额的大小还是资产占用结构状况均会对企业经营产生非常重要的影响，它不仅影响着收益，而且影响着企业的经营风险、资产的流动性及其弹性等，因而影响着企业的获利能力。

此外，经营杠杆也是企业获利能力的影响因素之一。在存在固定成本的情况下，利润的变动率必然大于产销量的变动率，这种现象即为经营杠杆。经营杠杆对获利能力的影响，主要表现在，经营杠杆意味着营业利润变动相当于产销量变动的倍数。因此，当其他因素不变时，经营杠杆系数越大，意味着营业利润的波动幅度越大，产销量增加时，营业利润将以更大倍数增加；产销量减少时，营业利润也将以更大倍数减少。这表示在企业获利能力增强的同时，也意味着企业经营风险的增大。所以，我们一方面可以通过分析研究经营杠杆来探究增加营业利润、提高获利能力的途径；另一方面，还可以通过经营杠杆分析研究探求降低经营风险的途径。

三、获利能力分析的意义

获利能力分析就是通过一定的分析方法来评价和判断企业获取利润的能力。获利能力分析是企业利益相关的各个方面了解企业、认识企业和改进企业经营管理的重要手段。企业的获利能力对企业的所有利益关系人来说都是非常重要的，但不同的报表使用者对获利能力分析的侧重点不同。因而，企业获利能力分析对不同的报表使用者来说，有着不同的意义。

(一)有利于投资者进行投资决策

企业的投资者进行投资的目的就是获取更多的利润，投资者总是将资金投向获利能力强的企业。因此，投资者对企业获利能力进行分析是为了判断企业获利能力的大小、获利能力的稳定性和持久性及未来获利能力的变化趋势。企业的获利能力增强，投资者的直接利益会提高，此外还会使股票价格上升，从而投资者们还可获得资本收益。只有投资者认为企业有良好的发展前景才会保持或增加投资。

(二)有利于债权人衡量资金的安全性

对债权人来说，利润是偿债的一个重要资金来源。短期债权人在企业中的直接利益是债务人在短期内还本付息，企业当期获利水平高，短期债权人的利益就比较有保证；长期债权人的直接利益是在较长时期的债务到期时，能及时、足额地收回本息，长期债权人则关心企业是否具有高水平、稳定长久的获利能力基础，以预测长期借款本息按时、足额收回的可靠性。

(三)有利于企业经营者改善经营管理

最大限度地赚取利润是企业持续、稳定发展的目标，获利能力不仅是衡量经营者经营业绩的依据，也是评价经营者履行受托责任的核心指标，同时也决定着企业的竞争力和未来的发展。关注企业的获利能力，可以发现经营管理中存在的问题，有利于经营者采取相应措施改善经营管理。

(四)有利于政府部门行使社会管理职能

政府行使其社会管理职能，要有足够的财政收入作保证。税收是国家财政收入的主要来源，而税收的大部分又来自于企业。企业获利能力强，就意味着实现利润多，对政府税收所做的贡献大。各级政府如能集聚较多的财政收入，就能有更多的资金投入基础设施建设、科技教育、环境保护及其他各项公益事业，更好地行使社会管理职能，为国民经济的良性运转提供必要的保障，推动社会不断地向前发展。

(五)有利于企业职工判断职业的稳定性

企业获利能力的强弱、经济效益的大小，直接关系到企业员工的自身利益，实际上也成为人们择业的一个非常重要的条件。企业的竞争说到底是人才的竞争。企业经营得好，具有较强的获利能力，就能为员工提供较稳定的就业位置、较多的深造和发展机会、较丰厚的薪金及物质待遇，为员工在工作、生活、健康等各方面创造良好的条件，同时也能吸引人才，使他们更努力地为企业工作。

第二节　获利能力的评价指标及分析

获利能力不是单一的指标可以概括的，从不同的角度有不同的财务比率来反映。实务中最常用的主要有利润率指标，如销售毛利率、营业利润率、销售净利率等。当然，也包括一些经营成果指标，如销售收入、利润等，因为它们是获利能力的基础。

一、销售收入

(一)销售收入的概念

销售收入是指企业在销售商品或提供劳务等经营业务中实现的收入，又称主营业务收入。广义上讲，销售收入与投资收入、营业外收入共同组成企业的收入，其中销售收入是企业收入的主体部分，是企业利润的主要来源。因此，狭义的企业收入就是指销售收入。

企业销售收入的高低主要受销售数量和销售价格的直接影响，在多品种经营的情况下，销售的品种结构也是销售收入的重要影响因素。销售收入的高低与销售数量和销售价格的变动成正比，即销售量越大，则销售收入越多；同理，销售价格越高，则销售收入也越多。此外，从更深层次的角度来看，销售收入的高低还与目标市场的供求关系、企业的经营管理水平和市场竞争能力的高低等有着密切的关系。

销售收入的大小直接影响企业利润的高低，在其他因素不变的情况下，销售收入越多，则企业获得的利润就越高。可见，扩大销售收入是企业提高获利能力的基础和重要前提。因此，销售收入是企业获利能力分析的指标之一。

(二)销售收入的分析

在对企业的销售收入进行分析时，应从以下几个方面入手。

(1) 企业销售收入的品种构成。从目前的情况来看，大多数企业都从事多种商品或劳务的经营活动。在从事多品种经营的条件下，企业不同商品或劳务的销售收入构成对信息使用者有十分重要的意义，通常占总收入比重较大的商品或劳务收入是企业过去业绩的主要增长点。此外，信息使用者还可以通过对体现企业过去主要业绩的商品或劳务的未来发展趋势进行分析，来判断企业的未来发展。

将收入进行分类对于分析企业的经营结果是非常有用的。如果企业的利润主要来源于主营业务收入，那就说明企业的经营成果是稳定的；如果企业利润大多来自非销售收入，哪怕当年利润再高，企业的经营都可能是不稳定的，也可能是危机的先兆。多元化经营的企业主营业务收入可能不只一种，如果企业改变经营方向，主营业务也会发生变化。

【例 5.1】大华股份有限公司销售收入品种构成变动的有关资料及分析如表 5.1 所示。

表 5.1　销售收入品种构成变动的有关资料及分析　　单位：万元

项　目	2004 年	2003 年	销售结构/%		金额差异率/%
			2003 年	2004 年	
①煤炭	220 260	123 237	95.84	91.42	78.73
②电力	9 028	2 600	2.02	3.75	247.23
③建材	23 793	8 682	6.75	9.88	174.05
④分部间抵销	12 161	5 929	−4.61	−5.04	105.11
⑤主营业务收入①+②+③−④	240 920	128 590	92.66	94.70	87.36
⑥其他业务收入	13 471	10 186	7.34	5.30	32.25
⑦销售收入总额⑤+⑥	254 391	138 776	100	100	83.31

分析结果表明：公司主营业务收入 2004 年比 2003 年增长 87.36%，主要是由于煤炭

的销势较好，使销售收入增长 78.73%，并且另外两种产品的销售收入也分别增长了 174.03%和 247.23%，但是尽管如此，电力和建材这两种产品并不构成主营业务收入增长的主因，因为煤炭产品的销售收入占主营业务收入的 91.42%，由此可见，煤炭是公司经营业绩的增长点。

从公司的营业总额发展情况看，2004 年比 2003 年增长了 83.31%。主要是由于主营业务收入增长(87.36%)，并且其增长速度超过营业总额的增长，这样有利于利润的稳定提高，为提高公司的获利能力奠定了良好的基础。

(2) 企业销售收入的地区构成。当企业为不同地区提供产品或劳务的情况下，企业在不同地区商品或劳务的销售收入构成对信息使用者也具有重要价值，通常占总收入比重较大的地区是企业过去业绩的主要地区增长点。从消费者的心理与行为表现来看，不同地区的消费者对不同品牌的商品具有不同的偏好，不同地区的市场潜力则在很大程度上制约企业的未来发展。

(3) 与关联方交易的收入在总收入中的比重。在企业形成集团化经营的条件下，集团内各个企业之间就有可能发生关联方交易。由于关联方之间的密切联系，关联方之间就有可能为了“包装”某个企业的业绩而人为地制造一些业务。当然，关联方之间的交易也有企业正常交易的成分。但是，信息使用者必须关注以关联方销售为主体形成的销售收入在交易价格、交易的实现时间等方面的非市场化因素。

(4) 部门或地区行政手段对企业业务收入的影响。在我国社会主义市场经济的发展过程中，部门或地区行政手段对企业销售收入的影响也不容忽视。

应该说，对于那些新兴产业，在其发展的初级阶段，是很需要部门或地区行政手段的支持的。但是，在企业处于稳定的发展阶段，或者企业所处的行业已经发展成熟的条件下，部门或地区行政手段的影响应当逐步淡化。显然，这种地区行政部门参与的企业销售活动，会对企业当年的销售收入有较大的积极影响。这种由地区行政手段的干预实际上是违背市场经济规律的，但在现阶段可能还会持续较长的时间。

我们认为，部门或地区行政手段对企业收入影响越大的企业，其形成的利润即使在过去是好的，其未来发展前景也不一定乐观。

二、成本和费用

费用是企业在生产经营过程中发生的各种花费。在利润表中，费用通常通过营业成本、期间费用和所得税列示出来。营业成本是指与销售收入相关的、已经确认了归属期和归属对象的成本。在不同类型的企业里，营业成本有不同的表现形式。在制造业，营业成本表现为已销售产品的生产成本；在商品流通企业里，营业成本表现为已销商品成本。营业成本是指企业已销售的商品或提供劳务的实际成本，包括主营业务成本和其他业务支出。其中，主营业务成本占有最大份额，因此，营业成本的分析应着重以主营业务成本为主。

(一)主营业务成本分析

从企业利润的形成过程来看，企业的销售收入减去营业成本后的余额为毛利。要有营业利润企业必须有毛利。因此，追求一定规模的毛利和较高的毛利率是企业的普遍心态，也是关注企业的信息使用者的普遍心理期望。在对主营业务成本进行分析时，应注意企业是否存在以调节结转销售产品的数量，从而达到少转成本、调剂利润的目的。

必须指出，企业的营业成本水平的高低，既有企业不可控的因素(如受市场因素的影响而引起的价格波动)，也有企业可以控制的因素(如在一定的市场价格水平条件下，企业可以通过选择供货渠道、采购批量等来控制成本水平)，还有企业通过成本会计系统的会计核算对企业制造成本的处理。因此，在进行财务报表分析时，需要对主营业务成本进行重点分析和研究，其目的就是为了降低主营业务成本，以增加利润。要降低主营业务成本，关键在于降低产品的生产成本。

1. 主营业务成本总额变动情况分析

主营业务成本总额的变动分析，主要通过比较法来进行。对主营业务成本总额的升降额、升降率进行计算和分析。其计算公式为：

主营业务成本升降额=本期或实际主营业务成本–上期或预计主营业务成本

主营业务成本升降率=主营业务成本升降额÷上期或预计主营业务成本×100%

当主营业务成本升降额为正数时，表明其为成本增加额，但并不一定说明企业成本管理存在问题，这需要与业务量的增减变动情况结合起来进行分析；当主营业务成本升降额的增加幅度超过业务量的增加幅度时，表明企业主营业务成本水平上升，成本管理一定存在问题，应进一步分析产生问题的原因，采取积极措施，努力提高成本管理的水平；当主营业务成本升降额为负数时，表明其为成本节约额，一般能够说明企业成本管理有一定的效果。

【例 5.2】大华股份有限公司主营业务成本总额 2003 年为 834 834 万元，2004 年为 1 428 134 万元，可见该公司的主营业务成本升降额为：

主营业务成本升降额=1 428 134–834 834

=593 300 万元

结果表明：该公司主营业务成本 2004 年比 2003 年上升了 593 300 万元。但是这并不能说明公司的成本管理存在严重的问题，还要结合主营业务的变动情况做进一步的分析。

需要注意的是，无论是计算成本降低额还是计算成本降低率，都是指由于单位成本变化而发生的成本降低，而不是由于产量变动而发生的成本变化，因此在计算上期成本时都使用按本期产量计算的上期成本指标值，而非上期实际发生的成本额。

此外，为了加强对成本的控制和管理，在进行成本分析时，还应将本期实际成本与预计成本进行对比检查，以了解成本预算的执行情况。尤其对超过预算的成本及其成本项目进行进一步的分析，发现问题，采取积极的措施，使企业的成本水平得到有效控制，以增强市场竞争力。

2. 主要产品单位成本的分析

从上述的成本分析可以看出，无论是主营业务成本总额的分析，还是对成本降低额和成本降低率进行分析，产品的单位成本都是影响和决定它们的重要因素，因此对单位成本的分析是十分重要的。进行单位销售成本的分析，首先应明确单位销售成本与单位生产成本的关系。它们之间的关系为：

某产品单位销售成本=某产品销售总成本÷该产品销售量

某产品销售总成本=本期生产总成本+期初结存成本-期末结存成本

某产品单位生产成本=该产品本期生产总成本÷当期生产量

可见，当期单位销售成本与单位生产成本的差异主要受期初和期末结存产品成本变动的影响，如果企业当期生产的产品当期全部销售出去，期初期末的存货水平为零，则当期单位销售成本与当期单位生产成本可能是相同的，或差异较小。在这种情况下，对单位销售成本的分析与对单位生产成本的分析是一致的，可利用主要产品单位成本表的资料进行分析。

(二)各项费用的分析

与企业财务成果直接相关的费用有营业费用(销售费用)、管理费用和财务费用等。具体费用项目分析如下。

1. 各项费用项目的分析

(1) 营业费用

营业费用是指企业在销售产品、提供劳务等日常经营过程中发生的各项费用及专设销售机构的各项经费。从营业费用的基本构成来看，与企业的业务活动规模有关的项目，如运输费、装卸费、整理费、包装费、保险费、销售佣金、差旅费、展览费、委托代销费、检验费等；与企业从事销售活动人员的待遇有关的项目，如营销人员的工资和福利费；与企业未来发展、市场开拓、扩大企业品牌的知名度等有关的项目，如广告费等。

从企业管理层对各项费用的有效控制来看，尽管管理层可以对诸如广告费、营销人员的工资和福利费等可以采取控制或降低其规模等措施，但是，这种控制或降低或者对企业的长期发展不利，或者影响有关人员的积极性。因此，我们认为，为了保证企业业务的正常开展，企业的营业费用不应当降低。片面追求在一定时期内的费用降低，有可能对企业的长期发展不利。

对营业费用进行分析，应注意广告费的处理，有的企业基于业绩方面的考虑，会将巨额广告费列为待摊费用或长期待摊费用。

在理想状态下，我们希望用资本化的方法，使广告费用和广告收益能得到很好地配比，但是由于事先配比要研究太多的不确定性因素(如摊销期、摊销方法等)，无论从成本效益原则的角度考虑，还是从稳健主义的角度考虑，资本化的做法始终不能令人满意。因此，无论是国际还是国内会计界，最终都选择了费用化来处理广告费用。

(2) 管理费用

管理费用是指企业行政管理部门为组织和管理生产经营活动而发生的各种费用。管理费用属于固定性费用，尽管管理层可以对管理费用中诸如业务招待费、技术开发费、董事会会费、职工教育经费、涉外费、租赁费、咨询费、审计费、诉讼费、修理费、管理人员工资及福利费等采取控制或降低其规模等措施，但是，如果片面追求在一定时期内的费用降低，有可能对企业的长期发展不利。同时，管理费用与销售收入两者之间也存在一定的比例关系，如果销售收入增长而管理费用下降，应注意企业是否存在操纵利润之嫌。

值得一提的是，对于研发费用的会计处理，业内有较多争议。国际推行的会计处理准则是将企业研发过程划分为两个阶段，研究阶段的成本全部费用化，而开发阶段的费用则依据其是否符合资本的定义来分别处理，符合资本的定义则资本化。我国会计准则规定研发费用采取全部费用化的处理方式，主要遵循稳健性原则，其原因就是对企业资本的判定存在一定的难度。资本是能够为企业带来效益的资源，因此，效益是界定资本的一个重要前提，然而，对于一个企业而言，并不是所有的研发都能成功，尤其对于一些高新技术的企业而言，其技术的更新率非常快，很有可能一个成果刚刚研制出来就已经被相关技术所替代并产生了效益。在这种情况下，就不能把它作为资产处理。另外，采用国际通行准则对研发费用进行处理，还要对企业的研究阶段与开发阶段进行界定，而这里又涉及到非常复杂的技术问题，也极容易为某些企业的违规操作留下空间。不可否认，研发费用全部费用化的处理方式确实在很大程度上影响了企业的当期业绩，目前的对策就是在会计报表附注中予以反映，使报表使用者清楚研发费用一次性列为费用对上市公司利润的影响程度。

应注意的是，随着市场对企业核心竞争力的要求越来越高，研发费用近年来呈上升的趋势，尤其是一些高新技术类上市公司，它们投入的研发费用已高达企业总费用的 50%甚至 70%以上。例如，东盛药业研发费用占销售收入的 30%，国外一般占 20%左右。

(3) 财务费用

财务费用是指企业筹集生产经营所需资金而发生的费用。包括：利息净支出(减利息收入)、汇兑净损失(减汇兑收益)、金融机构手续费及筹集生产经营资金发生的其他费用等。其中，经营期间发生的利息支出构成了企业财务费用的主体。

企业利息水平的高低，主要取决于以下三个因素：

① 贷款规模。在贷款利率一定的前提下，企业的利息费用将随着贷款规模而波动。如因贷款规模降低而使计入利润表的财务费用下降，我们不应对这种赢利能力的改善欢呼雀跃，企业有可能因贷款规模的降低而裹足不前。

② 贷款利率。贷款利率水平主要受一定时期资本市场利率水平的影响，既有企业可控制的因素，也有企业不可以控制的因素。在不考虑贷款规模和贷款期限的条件下，企业的利息费用将随着利率水平而波动。我们不应对企业因贷款利率的宏观下调而导致的财务费用降低给予过高的评价。

③ 贷款期限。从总体上来说，贷款期限对企业财务费用的影响，主要体现在利率因素上。

财务费用对企业业绩的影响不可低估，利息资本化在某种程度上也成为上市公司用来调控利润的“法宝”。上市公司通过借款费用资本化来操纵利润表现在两个方面：一是以某项资产还处于试生产阶段为借口，甚至拿出当地政府职能部门对“在建工程”的定性，利息费用年年资本化，虚增资产价值和利润；二是在建工程中利息费用资本化数额和利润表中反映的财务费用，远远小于企业平均借款余额应承担的利息费用，利息费用通过其他方式被消化利用，最终都被变相地资本化并形成资产。

值得注意的是，我国上市公司出现了一种怪现象，就是很多上市公司的财务费用为负数，也就是说公司的利息收入大于利息费用。据统计 2001 年半年报(1 133 家 A 股)货币资金余额为 3 677.8 亿万元，上年同期为 2 369.8 亿万元，增长了 55.20%，其中四川长虹 2001 年半年报利息收入为 4 218.7 万元，是利润总额的 1.53 倍。不难看出，上市公司资金限制的现象较为严重。

2. 各项费用的综合分析

除上述各费用项目自身的分析外，还有必要从整体上对各费用项目的构成及其增减变动或费用目标的完成情况进行分析，以便综合了解各项费用的水平和变动规律。

(1) 各项费用的计划执行情况分析

各项费用的计划执行情况分析，就是将本期各项费用的实际值与计划(或目标)值进行对比，了解费用是否控制在计划范围之内，找出差距，肯定成绩。分析时可从费用额的变动情况和变动率的升降情况两方面来进行。

① 费用额的变动情况分析

费用额是费用支出的绝对金额，它是决定其他考核指标的基础。通过对费用额的变动情况的分析，可以检查费用计划的执行情况，考核费用开支的规模和变动趋势，以及费用定额和开支标准的遵守情况，为进一步查明费用的节约或浪费提供资料。计算公式为：

费用变动额=费用实际发生数－费用计划发生数

② 费用率的升降情况

费用率是指在一定时期内，费用额占主营业务收入的百分比，它表明百万元主营业务收入花费了多少费用。计算公式为：

费用率=费用额÷主营业务收入×100%

费用率的高低，在一定程度上能够衡量出费用开支的经济效益。费用率越低，说明节约成绩越大，经济效益越高，费用管理水平越好；反之，费用管理水平越差。

(2) 各项费用的变动情况分析

费用的变动情况分析，就是将不同时期的费用指标排列起来进行比较，并通过费用升降变化了解费用的变化趋势。分析时，可以根据几年来的费用数据资料进行对比，分析各年费用变动的情况，查看费用变化的趋势。

【例 5.3】大华股份有限公司近两年各项费用的有关资料及其分析如表 5.2 所示。

表 5.2 大华股份有限公司近两年各项费用的有关资料及其分析 单位：万元

项 目	2003 年	2004 年	变 动 额	变动率/%
营业费用额	3 704	5 827	2 123	57.32
管理费用额	19 111	36 841	17 730	92.77
财务费用额	969	2 121	1 152	118.89
期间费用总额	23 784	44 789	21 005	88.32

分析结果表明：2004 年各项费用额均比上年度有不同程度的提高，其中，营业费用额比上年增长 57.32%，管理费用额比上年增长 92.77%，财务费用增长幅度最大，高达 118.89%，即比 2003 年增长了 1 倍以上，应引起足够的重视，对此需作进一步的分析。

综合各项费用的变化使得全部期间费用总额比上年度增加 21005 万元，增长率为 88.32%。要全面反映企业各项费用的管理水平，还应结合业务量的变动幅度来进行分析。

(3) 各项费用的结构分析

费用结构是指不同费用项目占费用总额的比重。其计算公式为：

费用结构=某项费用支出额÷费用支出总额×100%

对费用结构分析通常可通过编制费用项目结构分析表来进行，根据该结构分析表，计算出各费用项目的比重，以揭示各类费用项目结构的变化情况。同时还要注意与其他同类企业进行比较，了解与他们之间的差距，这些变化及其差异是否合理。

怎样的费用结构才算合理呢？在分析实务中，还应结合企业完成业务量的多少来判断。最好要将企业连续几年的费用及其结构变动趋势进行综合分析考察，以便客观反映出企业的费用管理水平及获利能力的稳定性。

【例 5.4】A 公司 2005 年第一、二季度的期间费用有关资料如表 5.3 所示。

根据上述资料计算 A 公司 2005 年前两个季度的费用结构，得出以下结果：

① 从金额看，A 公司 2005 年两个季度比较，三项期间费用第二季度均比第一季度有不同程度的增加，总额增加了 5 394.1 万元；而营业费用占期间费用的比重第二季度比第一季度下降了 9.47%，管理费用和财务费用的比重分别上升了 2.57%和 6.9%，这些变化是否合理及变动是什么原因造成的，还有待进一步结合其他资料作出分析。

表 5.3 A 公司费用结构分析表

单位：万元

项 目	第一季度		第二季度		差 异	
	金 额	比重/%	金 额	比重/%	金 额	比重/%
营业费用	8 740.8	76.50	11 274.7	67.03	2 533.9	−9.47
管理费用	2 516.9	22.03	4 136.6	24.60	1 619.7	2.57
财务费用	167.5	1.47	1 408.0	8.37	1 240.5	6.90
合计	11 425.2	100	16 819.3	100	5 394.1	

② 从结构上看，公司中与业务规模直接相关的营业费用占费用总额的 60%～80%左右，并且变动幅度最大；而管理费用的比重上升幅度较小，由一季度的 22.03%提高到二季度的 24.60%，增长了 2.57%，说明企业在第二季度有效地控制了管理费用的支出。

③ 总体讲 A 公司费用结构及其变化是较为合理的。

三、利润

(一)利润的概念

利润是企业生产经营的最终成果，是衡量企业经济效益好坏的综合指标之一。企业只有不断地增加收入、扩大利润，才能提高其偿债能力和获取利润的能力，以扩大生产经营规模，提高其市场竞争力。因此，利润的大小直接关系到企业的生存和发展。所以，要经常对各项利润进行分析。

利润通常包括营业利润、投资净收益和营业外收支净额等几部分。营业利润是反映企业营业活动的财务成果，包括主营业务利润和其他业务利润；投资净收益反映企业投资活动的财务成果，是投资收益和投资损失相抵后的余额；营业外收支净额是反映与企业正常生产经营活动无关的那些活动所形成的收支，是营业外收入和营业外支出相抵后的余额。以上各种利润构成项目的数量均可以通过利润表来反映，将该报表提供的相关信息联系起来分析以及与资产负债表提供的信息结合起来进行分析，将会使利润表在评价企业经营成果、营运能力和获利能力及其变化趋势方面发挥重要作用。

(二)利润的影响因素

利润受企业生产经营各环节各要素的影响。企业各环节和各要素的状况好，利润就高，反之，某一环节或因素出现问题，就会影响利润的增长。下面具体阐述企业利润的影响因素。

1. 企业收入和成本费用水平

企业收入是各项利润来源的基础。通常包括主营业务收入、其他业务收入、投资收入

(投资收益)、营业外收入等。利润随这些不同性质的收入额的高低变化而发生同方向的变动。同时，企业的收入结构将反映企业的经营方针、方向及效果，进而可推断出企业的持续发展能力。当一个企业的主营业务收入结构较低或不断下降时，企业利润的稳定性就会较差，其发展潜力和前景显然是值得怀疑的。

成本费用水平对利润产生反方向的影响。当企业收入和税金水平一定的情况下，主营业务成本的高低直接决定着主营业务利润的大小。主营业务成本提高则主营业务利润、利润总额下降；反之，主营业务成本下降，则主营业务利润、利润总额提高。因此，在进行财务报表分析时，应重点分析研究主营业务成本，以达到降低主营业务成本提高利润的目的。

2. 主营业务利润

主营业务利润是企业利润的主要来源，一个企业主营业务利润的大小与其是否有好的产品及主营业务规模、成本费用控制程度紧密相关。如果主营业务利润很大，一般说明该企业产品主营业务情况良好，具有一定的市场占有率，主营业务业绩突出，则利润总额会有不断增长的趋势，在竞争中就能够生存和发展；否则将被淘汰。

3. 营业利润

营业利润包括主营业务利润和其他业务利润。当企业营业利润额较大时，说明该企业经营管理水平和效果好。当企业多种经营业务开展的较好时，其他业务利润会弥补营业利润低的缺陷，以使企业利润总额保持在较高的水平上；如果企业其他业务利润长期高于主营业务利润，说明企业的产业结构存在不合理的情形，应对此作出进一步调整，以扩大利润增长点，提高企业的获利能力。

四、销售利润率

销售利润率分析是从利润与销售收入的比例关系的角度评价企业的获利能力。销售利润率的一般计算方法为：

销售利润率=销售利润÷销售收入×100%

公式中分子的利润根据扣除费用项目的不同，分为毛利、营业利润、息税前利润、利润总额、税后利润等。根据不同的利润可以计算出不同的销售利润率，不同的销售利润率指标具有不同的经济意义。

反映企业获利能力的指标有多种，其中应用比较广泛的主要有：销售毛利率、营业利润率(销售利润率)、销售净利率等。

(一)销售毛利分析

1. 销售毛利及其计算

所谓销售毛利是指主营业务收入与主营业务成本之差。销售毛利的计算有绝对数和相对数两种形式。绝对数形式即计算销售毛利额，相对数形式即计算销售毛利率，计算公式分别如下：

销售毛利额=主营业务收入–主营业务成本

销售毛利率=销售毛利额÷主营业务收入×100%

可见，销售毛利额所表示的是企业主营业务收入总额扣除主营业务成本总额后的剩余，它是可以用来抵偿各项费用并最终形成利润的数额。由于它是一个绝对指标，不同规模的企业间销售毛利额的差异较大，因此该指标的有用信息含量相对较少。

销售毛利率是指销售毛利额占主营业务收入的比率，它表示每 100 元主营业务收入中获取的毛利额。销售毛利率是企业获利的基础，单位收入的毛利越高，抵补各项期间费用的能力越强，企业的获利能力也就越高。相对而言，销售毛利率比销售毛利额指标更有意义，管理者除了可根据毛利率水平来预测获利能力外，还可以利用毛利率进行成本水平的判断和控制，因为销售成本率=1-销售毛利率。

2. 影响销售毛利变动的因素

影响销售毛利变动的因素可分为外部因素和内部因素两大方面。外部因素主要是指市场供求变化而导致的销售数量和销售价格的变动。销售数量和销售价格的上升会导致毛利额和毛利率的上升，但销售数量和销售价格通常是此增彼减的关系，尤其是价格弹性大的产品。由于我们对外部市场的驾驭能力有限，通常应适应市场变化，从内部因素入手寻求增加毛利额和毛利率的途径，所以了解影响销售毛利变动的内部因素更为重要。通常，影响销售毛利变动的内部因素包括：

(1) 开拓市场的意识和能力

开拓市场的意识和能力直接关系着销售数量的实现程度，这方面的意识和能力越强，可实现的销售数量就越多。在价格水平不变的情况下，销售数量越多，毛利总额越大，毛利率则不受此因素的影响。但是，当我们通过改变价格和数量的组合，来寻求毛利总额最大的组合方案时，则可能是在降低毛利率的前提下通过更多的销售数量来实现毛利额最大。

(2) 成本管理水平(包括存货管理水平)

当外部市场价格一定时，决定毛利水平高低的关键就是成本水平。而成本水平的高低又取决于成本管理水平的好坏. 成本管理理念越强，成本管理的技术、方法、手段越先进，成本管理的效果就越显著，成本的降低或节约就越突出，毛利额和毛利率也就能更显著地提高；反之，忽视成本管理，缺乏控制成本的意识，销售成本必然增加，毛利水平当然下降。

(3) 产品构成决策

不同的产品，其毛利水平会存在一定差异，因此，当企业的产品结构不同时，将会有不同的毛利率。毛利水平较高的产品的销售比重上升时，毛利率会上升；反之，毛利水平较低的产品的销售比重上升时，毛利率就会下降。所以，我们在进行产品构成决策时，首先要考虑市场的需求，另一重要方面就是在此基础上利用企业有限的资源，尽可能优先安排毛利率水平较高的产品。

(4) 企业战略要求

企业战略是为了实现长远的、整体的利益最优化、最大化，而它可能会以部分短期的、局部的利益为代价。比如，为了长远的成本优势，而加大本期的成本投入；为了扩大市场占用率而采取低价渗透策略，等等，这些都可能降低毛利率水平。但这只是暂时的，紧随其后的应该是毛利的大幅上扬。

此外，影响销售毛利率指标的因素还有行业特点。一般说来，营业周期短、固定费用低的行业，其毛利率水平比较低，比如商品零售行业；营业周期长、固定费用高的行业，则要求有较高的毛利率，以弥补其巨大的固定成本，比如重工业企业。因此，在分析企业的毛利率时，还必须与企业的目标毛利率、同行业平均水平及具有先进水平的企业的毛利率加以比较，以正确评价本企业的获利能力，并分析产生差距的原因，寻找提高获利能力的途径。

3. 单一产品毛利变动分析

对于单一产品而言，毛利额的计算公式可表述如下：

毛利额=销售量×(销售单价-单位销售成本)

毛利率的计算公式则为：

毛利率=(销售单价-单位销售成本)÷销售单价×100%

可见，单一产品毛利的变动受销售量、销售单价、单位销售成本的影响；毛利率的变动则受销售单价和单位销售成本的影响。所谓单一产品毛利变动分析，就是分别分析这些因素变动对毛利额和毛利率产生的影响。

【例 5.5】某公司经营 A 产品，其毛利额比上年同期减少了约 35%，严重影响了本期的利润实现，故管理者欲了解毛利变动的原因，以改善相应的管理。已知该产品最近两期的相关资料为：上期的销售数量为 44 000 个，单位售价为 440 元，单位销售成本为 300 元；本期的销售数量为 30 000 个，单位售价为 450 元，单位销售成本为 315 元。试对 A 产品毛利变动情况(表 5.4)进行分析。

表 5.4 A 产品销售毛利变动情况分析表

项　目	本 期	上　期	差 异 量	差异率/%
销售数量/万个	3	4.4	−1.4	−31.8
销售单价/元	450	440	10	2.27
单位销售成本/元	315	300	15	5.00
单位销售毛利/元	135	140	−5	−3.57
毛利率/%	30	31.82	−1.82	−5.72
销售毛利额/万元	405	616	−211	−34.25

从上表看，A 产品本期的毛利额比上期减少了 211 万元，降低了 34.25%，其原因是多方面的，因为产品的销售数量、销售单价、单位销售成本等均发生了变化。至于它们各自对毛利额的影响，我们可用因素分析法分别分析如下。

(1) 销售数量变动的影响

当其他因素不变时，销售数量正比例地影响毛利额，即每增加或减少一个单位的销售数量，就增加或减少一个单位销售毛利额。因此，我们可按照既定的单位销售毛利水平和销售数量的增减量，来求得销售数量变动对毛利的影响值，计算公式为：

某产品销售数量变动的影响额=(本期销售数量−上期销售数量)×上期单位销售毛利

本例中，A 产品的销售数量变动影响额=(3−4.4)×140=−196(万元)

即由于本期销售数量比上期减少了 14 000 个，使得本期的毛利额减少了 196 万元。

(2) 销售单价变动的影响

销售单价的增加或减少，会导致单位销售毛利的等额增加或减少，从而正比例地影响到毛利总额的变动。通常，我们是按本期实际的销售数量乘以销售单价的增减变动额来计算其对毛利的影响额，计算公式如下：

某产品销售单价变动的影响额=本期销售数量×(本期销售单价−上期销售单价)

本例中，A 产品的销售单价变动影响额=30 000×(450−440)=300 000(元)=30(万元)

即由于本期销售单价的上扬，使单位销售毛利增加了 10 元，因而在实际销售了 30000 个产品的情况下，使毛利总额相应地增加了 30 万元。

(3) 单位销售成本变动的影响

单位销售成本的增加或减少，会导致单位销售毛利的反方向、等额地变动，从而反方向地影响毛利额。同样道理，我们用本期实际销售数量乘以单位销售成本的增减变动额来计算其对毛利的影响额，但是，由于该因素是反方向影响因素，所以为了使所有计算公式的正、负值计算结果保持一致，计算时可用上期值减去本期值。计算公式如下：

某产品单位销售成本变动的影响额=本期销售数量×(上期单位销售成本−本期单位销售成本)

本例中，A 产品的单位销售成本变动的影响额=30 000×(300−315)=−45(万元)

即由于本期单位销售成本的上升，使单位销售毛利减少了 15 元，因而，在实际销售了 30 000 个产品的情况下，使毛利总额相应的减少了 45 万元。

综合上述分析结果，由于三个因素的共同影响，使本期毛利额比上期减少了 211 万元(−196+30−45=−211)。

由此可知：该企业毛利的大幅度下降，极可能是管理不善造成的。首先，A 产品销售数量的大幅度减少，可能与其涨价有关。因为按照市场规律，处于衰退期或整体市场萎缩期的产品，其销售数量可能大幅度下降，其销售价格更难上涨。因此可以推想：A 产品是一种价格弹性较大的产品，其价格的上扬极大地抑制了其销售数量的增加。而销售数量所导致的毛利的减少额(−196 万元)是销售价格上升所带来的毛利增加额(30 万元)的近 7 倍，所以，这一调价决策无疑是错误的，它是本期毛利锐减的罪魁。另一方面，该产品的单位销售成本也有较大的上升，也对毛利产生了较大的负面影响。成本上升可能有外部价格变化的原因，但也不能排除企业成本管理薄弱的影响。因此，该企业应在进一步分析具体原因的基础上，重视提高决策和管理水平。

4. 多种产品毛利变动分析

在当今和未来经济社会中，多元化经营、多样化产品是一种越来越普遍的趋势。而在经营多种产品的企业中，其毛利的变动除了受每一种产品的销售数量、销售单价、单位销售成本的影响外，当销售总量一定时，产品的销售构成也会对企业的毛利总额产生影响。它们之间的关系可表述为：

毛利额=$\sum$[某产品销售数量×(该产品销售单价−该产品单位销售成本)]

　　　=$\sum$(企业销售总额×各产品销售比重×该产品毛利率)

其中：综合毛利率=$\sum$(各产品销售比重×该产品毛利率)

多种产品毛利变动分析就是对各种相关因素变动对毛利的影响程度所进行的分析。举例说明如下。

【例 5.6】某企业经营 A、B、C 三种产品，其相关资料如表 5.5 所示。

表 5.5　某企业经营 A、B、C 三种产品相关资料　　单位：千元

品　种	销售数量		主营业务收入		主营业务成本		毛利额	
	本期	上期	本期	上期	本期	上期	本期	上期
A	1 800	1 800	378	360	225	223	153	137
B	3 600	3 750	2 268	2 250	1 397	1 331	871	919
C	3 300	3 000	1 089	900	686	540	403	360
合计			3 735	3 510	2 308	2 094	1 427	1 416

试对该企业毛利额和毛利率的变动因素进行分析。

首先，根据上述资料计算有关指标如表 5.6 所示。

表 5.6 有关指标

单位：元

品 种	销售单价		单位销售成本		销售比重/%		毛利率/%		销售比重×毛利率	
	本期	上期	本期	上期	本期	上期	本期	上期	本期	上期
A	210	200	125	124	10.12	10.26	40.48	38.06	4.1	3.9
B	630	600	388	355	60.72	64.10	38.40	40.84	23.32	26.18
C	330	300	208	180	29.16	25.64	37.01	40.00	10.79	10.26
合计					100.00	100.00	—	—	38.21	40.34

然后，分析各因素变动对毛利及毛利率的影响程度如下：

(1) 主营业务收入总额变动对毛利的影响

在其他条件不变的情况下，主营业务收入总额的增减会正比例地影响毛利额。其计算公式如下：

主营业务收入总额对毛利的影响额=(本期主营业务收入-上期主营业务收入)×上期综合毛利率

=(3 735-3 510)×40.34%=91(千元)

即由于本期主营业务收入总额的增加，使该企业毛利额增加了 91 千元。而主营业务收入总额的增加，又是各产品销售数量和销售单价共同影响的结果，可进一步分析如下：

销售数量变动对主营业务收入的影响额=$\sum$(本期各产品销售数量×上期销售单价)-上期主营业务收入总额

=(1 800×200+3 600×600+3 300×300)-3 510 000=0

销售单价变动对主营业务收入的影响额=$\sum$[本期各产品销售数量×(本期销售单价-上期销售单价)

=1 800×(210-200)+3 600×(630-600)+3 300×(330-300)

=225(千元)

可见，由于 A 产品销售数量不变，B 产品销售数量减少而减少的收入额与 C 产品销售数量增加而增加的收入额正好相抵消，故整体而言销售数量的变动未构成对主营业务收入的影响。主营业务收入的变动额全部来自于销售单价的变动，由于三种产品的销售单价均有不同程度的上升，从而导致了主营业务收入增加 225 千元。

(2) 综合毛利率变动对毛利的影响额

当主营业务收入总额一定时，毛利额的高低取决于综合毛利率的高低，综合毛利率越高，毛利额也越高，反之亦然。所以，我们可用毛利率的变动数乘以本期实际主营业务收入，以求其变动影响额。计算公式为：

综合毛利率变动对毛利的影响额=本期主营业务收入总额×(本期综合毛利率–上期综合毛利率)

=3735×(38.21%–40.34%)=–80(千元)

即由于本期综合毛利率比上期下降，从而使毛利额减少了 80 千元。

当然，综合毛利率的变动又是品种结构和各产品毛利率变动的结果，对此我们也可进一步分析如下：

品种结构变动对综合毛利率的影响

=∑(本期各产品销售比重×上期毛利率)–上期综合毛利率

=(10.12%×38.06%+60.72%×40.84%+29.16%×40%)–40.34%=–0.03%

各产品毛利率变动对综合毛利率的影响

=∑[本期各产品销售比重×(本期毛利率–上期毛利率)

=10.12%×(40.48% – 38.06%)+60.72%×(38.4% –40.84%)+29.16%×(37.01%–40%)

=–2.11%

可见，品种结构变动对综合毛利率的影响很小，综合毛利率的变动主要来自于各产品毛利率的变动。由于本期占销售总额近 90%的 B 和 C 两种产品的毛利率水平总体上比上期下降，从而导致了综合毛利率的降低。B 和 C 两种产品的毛利率之所以下降，是由于其单位销售成本的上升幅度超过了其销售单价的上升幅度，所以该企业应注意成本的控制。至于销售单价和单位销售成本的变动各自对毛利率又有多大影响，可参照上述方法进一步分析，在此从略。

总之，该企业毛利额本期比上期增加 11 千元，是主营业务收入总额和综合毛利率两个因素共同影响的结果。其中，综合毛利率降低对它产生了不利的影响。企业若能注重成本控制，使 B、C 两种产品的毛利率维持上期的水平，则毛利额会有更大的增长。

(二)营业利润率分析

1. 营业利润率的概念及影响因素

营业利润率是指企业营业利润与主营业务收入的比率，该指标用于衡量企业主营业务收入的净获利能力，又称销售利润率。其计算公式为：

营业利润率=营业利润÷主营业务收入×100%

式中：营业利润=主营业务利润+其他业务利润–营业费用–管理费用–财务费用

【例 5.7】由 A 公司的利润表中可知：该公司的主营业务收入额为 509 111 万元，营业利润额为 79 763 万元，试计算该公司的营业利润率。

将已知数据代入公式，计算其营业利润率如下：

营业利润率=79 763÷509 111=15.67%

营业利润率指标反映了每 100 元主营业务收入中所赚取的营业利润的数额。营业利润是企业利润总额中最基本、最经常同时也是最稳定的组成部分，营业利润占利润总额的比重，是说明企业获利能力质量的重要依据。同时，营业利润作为一种净获利额，比销售毛利更好地说明了企业销售收入的净获利情况，从而能更全面、完整地体现收入的获利能力。显然，营业利润率越高，说明企业主营业务的获利能力越强；反之，则获利能力越弱。

对于营业利润率而言，其影响因素主要包括两大方面，即营业利润和主营业务收入。其中，营业利润同方向影响营业利润率，营业利润越大，营业利润率越高。主营业务收入则从反方向影响营业利润率，即当营业利润额一定时，主营业务收入额越大，营业利润率越低，说明主营业务的获利能力越弱；反之，主营业务收入额越小，营业利润率越高，说明主营业务的获利能力越强。这说明，欲提高营业利润率，必须是用同等的主营业务收入实现更多的营业利润额。因此，影响营业利润率的关键因素是营业利润额的大小。从营业利润计算公式可知，营业利润的主要构成要素包括主营业务收入、主营业务成本、主营业务税金及附加、营业费用、管理费用、财务费用、其他业务利润等，其中后两项与企业基本经营业务的关系相对较弱，我们主要分析前五项基本要素对营业利润的影响。

2. 营业利润率影响因素分析

(1) 主营业务收入对营业利润的影响

当成本、费用额不变时，主营业务收入的增减变动额同方向地影响着营业利润额。对于外部报表使用者，我们只能从该总额上分析其对营业利润的影响。但对于企业内部管理者，则需进一步了解和分析。主营业务收入又由数量和价格两个因素构成，它们对营业利润的影响是不同的。简要说明如下。

① 销售数量变动对营业利润的影响。

销售数量是获取收入、实现利润的首要因素。当主产品获利能力一定时或者当成本、费用水平不变时，利润额的多少就取决于销售数量的多少。销售数量变动对营业利润的影响额的计算可用公式表示如下：

销售数量变动对营业利润的影响额=(报告期或实际销售数量−基期或预计销售数量)×基期或预计单位贡献毛益

该计算式表明：销售数量的变动，不仅导致主营业务收入的变动，而且导致主营业务成本、税金、费用等的变动，因为它们之中有一部分是变动性质的成本和费用，必然会随着业务量的增减而正比例地增减。为此，我们需要将成本、费用按其成本习性区分为变动成本费用和固定成本费用，其中，变动成本费用才是随业务量正比例增减的成本费用，固定成本费用则具有相对固定不变的特征。而且它们之间的关系是：

主营业务收入−变动成本费用=贡献毛益

贡献毛益-固定成本费用=营业利润

可见，当销售数量增加时，贡献毛益会正比例地增加，从而等额地增加营业利润。因此，我们在分析销售数量变动对营业利润的影响时应通过其对贡献毛益的影响来计算和判断。

② 销售价格变动对营业利润的影响。

销售价格变动对营业利润的影响相对较简单，因为销售价格只对主营业务收入产生影响，进而等额地影响营业利润。成本费用额则通常与该因素变动无关。销售价格变动对营业利润的影响额可用公式计算如下：

销售价格变动对营业利润的影响额

=(报告期或实际售价-基期或预计售价)×报告期或实际销售数量

可见，当销售数量不变时，销售价格的提高可增加主营业务收入，进而增加营业利润。应该注意的是：在现实经济生活中，多数商品均是价格弹性产品，即随着销售价格的上升，销售数量将会下降，因此主营业务收入额可能不升反降，从而对营业利润导致不良影响。所以，企业不能一味提价，而应寻求最优的售价、数量组合。

(2) 主营业务成本对营业利润的影响

主营业务成本是营业利润的负影响因素，即主营业务成本的增减会反方向、等额地影响营业利润。当其他因素不变时，主营业务成本对营业利润的影响额可计算如下：

主营业务成本变动对营业利润的影响额

=报告期或实际销售数量×(基期或预计单位成本-报告期或实际单位成本)

或 主营业务成本变动对营业利润的影响额

=主营业务收入×(基期或预计主营业务成本率-报告期或实际主营业务成本率)

可见，单位成本或主营业务成本率是影响营业利润的又一重要因素，成本水平越高，获利能力越低。因此，要增强企业的获利能力，必须在增加销售的同时，降低企业的成本水平。同时还应注意，由主营业务量减少而导致的成本减少并非成本节约，这是由主营业务成本的变动习性决定的，当业务量下降时，主营业务成本必然会呈下降趋势。只有当成本的降低幅度超过业务量降低幅度，或是成本的上升幅度小于业务量上升幅度，才是真正的成本节约，才有利于营业利润的增长。

(3) 主营业务税金及附加对营业利润的影响

主营业务税金及附加也是营业利润的负影响因素。但相对而言它是企业不可控制的外部客观影响因素。因为税额的多少取决于税率的高低，而税率的高低由国家宏观政策决定。所以，当其他因素不变时，税率降低会增加营业利润，从而相应增强企业的获利能力；反之，则会降低企业的获利能力。但无论如何，这都不是企业主观努力的结果，我们对此进行分析，恰恰是要将该因素的影响额剔除，以对企业的获利能力进行更恰当的判断。

(4) 营业费用对营业利润的影响

营业费用也是营业利润的负影响因素，其特征与主营业务成本非常相似，对其进行分析也可参照对主营业务成本的分析，在此从略。营业费用变动对营业利润的影响额则可计算如下：

营业费用变动对营业利润的影响额=报告期或实际主营业务收入×(基期或预计营业费用率-报告期或实际营业费用率)

可见，营业费用率的变动情况是我们关注的重点。

(5) 管理费用对营业利润的影响

管理费用为营业利润的负影响因素，但其习性特征与上述成本、费用项目不同，它更趋向于固定性质，也就是说，它通常不随业务量的变动而成比例变动。因此，对其分析有别于其他成本费用，我们主要应从其总额变动的角度分析其对营业利润的影响。管理费用变动对营业利润的影响可计算如下：

管理费用变动对营业利润的影响额=基期或预计管理费用额-报告期或实际管理费用额

可见，管理费用额的变动情况是我们关注的重点，它将反方向、等额地影响营业利润额。所以，要增加营业利润，增强企业获利能力，还必须注意控制、节约管理费用总额。

(6) 其他因素对营业利润的影响

除了上述各主要因素之外，其他业务利润将从正面影响营业利润，其他业务利润越多，营业利润相对越大。但当企业资源有限时，应注意集中资源优势，发展主业，以便握紧拳头，形成竞争优势。财务费用从负面影响营业利润，财务费用越多，营业利润相对越少。而这两者主要取决于企业的财务管理水平及企业所采用的财务、会计政策，当然也在一定程度上受资本市场和国家有关政策规定的影响。所以对该因素的分析最好是运用趋势分析和同业比较分析。

(三)销售净利率

1. 销售净利率的概念及影响因素

销售净利率是指企业净利润占主营业务收入的百分比，它反映每 100 元主营业务收入中所赚取的净利润的数额。其计算公式如下：

销售净利率=净利润÷主营业务收入×100%

该指标表示企业主营业务收入的收益水平。从销售净利率的公式中可以看出，销售净利率的影响因素主要包括两个方面，即净利润和主营业务收入。其中，企业的净利润与销售净利率成正比例关系，即净利润越高，销售净利率越高。而主营业务收入额与销售净利率成反比例关系，也即当净利润一定时，主营业务收入越大，则销售净利率越低，说明企业主营业务的获利水平越弱；反之，主营业务收入越小，销售净利率越高，说明企业主营业务的获利水平越高。因此，影响销售净利率高低的关键因素是净利润的大小。

而净利润的大小又取决于利润总额与所得税额的高低。在这里，就所得税而言，从反方向影响净利润的大小，但由于其税率受税法的约定，所以，该项目不是外部报表使用者关注的重点；而利润总额则不然，该项目同方向影响着净利润的大小，从而使销售净利率也同方向变动，为此，内外报表使用者均应特别重视该因素。

可见，在增加销售收入额的同时，必须相应地获得更多的净利润，才能使销售净利率保持不变或有所提高。通过分析销售净利率的升降变动，可以促使企业在扩大销售的同时，注意改进经营管理，提高盈利水平。

2. 销售净利率的影响因素分析

(1) 净利润对销售净利率的影响分析

在其他因素不变的情况下，净利润额的增减变化会正比例地影响销售净利率。我们可以通过净利润变动对销售净利率的影响额指标来进行分析。计算公式为：

净利润变动对销售净利率的影响额=(报告期或实际净利润−基期或预计净利润)÷基期或预计主营业务收入

在实务中，主营业务收入也可以用销售收入来计算分析。

【例 5.8】大华股份有限公司有关资料及销售净利率的计算如表 5.7 所示。

表 5.7 大华股份有限公司有关资料及销售净利率 单位：万元

指 标	2003 年	2004 年	差 异
净利润	13 678	38 125	24 447
主营业务收入	128 591	240 921	112 330
销售净利率/%	10.64	15.82	5.18

要求：根据资料分析公司净利润变化对获利能力的影响程度。

净利润变化对销售净利率的影响=(38 125−13 678)÷128 591=19.01%

结果表明：该公司由于 2004 年度的净利润比 2003 年度增加了 24 447 万元，使公司的销售净利率提高了 19.01%。说明公司与去年相比销售收入每增加 100 万元，则净利润会增加 19.01 万元，反映了公司的获利能力随着净利润的增加而提高了。

(2) 主营业务收入对销售净利率的影响分析

在公司净利润一定的情况下，主营业务收入变动使销售净利率反方向变动。其对销售净利率影响程度的大小，通常可通过分析主营业务收入变动对销售净利率的影响额指标来衡量。计算公式为：

主营业务收入变动对销售净利率的影响额

=报告期或实际净利率−报告期或实际净利润÷基期或预计主营业务收入

或 主营业务收入变动对销售净利率的影响额

=报告期或实际净利润×(1÷报告期或实际主营业务收入−1÷基期或预计主营业务收入)

【例 5.9】依上例有关资料，分析大华股份有限公司主营业务收入增加对获利能力变动的影响程度。

主营业务收入变动对销售净利率的影响额=38 125×(1÷240 921−1÷128 591)

=38 125÷240 921−38125÷128 591

=15.82%−29.65% =−13.83%

结果表明：大华股份有限公司 2004 年度与上年相比，由于主营业务收入增加了 112 330 万元(240 921−128 591)，使得销售净利率降低了 13.83%，即造成公司的获利水平下降。由此可见，主营业务收入对销售净利率的影响是反方向的。

综合以上两个影响因素的分析来看，大华股份有限公司 2004 年的销售净利率比上年提高了 5.18%(15.82%−10.64%)，是净利润和主营业务收入共同影响的结果。其中，净利润增加使其提高了 19.01%，而主营业务收入增加又使其降低了 13.83%。

此外，在销售利润率分析中，还要注意与同行业的同类指标相比较，以便于外部报表使用者正确选择投资对象，也有助于内部管理层及时发现问题，采取积极措施，改善经营管理，不断提高盈利水平，增强企业发展的后劲。

(四)销售利息率

销售利息率是企业支付的利息额与销售(营业)收入的比率。

其计算公式为：

销售利息率=利息额÷销售收入×100%

通常，企业的销售利息率越低越好，它表明企业资金运转顺畅，债务资金比重低，流动资金压力小，对企业获利水平的抵扣小，企业获利能力上升；反之，企业利息率越高则越不利，它表明企业资金运转受阻，债务融资比重上升，流动资金压力大，对企业获利水平的抵扣大，企业获利能力下降。可见，销售利息率与企业获利能力和偿债能力都有直接关系。一般来说，临近破产的企业的销售利息率将会升高，因为临近破产的企业资金周转困难，负债上升。所以，当销售利息率上升并超过一定界限时，不仅会引起企业获利水平的下降，而且意味着企业的债务负担沉重，是依靠债务来维系资金运转的，一旦债务筹资受阻，企业将可能陷于破产的境地。

【例 5.10】某公司有关资料如表 5.8 所示。

表 5.8 某公司有关资料表

单位：万元

项 目	2003 年	2004 年
销售(营业)收入	387.8	396.5
利息总额	8.80306	8.8023
销售利息率/%		

要求：计算该公司的销售利息率。

计算结果如表 5.9 所示。

表 5.9　销售利息率分析　单位：万元

项　目	2003 年	2004 年	差　异
销售(营业)收入	387.8	396.5	8.7
利息总额	8.803 06	8.802 3	−0.000 76
销售利息率/%	2.27	2.22	−0.05

计算结果表明：该企业的销售利息率 2004 年比 2003 年下降了 0.05%，这说明如果影响企业赢利的其他因素不变，企业的获利水平将提高 0.05%，而相应的利息支付压力降低。在利息水平不变的情况下，该指标的下降还意味着企业的资金周转速度有所提高，资金占用相对减少，借款相应减少，利息相对于销售(营业)收入的比例下降。

第三节　案 例 分 析

一、案例资料

为了让大家了解上市公司财务会计报告的基本内容及本章分析的需要，我们将本章分析使用的资料按照财务会计报告的格式列示如下：

(一)公司基本情况简介

丰达集团股份有限公司(以下简称本公司)是由三家股东单位共同投资的私营企业。本公司于 2003 年 1 月 20 日以每股人民币 5.09 元的价格向境内投资者发行面值为人民币 1.00 元的 A 股股票 7000 万股，并于 2003 年 2 月 12 日在上海证券交易所上市交易。

本公司的经营范围：生产、销售焦炭及副产品、生铁、钢材、水泥及制品、电力、碳素制品，煤炭洗选，石灰石开采、加工，货物运输，新产品开发，批发零售矿产品(国家专控品)、化工原料(除易燃易爆易腐蚀危险品)、普通机械、汽车(除小轿车)、日杂百货、农副产品(除国家专控品)。

(二)会计数据和业务数据摘要

(1) 本年度主要利润指标如表 5.10 所示。

表 5.10　本年度主要利润指标　单位：元

利润指标	2005-1～2005-12
利润总额	201 964 461.74
净利润	143 230 037.62
扣除非经常性损益后的净利润	143 461 758.19

续表

利润指标	2005-1～2005-12
主营业务利润	475 343 572.66
其他业务利润	3 962 732.47
营业利润	202 574 268.66
投资收益	1 836 607.50
补贴收入	—
营业外收支净额	−2 446 414.42
经营活动产生的现金流量净额	390 281 672.23
现金及现金等价物净增减额	171 948 992.82

非经常性损益项目和金额

单位：元

项　目	金　额
营业外收入	955 575.19
营业外支出	−1 301 426.78
所得税影响	114 131.02
合计	−231 720.57

(2) 截止报告期末公司前三年的主要会计数据和财务指标如表 5.11 所示。

表 5.11　主要会计数据和财务指标

单位：元

财务指标	2005 年	2004 年	2003 年
主营业务收入	2 070 411 303.62	1 822 219 812.21	975 554 356.62
净利润	143 230 037.62	200 394 004.25	71 479 005.73
总资产	3 544 772 902.19	2 948 635 784.72	1 901 153 626.82
股东权益(不含少数股东权益)	984 286 089.94	889 931 052.32	686 913 022.79
每股收益*	0.37	0.51	0.31
每股净资产*	2.52	2.28	2.99
调整后的每股净资产*	2.48	2.25	2.95
每股经营活动产生的现金流量净额	1.00	1.42	0.35
净资产报酬率/%	14.55	22.52	10.41
净资产报酬率/% (加权平均)	15.28	25.50	11.48

公司 2003 年末的总股本为 23 000 万元，2004 年末的总股本为 39 100 万元，报告期

内股东权益变动情况、变动原因说明：

① 盈余公积和法定公益金增加；本年实现利润按章程规定提取。

② 未分配利润增加；本年实现净利润高于本年度支付的2004年股利。

③ 股东权益合计增加；本年净利润高于本年度支付的2004年股利。

(三)报告期内公司经营情况的回顾

1. 总体情况

(1) 公司报告期内总体经营情况

对公司所处的焦化、钢铁行业来说，2005 年是近几年来形势最为困难的一年。受全球经济增速减缓和国内宏观调控政策的影响，在经历了2004和2005年上半年较好的市场形势后，从 2005 年下半年开始，国内焦化、钢铁行业出现了产能过剩的局面，焦炭、生铁的销售价格连续大幅下跌，加之原材料焦煤、铁矿石的价格居高不下，导致行业内大部分企业在2005年下半年出现了亏损。

面对严峻的市场形势，公司管理层坚持以市场为导向的原则，充分发挥自身优势，采取了一系列措施：充分利用公司拥有市场最终用户的优势，确保了焦炭出口的基本稳定；进一步完善了循环经济产业链，提高资源的利用效率；加大内部集约化管理，严格控制成本支出。通过以上措施，公司最大限度地消除了原材料市场、销售环境和其他因素的不利变化给公司带来的影响。与同行业其他企业相比，公司在焦炭出口价格、销售数量、资金回笼、盈利状况等各方面都处于优势地位。

公司全年共生产焦炭 97.67 万吨，生铁 43.96 万吨，水泥 7.06 万吨，发电 12 692 万度；销售焦炭 76.55 万吨，其中出口 51.68 万吨，创汇 11 233.75 万美元，内销 24.87 万吨；销售生铁 45.32 万吨，其中出口 6.05 万吨，创汇 1 787.92 万美元，内销 39.27 万吨；销售水泥 3 万吨。报告期内，公司实现主营业务收入 207 041.13 万元，主营业务利润 47 534.36 万元，净利润 14 323.00 万元，分别比上年同期增长 13.62%、−38.53%和−28.53%。造成公司主营业务利润、净利润下降的主要原因是：报告期内国际国内市场疲弱导致的焦炭、生铁产品价格下跌和原料煤价格居高不下，铁矿石价格提高造成的成本上升。

(2) 公司存在的主要优势和困难、经营和赢利能力的持续性和稳定性

公司的主要产品焦炭和生铁均为钢铁行业的上游产品，由于国家对钢铁行业实施宏观调控，公司的经营也不可避免地受到了一定影响，公司下一步将发挥自身的优势，力求最大程度地降低不利影响。

公司主要优势体现在：

① 循环经济产业链优势。公司通过现有的洗煤、焦化、烧结、冶炼、煤气发电和煤矸石发电、水泥、矿山等循环经济产业链条实现了能量的梯级利用、资源的高效利用和综

合利用，大大提高了资源的产出效益。

② 成本优势：公司距离原料煤源近，供给方便，大规模发展焦化工业有着优越的比较成本优势和物质供给条件。

③ 营销优势：公司拥有自营进、出口权，并拥有长期稳定的客户群。出口合同均由公司直接与国外客户签约，并且与国内大中型钢厂保持了良好的合作关系，可有效减少贸易的中间环节，提高经营效益。

④ 品牌优势和质量优势：公司对主导产品实施严格的质量管理，产品质量稳定，深受客户信赖，至今未有因质量问题导致客户索赔、拒收的现象发生，公司生产的“丰达牌”一级冶金焦被评为名牌产品。

⑤ 规模优势：公司现有的两大主导产品焦炭和生铁的年生产能力分别已达 160 万吨和 100 万吨，在国际国内市场都形成了相当的销售规模。

公司主要困难体现在：

① 煤炭资源的制约。公司主导产品焦炭的主要原料是原煤、精煤，而公司目前尚没有自己的煤炭生产基地，这对公司的生产造成一定的影响。公司将进一步加强和省属各大矿务局的合作关系，积极开发新的煤炭供应商，确保公司能够及时获得较低成本的原、精煤的充足供应。

② 对下游行业的依赖。公司主要产品焦炭、生铁均为钢铁行业的上游产品，因此，国际、国内钢铁行业一旦出现波动，将会波及公司，从而影响公司的盈利水平，这种情况在短期内将不会改变。

2. 公司主营业务及其经营状况

(1) 公司主营业务的范围(见公司基本情况简介)

(2) 主营经营状况

公司业务构成情况如表 5.12 和表 5.13 所示。

表 5.12 业务构成情况

产 品	主营业务收入/元	主营业务成本/元	主营业务利润率/%
焦炭	1 023 137 554.80	619 073 705.63	38.29
生铁	911 470 457.65	848 817 210.97	6.87

表 5.13 业务构成情况

产 品	主营业务收入比上年增减/%	主营业务成本比上年增减/%	主营业务利润率比上年增减/%
焦炭	−29.05	−13.00	−12.25
生铁	160.44	184.01	−7.73

说明：焦炭毛利率比上年减少了 12.25%，主要是由于 2005 年焦炭销售价格下跌，主要原材料原煤、精煤的采购价格变化不大所致。

生铁毛利率比上年减少了 7.73%，主要是由于报告期内生铁销售价格下降所致。

公司主营业务地区分布情况如表 5.14 所示。

表 5.14 主营业务地区分布情况

地 区	主营业务收入/万元	主营业务收入比上年增减/%
国际市场	920 954 425.60	−31.89
国内市场	1 149 456 878.02	144.56

说明：国际市场收入比上年减少了 31.89%，主要是由于 2005 年焦炭出口价格下降和出口数量的减少所致。

国内市场收入比上年增加了 144.56%，主要是由于公司新增生铁产能所产生铁主要用于国内销售所致。

(3) 主要供应商、客户情况

2005 年度本公司向前五名供应商合计采购金额为 49 211.95 万元，占公司年度采购总额的 22%；本公司向前五名客户销售的收入总额为 75 860.46 万元，占全部销售额的 36.64%。

3. 公司资产及利润构成变动情况

(1) 资产构成变动情况

公司资产构成变动情况如表 5.15 所示。

表 5.15 资产构成变动情况

项 目	2005 年/元	2004 年/元	占总资产的比例/%		变动/%
			报告期	上年同期	
应收款项	193 383 163.29	48 263 361.82	5.46	1.64	3.82
存 货	504 415 514.16	515 989 765.60	14.23	17.50	−3.27
长期股权投资	8 658 008.66	10 000 000.00	0.24	0.34	−0.10
固定资产	1 958 998 003.18	1 094 456 654.00	55.26	37.12	18.14
在建工程	158 680 489.31	655 577 094.18	4.48	22.23	−17.75
短期借款	509 600 000.00	765 000 000.00	14.38	25.94	−11.56
长期借款	892 221 755.88	345 396 792.69	25.17	11.71	13.46
总资产	3 544 772 902.19	2 948 635 784.72	100.00	100.00	0

说明：报告期末公司应收款项为 19 338.32 万元，较上年度末应收款项为 4 826.34 万元增加了 14 511.98 万元，主要系公司生铁项目全部投产，其产品主要在国内销售。

报告期末公司长期股权投资 865.8 万元较上年度末减少 134.2 万元，系参加民生银行股权分置改革支付对价所致。

报告期末公司固定资产为 195 899.8 万元，较上年度末增加了 86 454.13 万元，主要系公司焦炉、高炉项目陆续完工投产并转入固定资产所致。

报告期末公司在建工程 15 868.05 万元，较上年度末减少了 49 689.66 万元，变化的主要原因是：公司 2x25MV 发电机组工程的投入；公司焦炉、高炉项目陆续完工投产转入固定资产。

报告期末公司短期借款为 50 960 万元，较上年度末减少 25 540 万元，主要原因是公司将部分借款由短期借款转入长期借款所致。

报告期末公司长期借款为 89 222.18 万元，较上年度末增加 54 682.5 万元，主要原因是公司将部分借款由短期借款转入长期借款和报告期内提回国际金融公司的长期借款所致。

(2) 利润构成变动情况如表 5.16 所示。

表 5.16 利润构成变动情况

项　目	2005 年/元	2004 年/元	占利润总额的比例/%		变动/%
			报告期	上年同期	
营业费用	128 028 652.16	383 234 850.36	63.39	159.56	−96.17
管理费用	64 488 110.80	44 239 337.03	31.93	18.42	13.51
财务费用	84 215 273.51	73 348 639.17	41.70	30.54	11.16
所得税	20 731 719.55	26 700 133.56	10.27	11.12	−0.85
利润总额	201 964 461.74	240 180 630.03	100.00	100.00	0

说明：报告期内营业费用大幅下降是报告期内出口焦炭委托代理费价格大幅下降和公司委托代理出口焦炭数量下降所致。

报告期内管理费用增加的主要原因是公司产能扩大后管理人员增加，管理人员工资、咨询费、业务经费增加所致。

报告期内财务费用增加的主要原因是公司长期借款增加导致利息支出增加。

4. 公司现金流量构成情况

公司现金流量构成情况如表 5.17 所示。

第六章　资产运用效率分析

教学目的和要求

- 了解资产运用效率的含义及其分析目的
- 理解和掌握资产运用效率的各种衡量指标
- 理解影响资产周转率的各种因素
- 掌握资产运用效率的趋势分析和同业比较分析的方法及其意义

教学重点与难点

本章重点是了解资产运用效率各种衡量指标的含义，掌握它们的计算方法并应理解指标计算中应注意的各种问题；理解资产运用效率的影响因素是改善和提高资产运用效率的前提和基础。

本章的难点是应学会辩证地分析资产运用效率状况，如果各资产周转率指标值过高，也许会隐含着其他的危机。

第一节　资产运用效率概述

一、资产运用效率的概念

资产是一个企业从事生产经营活动必须具备的物质基础，它们能给企业带来巨大的经济利益。企业资产只有投入使用才能够获得利润，资产的使用过程，也就是资产的运用过程。而资产运用效率是指资产利用的有效性和充分性。资产利用的有效性是指使用的后果，是一种产出的概念；资产利用的充分性是指使用的过程，是一种投入的概念。

资产利用的有效性需要用资产所创造的收入来衡量。企业取得资产是为了运用它们赚取利润。在资产取得后其成本就已经确定，取得利润的关键是资产利用的有效性。这需要用资产创造的收入来衡量，由于资产在取得时成本已经确定，因此，取得利润的关键是能否利用资产换取更多的收入。

而资产对企业收入的贡献又分为直接和间接两种方式，其中有些资产对收入的贡献是直接的，如产品出售可以直接换取收入，因此这部分资产的运用效率可以用他们直接创造的收入来衡量，也就是用收入和资产的比例关系即周转率来衡量。这种衡量方法假设收入是资产的函数，即单位资产创造的收入越多，资产的周转率越高，资产运用的效率越好。而有些资产对收入的贡献是间接的，如用于生产产品的固定资产，它本身并不创造收入，而是通过它创造出来的产品，来间接的实现对收入的贡献，并且这种贡献是多少我们又无法计量，或者说无法将收入分配于个别资产，因此，在分析这部分资产的运用效率时，可以用它们形成的流转额来取代收入。例如，计算应收账款周转率时用“赊销额”取代销售收入，计算存货周转率时用“销货成本”取代销售收入等。这样计算出来的周转率，反映的已经不是资产运用的有效性了，而是资产运用的充分性，或者说是资产的流动性。

资产利用的充分性是指资产被充分使用，没有被闲置，在“流动”着，被用于创造收入的活动，至于创造了多少收入则没有反映。评价资产运用效率的财务指标是资产周转率，其一般公式为：

资产周转率=周转额÷资产占用额

资产周转率可以分为总资产周转率、分类资产周转率(流动资产周转率和固定资产周转率)和单项资产周转率(应收账款周转率和存货周转率等)三类。总资产周转率和分类资产周转率，使用“销售收入”作为“周转额”。单项资产周转率有两种计算方法，一种是以销售收入作为周转额，另一种是用该资产的“单项周转额”作为周转额。采用哪一种方法计算，视分析目的而定。资产运用效率既影响企业的收益能力也影响企业的偿债能力，在评价收益时资产周转率用销售收入作为分子，以考察其有效性；在评价偿债能力时，以单项资产周转额作为分子，以考察其充分性。

二、资产运用效率分析的意义

资产运用效率的衡量与分析，对于不同报表使用者各具不同的意义。

(1) 股东通过对资产运用效率进行分析，来判断企业财务的安全性及资产的收益能力，以进行相应的投资决策。

① 财务安全性与资产运用效率密切相关。一般说来企业资产运用效率越高，资产的变现能力越强，企业遭遇现金拮据窘境的可能性越小．企业的财务安全性就越高。

② 资产运用效率直接影响着企业的收益。资产周转率越快，说明等额资产实现收益的能力越强。

(2) 债权人通过对资产运用效率进行分析，来判明其债权的物质保障程度或其安全性，从而进行相应的信用决策。一般而言，资产运用效率越高，资产的变现能力越强，债权人的物质保障程度就越高，其债权的安全性相应就越强。

(3) 管理者通过对资产运用效率进行分析，可以发现闲置资产和利用不充分的资产，从而处理闲置资产以节约资金，提高资产利用效率以改善经营业绩。

三、影响资产运用效率的因素

对资产运用效率进行分析，首先要了解影响资产周转率变动的因素有哪些。一般来讲，影响资产周转率变动的因素主要有：企业所处行业及其经营背景、企业经营周期的长短、企业的资产构成及其质量、资产的管理力度、企业采用的财务政策等。

(1) 企业所处行业及其经营背景不同，会导致不同的资产周转率水平。如制造业资产周转相对较慢；服务业资产周转率相对较快。越是落后的、传统的行业，资产周转率相对越慢；采用先进的技术、现代经营和管理，可有效地提高资产的周转率。

(2) 企业经营周期长短不同，会导致不同的资产周转率水平。在同行业中，经营周期越短，资产流动性越强，资产运用效率就越好，企业取得的收益就越多。

(3) 企业的资产构成及其质量不同，也会导致不同的资产周转率水平。企业在一定时点上的资产总量是企业取得收入和利润的基础。但是，在资产总量一定的情况下，非流动资产所占比重越大，资产的周转速度就越慢。另一方面，当出现有问题的资产或资产质量不高时，就会形成资金积压，使资产周转速度下降。

(4) 资产管理力度和企业采取的财务政策不同，会导致不同的资产周转率水平。资产管理力度大，会使企业资产结构优化，使资产质量提高，因而会加快资产的周转速度；财务政策如固定资产的折旧方法、企业的信用政策等都会影响到企业资产周转率。

第二节　资产运用效率的评价指标及分析

资产运用效率可以通过资产周转速度的快慢和资产利润率的高低两方面来体现。资产周转速度反映企业资产的使用效率，即资产使用的充分性。而资产利润率则反映资产价值增值或资产的获利能力，即资产使用的有效性。所以反映资产运用效率的指标大体上可分为两类，一类是资产周转率指标，一类是资产报酬率指标。本章只讨论资产周转率指标，关于资产报酬率指标我们将在第七章投资报酬分析中予以介绍，在此不再赘述。

关于反映资产周转速度的财务指标，我们通常使用的有总资产周转率、固定资产周转率和流动资产周转率及主要流动资产项目的周转率等。

一、总资产周转率

(一)总资产周转率的概念及计算

总资产是指企业所拥有或控制的能以货币计量的全部经济资源。总资产周转率是指企业主营业务收入净额与平均资产总额的比率。即企业的总资产在一定时期内(通常为 1 年)周转的次数。

其计算公式为：

$$\text{总资产周转率}=\frac{\text{主营业务收入净额}}{\text{平均资产总额}}$$

其中：主营业务收入净额=主营业务收入−销售退回、折扣、折让

平均资产总额=(总资产期初余额+总资产期末余额)÷2

该指标反映了企业对全部资产的运用效率，指标数值越大，说明企业总资产的周转速

度越快，资产的运用效率越好，其结果必然会给企业带来更多的收益，使企业的盈利能力、偿债能力都得到提高。如果该比率低，则说明全部资产进行经营的效率较差，最终影响企业的获利能力。为此，企业应采取措施提高各项资产的利用效率，提高营业收入或处置多余的资产。

与总资产周转率相关的另一个指标是总资产周转天数。计算公式为：

$$总资产周转天数=\frac{计算期天数}{总资产周转率}$$

该指标反映的是总资产每周转一次所需要的时间(天数)，该指标数值越小，说明总资产的周转速度越快，资产运用的效率越好，因此，该指标是反映总资产运用效率的逆指标。

(二)总资产周转率指标的作用

该指标反映企业的总资产在一定时期内创造了多少销售收入或周转额，反映了资产利用的效率。从指标的计算方法可知，要想提高总资产的周转率有两条途径：一是增加收入，二是减少资产。那么怎样才能增加收入呢？这就要从影响收入的各项因素入手进行分析：减少资产，当然要减少的是企业不需要的、闲置的、质量差的资产。

(三)总资产周转率的影响因素及分析

企业的总资产周转率反映总资产的周转速度。总资产周转率越高，表明总资产周转速度越快，企业的销售能力越强，企业利用全部资产进行经营的效率越高，进而使企业的偿债能力和盈利能力得到提高；反之，则表明企业利用全部资产进行经营活动的能力差，效率低，最终还将影响企业的盈利能力。

影响总资产周转率的因素主要有：各项资产的利用程度和营业收入的多少。所以要提高企业总资产的周转率，首先应使各项资产之间保持合理的比例，尤其是流动资产与固定资产的比例关系，防止流动资产或固定资产出现闲置。其次，提高各项资产的利用程度，特别是流动资产中应收账款、存货项目和固定资产的利用效率。固定资产的利用效率的提高主要取决于固定资产是否全部投入使用，投入使用的固定资产是否都满负荷运行。为此必须结合企业的生产能力、生产规模确定固定资产的投资规模。最后，应做到在总资产规模不变的情况下尽可能地扩大营业收入。为此，企业要面向市场，努力开发新产品，提高市场占有率。

但需要注意的是，较高的总资产周转率也可能是由于总资产过少引起的。如果企业的总资产周转率突然上升，而销售收入与以往持平时，则有可能是企业本期报废了大量固定资产造成的，那么这时的总资产周转率就不具有可比性，并不说明资产利用效率提高。同样，异常的供应问题或者停工也是影响资产使用效率的原因，需要对此进行特殊的评估和揭示。

【例 6.1】根据大华股份公司有关数据计算总资产周转率和周转天数如表 6.1 所示。

表 6.1　大华股份公司总资产周转率计算表　单位：万元

项　目	2004 年	2003 年
主营业务收入净额	240 921	128 591
期末总资产	363 985	253 956
期初总资产	253 957	242 038
总资产平均余额	308 971	247 997
总资产周转率/次	0.7798	0.5185
总资产周转天数/天	462	694

由表 6.1 可知该公司 2004 年总资产周转率为 0.7798 次，即平均约 462 天周转一次，周转速度比 2003 年快，这意味着该公司资产管理效果 2004 年比 2003 年好。但是，仅靠总资产周转率这一个指标还不足以找出真正的原因，我们还需对该公司资产负债表中相对重要的每一项资产的周转率进行单独分析，从而对总资产利用效率做出全面的评价。另外还应结合行业平均水平对该公司资产管理效果做出判断，例如，如果行业的平均周转率为 0.4 次，则该公司的资产利用效率较好；反之，若该行业平均的资产周转率为 1 次以上，则说明该公司的资产利用效率较低，公司营运能力低下。

二、流动资产周转率

流动资产代表企业短期内可运用的资产，一般是指企业可在 1 年内或超过 1 年的一个营业周期内转化为货币或被销售、被耗用的资产。流动资产具有变现时间短、周转速度快的特点。一般而言，流动资产因能在短期内完成周转，实现其价值，所以，企业对其预测往往较容易且准确。而且，短期内市场变动较少，也就较少出现市场预测与市场变动不一致的情况，这就为有效地经营资产提供了可能。因此，这类资产的经营风险也相对较小。流动资产比率越高，说明企业资产的流动性和变现能力越强，偿债能力无疑也越强，企业承担风险的能力也越强。但过高的流动资产比率并非好事，它表明企业实力不强，持续经营能力不足，缺乏发展后劲。企业为了增加收益，必须加速流动资产周转，而加速流动资产周转，一方面取决于销售的扩大，另一方面取决于降低流动资产的占用。如果其他类资产数量不变，流动资产的增加将引起资产总量的增加，流动资产的占用越多，其周转速度便越慢，此时既会增加流动资产的占用成本，又会降低流动资产的周转价值，从而降低其收益能力。对流动资产的运用效率的分析，我们在第二章已经涉及，在此就不再赘述了。下面只介绍其中最重要和最常用的应收账款周转率分析、存货周转率分析和营业周期分析。

(一)应收账款周转率分析

应收账款是企业因对外销售商品，提供劳务等而应向购货单位或接受劳务单位收取的款项，它反映了企业的资金被占用的程度。在市场经济条件下，应收账款有其存在的必然性。过高或过低的应收账款都可能存在不利影响，而加速应收账款的周转是化解这些不利因素的最佳途径。

1. 影响应收账款的因素

(1) 企业信用政策。宽松的信用政策在增加销售收入的同时也带来了应收账款的增加。

(2) 应收账款管理水平。较高的应收账款管理水平可以加速其周转速度，减少可能发生的损失。

(3) 应收账款的质量。客户发生财务困难、拖延付款，都会影响应收账款的回收。

(4) 企业会计政策变更。有关应收账款方面的会计政策发生变更，应收账款也会发生相应变化。如坏账准备核算由销售百分比法改为期末余额百分比法就可能使应收账款余额升高。

2. 应收账款周转率的计算与分析

应收账款周转率是指企业一定时期产品或商品赊销收入净额与应收账款平均余额的比率，即企业的应收账款在一定时期内(通常为 1 年)周转的次数。用以反映企业应收账款的收款速度和管理水平，其计算公式为：

$$应收账款周转次数=\frac{赊销收入额}{应收账款平均余额}$$

其中：赊销收人净额=主营业务收入-现销收入-销售退回、折让、折扣

应收账款平均余额=(期初应收账款+期末应收账款)÷2

该指标反映了企业应收账款在一定时期内周转的次数。周转次数越多，则应收账款收回速度越快，资产的流动性越强，企业短期偿债能力越强，当然企业对资产的使用效率就越高。与应收账款周转次数相联系的另一个指标是应收账款周转天数。

应收账款周转天数是指应收账款周转一次所需要的时间，也称应收账款平均收账期。该指标反映企业应收账款周转一次所需要的时间。时间越短，应收账款回收速度越快，企业资产的流动性就越好，企业资产使用效率就越高。

其计算公式为：

$$应收账款周转天数=\frac{计算期天数}{应收账款周转次数}$$

【例 6.2】根据大华股份公司有关数据计算的应收账款周转率和周转天数如表 6.2 所示。

表 6.2 大华股份公司应收账款周转率计算表 单位：万元

项 目	2004 年	2003 年
主营业务收入净额	240 921	128 591
期末应收账款	15 653	5 656
期初应收账款	5 656	42 322
应收账款平均余额	10 654.5	23 989
应收账款周转率/次	22.61	5.36
应收账款周转天数/天	16	67

注：2003 年期初应收账款 42 322 万元为假定数。

计算结果表明，该公司 2004 年应收账款周转次数为 22.61 次，周转天数为 16 天；2003 年周转次数 5.36 次，周转天数为 67 天，2004 年比 2003 年应收账款周转天数快 51 天，说明该公司在应收账款管理方面取得显著成效。

3. 计算和分析应收账款周转率指标应注意的问题

(1) 影响应收账款周转率的因素很多，如企业的信用政策、客户的信誉度、客户财务困难等。企业应仔细分析应收账款周转率变动的原因，针对不同的原因采取相应的措施。

(2) 计算应收账款平均余额时应尽可能采用详细的资料，如各月或各季平均数，这样可以使计算结果更接近实际值。但企业外界分析人员只能根据资产负债表上的期初数和期末数来计算应收账款平均余额，这样就可能造成应收账款周转率的虚增或虚减。

(3) 从理论上讲应收账款周转率越快越好，但实际中企业应收账款周转率多快为好，没有一个统一的标准。分析时可与本企业历史水平对比，或与同行业一般水平对比，从而对本期应收账款周转率做出客观的评价。有时过快的应收账款周转率可能是由紧缩的信用政策引起的，其结果可能会危及企业的销售增长，损害企业的市场占有率。

(4) 赊销收入净额在企业内部进行分析时是适用的，而赊销收入作为企业的商业秘密并不对外公布。所以，外部分析者难以取得赊销收入的资料，因而一般用主营业务收入净额代替。

如果企业存在大量的现销，则主营业务收入净额与赊销收入净额就有很大的差异，进而影响计算的准确性。

(二)存货周转率

1. 存货周转率的概念和计算

存货是指企业在生产经营中为销售或耗用而储备的资产，它属于流动资产中变现能力最弱、风险最大的资产，但存货又是流动资产中收益率最高的资产。通常其价值占流动资产总额的一半以上，在决定企业的短期偿债能力中，存货起着最重要的作用。存货量的增减对企业既有利又有弊。因此，企业存货量的大小，除取决于企业生产经营活动的特征之外，还取决于企业的经营理念。

存货周转率也称存货利用率，有两种计算方式。一是以成本为基础的存货周转率，主要用于资产的流动性分析。二是以收入为基础的存货周转率，主要用于资产的盈利性分析。计算公式分别如下：

$$存货周转率=\frac{主营业务成本}{存货平均余额}$$

$$存货周转率=\frac{主营业务收入净额}{存货平均余额}$$

其中：存货平均余额=(期初存货+期末存货)÷2

以成本为基础的存货周转率，可以更切合实际地表现存货的周转状况；而以收入为基础的存货周转率保持了资产运用效率各指标计算上的一致性，使由此计算的存货周转天数与应收账款周转天数建立在同一基础上，从而可直接相加求得营业周期。

存货周转率也可以用存货周转天数来表示，即存货每周转一次所需要的天数。其计算公式为：

$$存货周转天数=\frac{计算期天数}{存货周转次数}$$

【例 6.3】根据大华股份公司有关资料计算的存货周转率指标如表 6.3 所示。

表 6.3 大华股份公司存货周转率计算表　　单位：万元

项　　目	2004 年	2003 年
主营业务收入净额	240 921	128 591
期末存货	9 462	8 840
期初存货	8 840	6 978
存货平均余额	9 151	7 909
存货周转率(以收入为基础)/次	26.33	16.26
存货周转天数/天	14	22
主营业务成本	142 813	83 483
存货周转率(以成本为基础)/次	15.61	10.56
存货周转天数/天	23	34

注：2003 年期初存货 6978 元为假定数。

由表 6.3 可知，该公司 2004 年存货周转率比 2003 年有了较大提高，从销售的增长幅度看企业的销售能力有了很大提高，而分析存货管理水平还应进一步计算材料周转率、在产品周转率及产成品周转率，来分析周转速度提高的原因，进而总结经验，使订货、生产、销售和分销各环节有机结合，将存货保持在较低的水平上，提高存货周转率。

判断一个企业存货周转率快慢的标准：一是行业平均存货周转率，二是按企业经营理念确认的存货量计算出的计划存货周转率。

2. 在计算和分析存货周转率指标时应注意的问题

(1) 如果企业是季节性经营的话，则年度内的各季度的销售成本与存货都会有较大幅度的变化，因此根据期初和期末存货计算的平均存货将被误解，解决的办法是使用月度存货余额。

(2) 在采用后进先出法的企业存货成本较低，而采用其他计价方法的企业存货成本较高，这两种不同企业间的存货周转率差异会很大，所以该指标不便于在不同企业之间进行对比。

(3) 分析时有时反映存货周转过快，这对企业来讲，不一定是好事，有可能会因为存货储备不足而影响企业生产或销售业务的进一步开展，特别是那些供应较紧张的存货。

(4) 报表使用者在分析存货周转率指标时，应尽可能结合存货的批量因素、季节性变化因素等情况对指标加以理解。同时对存货的结构及影响存货周转率的重要指标进行分析，通过进一步计算原材料周转率、产品周转率或某种存货的周转率，从不同角度、不同环节上找出存货管理中的问题。在满足企业生产经营需要的同时，尽可能减少经营占用资金，提高企业存货管理水平。

(三)营业周期分析

1. 营业周期的概念和计算

营业周期是指从取得存货开始到销售存货并收回现金为止的时期，亦即企业的生产经营周期。营业周期越短，资产的流动性相对越强，在同样时期内实现的销售次数越多，销售收入的累积额相对越大，资产周转相对越快；反之，营业周期越长，资产的流动性相对越弱，在同样时期内实现的销售次数越少，销售收入的累积额相对越小，资产周转相对越慢。

营业周期的长短可以通过应收账款周转天数和存货周转天数近似地反映出来，因此，我们可由应收账款周转天数和存货周转天数之和简化计算营业周期。

即　营业周期=应收账款周转天数+存货周转天数

【例 6.4】公司营业周期计算如表 6.4 所示。

由表 6.4 可知：该公司 2004 年营业周期相对缩短，说明 2004 年与 2003 年相比，资产的利用效率提高，资产管理效果有所增强。

表 6.4 公司营业周期计算 单位：天

项 目	2004 年	2003 年
应收账款周转天数	16	67
存货周转天数	14	22
营业周期	30	89

2. 营业周期的作用

营业周期长短对企业生产经营具有重要影响。营业周期每增加一天，就需要相应的资金来负担额外的流动资产，因此，营业周期的延长与企业借款规模的扩大往往并存。营业周期的长短还影响着企业资产规模和资产结构，周期越短，流动资产的占用相对越少；反之，则相反。因此，分析研究企业的营业周期，并想方设法缩短营业周期，对于增强资产的管理效果具有重要意义。

采用上面的方法计算营业周期时，应注意下列影响因素：

(1) 资产负债表中的应收账款余额实质上为应收账款账面金额减去坏账准备以后的差额。根据我国企业会计制度规定，企业坏账准备的提取方法、提取比例等可由企业自行确定。这使不同企业之间的应收账款收账天数的计算结果产生差异，而这种差异并不反映企业的营运能力。

(2) 不同的企业采用不同的存货计价方法，不同的存货计价方法总会导致不同的期末存货价值，从而人为地缩短或延长了营业周期。

(3) 对于外部报表使用者而言，通常只能根据销售净额而非赊销净额计算应收账款的周转天数。在存在大量现金销售的情况下，由于应收账款周转天数被低估，也导致营业周期的缩短。

三、固定资产周转率

(一)固定资产周转率的概念及计算

固定资产周转率是指企业一定时期的主营业务收入与固定资产平均净值的比率。它是反映企业固定资产周转状况，衡量固定资产运用效率的指标。其计算公式为：

$$\text{固定资产周转率}=\frac{\text{主营业务收入}}{\text{固定资产平均净值}}$$

固定资产平均净值=(期初固定资产净值+期末固定资产净值)÷2

固定资产净值=固定资产原值-累计折旧

该指标反映固定资产的运用效率，指标数值越大，说明企业对固定资产的使用效率越好，表明企业固定资产利用越充分，说明企业固定资产投资得当，固定资产结构分布合理，能够较充分地发挥固定资产的使用效率，企业的经营活动越有效；反之，则表明固定资产使用效率不高，提供的生产经营成果不多，企业固定资产的营运能力较差。与前面的指标一样，固定资产周转率也可用固定资产周转天数表示，反映固定资产每周转一次所用的时间。其计算公式为：

固定资产周转天数=计算期天数÷固定资产周转率

(二)计算分析固定资产周转率指标时应注意的问题

在计算分析固定资产周转率指标时，应注意以下几个问题：

(1) 计算固定资产周转率首先要明确固定资产指标中应包含的内容。固定资产按是否建成来分，分为已建成的固定资产和在建工程；按是否使用来分，分为使用中的、未使用的和不需用的固定资产；按是否与生产有关来分，分为生产使用的和非生产使用的固定资产等。从使用者的角度来看，在建工程因未完工，尚不能创造营业收入；未使用的和不需用的固定资产既然未投入使用，显然也不会创造营业收入；非生产使用的固定资产由于未用于生产，自然也不会创造营业收入，因此有必要将这些不创造营业收入的固定资产从计算固定资产周转率的固定资产平均余额中扣除，以准确反映在用生产性固定资产的周转情况。但从所有者的角度来看，无论固定资产的性质如何，都是其投资形成的，为了考察其投资利用效率，在计算固定资产周转率时必须将全部固定资产考察进去。

(2) 一般而言，固定资产的增加通常不是渐进的，而是陡然上升的，这会导致固定资产周转率的大幅度变化。

(3) 固定资产的不同来源和折旧率的高低将会对固定资产周转率的大小产生重要影响。

(4) 企业的固定资产一般采用历史成本记账，在企业的固定资产、销售情况都未发生变化的条件下，也可能由于通货膨胀导致物价上涨等因素而使销售收入虚增，导致固定资产周转率提高，而实际上企业的固定资产效能并未增加。

(5) 要考虑固定资产周转率分解的问题，对固定资产周转率的分解应建立在不同固定资产与收入的关系的基础上，将固定资产周转率分解为在用生产性固定资产周转率、闲置生产性固定资产周转率、非生产性固定资产周转率和在建工程周转率与它们各自占用固定资产比重的乘积之和。除了上述分解法之外，还可将固定资产总周转天数分解为各类固定资产周转天数之和，即

$$固定资产周转天数=\frac{计算期天数\times固定资产平均净额}{主营业务收入余额}$$

$$=计算期天数\times(在用生产性固定资产平均余额+闲置生产性固定资产平均余额+非生产性固定资产平均余额+在建工程平均余额)\div主营业务收入净额$$

$$=在用生产性固定资产周转天数+闲置生产性固定资产周转天数+$$

非生产性固定资产周转天数+在建工程周转天数

【例 6.5】大华股份公司固定资产周转率计算如表 6.5 所示。

表 6.5 大华股份公司固定资产周转率计算表

单位：万元

项 目	2004 年	2003 年
主营业务收入净额	2 409 209	128 591
期末固定资产	244 366	178 634
期初固定资产	178 634	147 234
固定资产平均余额	2 115 000	162 934
固定资产周转率/次	1.139	70.79
固定资产周转天数/天	316	456

由表 6.5 可知：该公司 2004 年的固定资产周转率比 2003 年的周转率有所提高，说明固定资产的使用效率较好，营运能力有所增强，另外 2004 年由于主营业务收入的提高幅度大于固定资产的提高幅度，也是固定资产的周转率有所提高的原因，因此，对固定资产利用效率的分析还要参照该企业所处行业的固定资产平均周转率及固定资产的使用和配置情况，才能更进一步说明问题。

第三节 案 例 分 析

一、案例相关资料

华能电子 2004 年度经营成果和财务状况如下：

该公司 2004 年度的主营业务利润为 8 258 135 000.00 元，营业利润为 1 186 383 000.00 元，净利润为 1 008 870 000.00 元，表明公司的利润结构并无异常。

该公司 2004 年度的扣除非经常性损益后的净利润为 9 924 000.00 元，净利润为 1 008 870 000.00 元，由于扣除非经常性损益后的净利润不到净利润的 50%，表明公司的利润主要来源于企业的偶发性业务，目前的利润水平在未来能否得以维持值得怀疑。

该公司 2004 年度的经营活动产生的现金流量净额为 1 644 619 000.00 元，同口径利润为 2 003 743 000.00 元，由于经营活动产生的现金流量净额超过了同口径利润的三分之一，表明公司经营活动产生的现金流量相对于其经营利润水平属于正常范围。

(1) 公司 2004 年度其他应收款状况如表 6.6 和表 6.7 所示。

表 6.6　其他应收款表　　单位：元

2004 年	2003 年	差　值	变动百分比
257 595 000.00	368 286 744.22	−110 691 744.22	−30.06%

表 6.7　其他应收款表　　单位：元

其他应收款	流动资产	其他应收款与流动资产的比值
257 595 000.00	18 556 046 000.00	0.01

从表 6.6 和表 6.7 来看，2004 年度其他应收款比 2003 年度降低了 30.06%，而且 2004 年其他应收款仅占流动资产的 1%，故对企业的资金周转不会造成太大的影响。但是，亿元级的其他应收款应引起分析者的严重关注，其他应收款过高往往与公司的关联企业占用公司资金有关，而且有些占用甚至是不计资金成本的。分析时应该进一步探究公司报表附注对此是否有合理的解释，比如当期是否有出租包装物所形成的应收款项，同时应检查其他应收款是否计提了合理的坏账准备。

(2)　华能电子公司 2002—2004 年度资产负债表如表 6.8 所示。

表 6.8　资产负债表

编制单位：华能电子公司　　单位：元

项　　目	2004 年	2003 年	2002 年
货币资金	7 598 223 000.00	3 785 021 830.08	2 939 067 567.68
短期投资	0.00	0.00	0.00
短期投资跌价准备			
短期投资净额			
应收票据	2 258 088 000.00	2 639 966 404.85	2 192 416 437.01
应收股利	0.00	0.00	0.00
应收利息	0.00	0.00	0.00
应收账款	3 652 506 000.00	2 155 168 855.13	1 710 881 956.35
其他应收款	257 595 000.00	368 286 744.22	395 140 617.94
坏账准备	907 098 000.00		
应收账款净额	3 910 101 000.00		
预付账款	145 398 000.00	147 038 813.97	143 765 902.67

续表

项　　目	2004 年	2003 年	2002 年
应收补贴款	0.00	0.00	0.00
存货	4 643 758 000.00	4 704 395 973.82	3 241 454 163.64
存货跌价准备	762 518 000.00		
存货净额	4 643 758 000.00		
待摊费用	478 000.00	2 489 084.99	4 362 906.65
待处理流动资产净损失	0.00	0.00	0.00
一年内到期的长期债权投资	0.00	0.00	0.00
其他流动资产	0.00	0.00	0.00
流动资产合计	18 556 046 000.00	13 802 367 707.06	10 627 089 551.94
长期股权投资	67 176 000.00	33 985 805.64	77 000 138.46
长期债权投资	0.00	0.00	0.00
长期投资合计	67 176 000.00	33 985 805.64	77 000 138.46
长期投资减值准备	13 036 000.00		
长期投资净额	67 176 000.00		
固定资产原价	2 725 769 000.00	2 346 524 499.97	1 841 918 640.92
累计折旧	793 323 000.00	593 885 178.35	370 352 381.93
固定资产减值准备	94 980 000.00	0.00	0.00
固定资产净值	1 837 466 000.00	1 752 639 321.62	1 471 566 258.99
工程物资	0.00	0.00	0.00
在建工程	114 677 000.00	20 614 666.16	80 972 683.56
固定资产清理	0.00	0.00	0.00
待处理固定资产净损失			
固定资产合计	1 952 143 000.00	1 773 253 987.78	1 552 538 942.55
无形资产	146 214 000.00	143 015 362.49	134 598 772.52
长期待摊费用	23 785 000.00	14 332 020.70	14 542 700.34
递延资产			
其他长期资产	0.00	0.00	0.00
无形资产及其他资产合计	169 999 000.00	157 347 383.19	149 141 472.86

续表

项 目	2004 年	2003 年	2002 年
递延税款借项	104 625 000.00	0.00	0.00
资产总计	20 849 989 000.00	15 766 954 883.67	12 405 770 105.81
短期借款	405 695 000.00	876 811 442.65	250 507 751.60
应付票据	1 422 401 000.00	1 280 453 427.38	703 746 911.18
应付账款	2 919 483 000.00	3 114 297 172.09	2 478 964 411.40
预收账款	2 630 721 000.00	2 362 730 080.33	1 474 506 829.13
应付工资	1 031 464 000.00	658 790 849.43	436 869 682.08
应付福利费	437 786 000.00	340 233 112.86	244 746 697.44
应付股利	40 921 000.00	63 610 703.28	114 637 996.20
应交税金	52 459 000.00	42 815 097.73	262 823 271.60
其他应交款	13 197 000.00	7 652 612.38	9 025 352.90
其他应付款	698 727 000.00	411 685 280.50	252 146 182.99
预提费用	268 534 000.00	174 925 699.29	328 220 555.21
预计负债	20 000 000.00	0.00	0.00
一年内到期的长期负债	16 900 000.00	273 000 000.00	95 000 000.00
其他流动负债	0.00	0.00	0.00
流动负债合计	9 958 288 000.00	9 607 005 477.92	6 651 195 641.73
长期借款	1 025 263 000.00	759 900 000.00	1 103 848 574.12
应付债券	0.00	0.00	0.00
长期应付款	0.00	0.00	0.00
专项应付款	227 320 000.00	123 475 000.00	157 520 000.00
其他长期负债	0.00	0.00	0.00
长期负债合计	1 252 583 000.00	883 375 000.00	1 261 368 574.12
递延税款贷项	0.00	0.00	0.00
负债合计	11 210 871 000.00	10 490 380 477.92	7 912 564 215.85
少数股东权益	464 679 000.00	232 643 727.06	216 792 942.24
股本	959 522 000.00	667 296 000.00	556 080 000.00
已归还投资	0.00	0.00	0.00
股本净额	959 522 000.00	667 296 000.00	556 080 000.00
资本公积	5 491 658 000.00	2 097 672 728.71	2 193 869 477.54

续表

项　目	2004 年	2003 年	2002 年
盈余公积	985 356 000.00	647 118 399.15	476 232 327.11
其中：法定公益金	252 006 000.00	221 729 257.23	164 766 127.99
未分配利润(资产负债表)	1 495 431 000.00	1 431 654 750.83	1 050 231 143.07
股东权益合计	9 174 439 000.00	5 043 930 678.69	4 276 412 947.72
负债和股东权益总计	20 849 989 000.00	15 766 954 883.67	12 405 770 105.81
优先股股本	0.00	0.00	0.00
优先股溢折价	0.00	0.00	0.00
优先股权益	0.00	0.00	0.00
普通股股本	959 522 000.00	667 296 000.00	556 080 000.00
普通股权益	9 174 439 000.00	5 043 930 678.69	4 276 412 947.72

(3) 华能电子公司 2004 年的收益相关资料如表 6.9 所示。

表 6.9　华能电子公司 2004 年的收益相关资料表　　单位：万元

项　目	2004 年	2003 年
销售收入	2 269 815.30	1 815 852.24
销售成本	1 444 001.80	1 227 401.53
毛　利	825 813.50	588 450.71
净利润	100 887.00	80 709.6
加权平均每股收益	1.5119	1.2356
资产总计	2 084 998.90	1 576 695.49

要求：

① 对华能电子公司的资产运用效率变动情况进行分析评价，并简要分析其各因素的影响。

② 对华能电子公司 2004 年的资产运用效率进行横向分析。

二、案例分析——华能电子公司资产运用效率分析

从总资产周转率及其各子周转率(流动资产周转率、固定资产周转率、其他长期资产周转率)和流动资产周转率的子周转率(应收账款周转率、存货周转率、应付账款周转率)分析公司的资产管理效率。

(1) 华能电子公司的资产运用效率变动情况的分析及评价

该分析主要计算下列指标：

①　流动资产周转率和周转天数

华能电子公司流动资产周转率和周转天数及其影响因素变动如表 6.10 所示。

表 6.10　华能电子公司流动资产周转率和周转天数及其影响因素变动表　单位：万元

指　　标	2004 年	2003 年	差　值
①期初应收账款余额	215 516.89	171 088.20	
②期末应收账款余额	365 250.60	215 516.89	
③平均应收账款余额①+②/2	290 383.75	193 302.55	97 081.20
④期初存货	470 439.60	324 145.42	
⑤期末存货	464 375.80	470 439.60	
⑥平均存货余额④+⑤/2	467 407.70	397 292.51	70 115.19
⑦期初流动资产	1 380 236.77	1 062 708.96	
⑧期末流动资产	1 855 604.60	1 380 236.77	
⑨平均流动资产⑦+⑧/2	1 617 920.69	1 221 472.87	396 447.82
⑩销售收入净额	2 269 815.30	1 815 852.24	453 963.06
⑪销售成本	1 444 001.80	1 227 401.53	216 600.27
应收账款周转率/次⑩/③	7.82	9.39	−1.57
应收账款周转天数/天	46.04	38.34	7.70
存货周转率/次⑪/⑥	3.09	3.09	0
存货周转天数/天	116.50	116.50	0
流动资产周转率/次⑩/⑨	1.40	1.49	−0.09
流动资产周转天数/天	257.14	241.61	15.53
营业周期/天	162.54	154.84	7.70

注：因为历史应收账款净额和赊销收入净额资料不足，故此案例中分别用应收账款余额和销售收入净额代替。

上述结果表明：华能电子公司 2004 年的流动资产运用效率比 2003 年有所降低。其表现为流动资产周转率降低了 0.09 次，流动资产周转天数增加了 15.53 天，营业周期增加了 7.7 天。究其原因主要是应收账款的管理不善所致，其表现是应收账款的周转率年均下降了 1.57 次，即应收账款的周转天数延长了 7.7 天，主要是由于应收账款的余额平均增长了 97 081.2 万元，其上升速度为 50.22%，已超过了销售收入净额的增长率 25%。同时还反映了公司该年度的平均存货余额虽然比上年增加了 70 115.19 万元，其上升速度为 17.65%，但是其增长略超过销售成本的增长率 17.65%，所以存货管理效率基本与上年持平。

② 固定资产周转率和周转天数

固定资产周转率和周转天数及其影响因素变动如表 6.11 所示。

表 6.11 固定资产周转率和周转天数及其影响因素变动表 单位：万元

指 标	2004 年	2003 年	差 值	变动/%
①期初固定资产净额	175 263.93	147 156.63		
②期末固定资产净额	183 746.60	175 263.93		
③平均固定资产净额①+②/2	179 505.27	161 210.28	18 294.99	11.35
④销售收入净额	2 269 815.30	1 815 852.24	453 963.06	25.00
⑤固定资产周转率/次④/③	12.64	11.26	1.38	12.26
⑥固定资产周转天数/天 360/⑤	28.48	31.97	－3.49	10.92

上述结果表明：该公司 2004 年的固定资产周转率和周转天数均比上年效果好。其表现为固定资产周转率加快了 1.38 次，即上升速度为 12.26%，其原因是由于销售收入净额增加 453 963.06 万元，提高幅度为 25%，远超过平均固定资产净值增长 11.35%，致使固定资产周转率提高，同时使固定资产周转天数平均减少了 3.49 天，从而反映出公司的固定资产运用效率提高，其效果为周转速度加快了 1.38 次。

③ 总资产周转率和周转天数

总资产周转率和周转天数及其影响因素变动如表 6.12 所示。

表 6.12 总资产周转率和周转天数及其影响因素变动表 单位：万元

项目和指标	2004 年	2003 年	差 值
①期初总资产	1 576 695.49	1 240 577.01	336 118.48
②期末总资产	2 084 998.90	1 576 695.49	508 303.41
③平均总资产①+②/2	1 830 847.20	1 408 636.25	422 210.95
④销售收入净额	2 269 815.30	1 815 852.24	453 963.06
⑤总资产周转率/次④/③	1.24	1.29	－0.05
⑥总资产周转天数/天 360/⑤	290.32	279.07	11.25

上述结果表明：该公司 2004 年度的总资产管理效率比上年有所降低。主要表现为总资产周转率由 1.29 次下降到 1.24 次，即周转率下降了 0.05 次，周转天数由 279.07 天增至 290.32 天，平均增加了 11.25 天。究其原因主要是由于平均总资产增加了 422 210.95 万元，其递增速度为 29.97%，已超过了销售收入 25%的增长幅度，这充分揭示了华能电子公司本年度总资产的占用存在着不合理的现象。根据上述固定资产和流动资产运用效率的分析不难看出，其根本原因是应收账款的大幅度上升所致。因此，公司管理部门应进一步

完善和加强对应收账款的管理，才能不断提高公司的资产管理效率。

(2) 华能电子 2004 年度资产运用效率指标与同期行业平均标准值的横向比较分析如表 6.13 所示。

表 6.13　比较分析表

指标名称	2004 年	行业平均值	差　值	变动/%	倍数
总资产周转率	1.2398	0.7568	0.4830	63.82	1.64
流动资产周转率	1.4029	1.0644	0.3385	31.80	1.32
固定资产周转率	12.1856	4.1131	8.0725	196.26	2.96
其他长期资产周转率	85.1500	13.9497	71.2003	510.41	6.1
应收账款周转率	7.8166	8.0930	−0.2764	−3.42	0.97
存货周转率	3.0942	3.4164	−0.3222	−9.43	0.9
应付账款周转率	4.7629	5.9199	−1.1570	−19.54	0.8

从表 6.13 可以看出，华能电子总资产周转率、流动资产周转率、固定资产周转率和其他长期资产周转率分别高于行业平均值 0.4830，0.3385，8.0725 和 71.2003。说明该公司资产运用效率较高。相比之下，流动资产的运用效率较低，这主要是由于应收账款周转率低于同行业 8.0930 次的平均水平，表明公司应收账款管理水平与同业相比差距较大，揭示了公司应收账款的管理存在较大问题。存货周转率和应付账款周转率也分别低于同行业 3.4164 次和 5.9199 次的平均水平，反映了公司存货和应付账款的管理水平均有待于提高。

复习思考题

1. 资产运用效率的概念是什么？具体包括哪两个方面？
2. 对于不同报表使用人，衡量与分析资产运用效率有何重要意义？
3. 资产运用效率分析的财务指标有哪些？各应如何计算？
4. 存货周转率的计算方法有哪两种？各适用于什么条件？计算和分析存货周转率需要注意哪些问题？
5. 应收账款周转率如何计算？对应收账款周转率进行分析需要注意哪些问题？
6. 企业资产对收益形成的影响表现在哪些方面？
7. 什么是营业周期？营业周期与存货周转率和应收账款周转率有何关系？

习 题

一、名词解释

经营周期　　总资产周转率　　流动资产周转率
固定资产周转率　　应收账款周转率　　存货周转率

二、单项选择题

1. 资产运用效率，是指资产利用的有效性和(　　)。
   A. 完整性　　B. 充分性
   C. 真实性　　D. 流动性
2. 在计算总资产周转率时使用的收入指标是(　　)。
   A. 补贴收入　　B. 其他业务收入
   C. 投资收入　　D. 主营业务收入
3. 成龙公司 2000 年的主营业务收入为 60 111 万元，其年初资产总额为 6 810 万元，年末资产总额为 8 600 万元，该公司总资产周转率及周转天数分别为(　　)。
   A. 8.83 次，40.77 天　　B. 6.99 次，51.5 天
   C. 8.83 次，51.5 天　　D. 7.8 次，46.15 天
4. 计算应收账款周转率时应使用的收入指标是(　　)。
   A. 主营业务收入　　B. 赊销净额
   C. 销售收入　　D. 营业利润
5. 企业的应收账款周转天数为 90 天，存货周转天数为 180 天，则营业周期为(　　)天。
   A. 90　　B. 180　　C. 270　　D. 360
6. 资产利用的有效性需要用(　　)来衡量。
   A. 利润　　B. 收入
   C. 成本　　D. 费用
7. 企业进行长期投资的根本目的，是为了(　　)。
   A. 控制子公司的生产经营　　B. 取得投资收益
   C. 获取股利　　D. 取得直接收益
8. 应收账款的形成与(　　)有关。
   A. 全部销售收入　　B. 现金销售收入
   C. 赊销收入　　D. 分期收款销售
9. 当销售利润率一定时，投资报酬率的高低直接取决于(　　)。

A. 销售收入的多少　　B. 营业利润的高低
C. 投资收益的大小　　D. 资产周转率的快慢

10. 将资产分为流动资产和非流动资产两大类的分类标志是资产的价值转移形式及其(　　)。
A. 占用期限　　B. 变现速度
C. 占用形式　　D. 获利能力

三、多项选择题

1. 影响应收账款周转率下降的原因主要是(　　)。
A. 赊销的比率　　B. 客户故意拖延
C. 企业的收账政策　　D. 客户财务困难
E. 企业的信用政策

2. 影响企业资产周转率的因素包括(　　)。
A. 资产的管理力度　　B. 经营周期的长短
C. 资产构成及其质量　　D. 企业所采用的财务政策
E. 所处行业及其经营背景

3. (　　)资产对收入的贡献是直接的。
A. 产成品　　B. 固定资产
C. 商品　　D. 原材料
E. 无形资产

4. 存货周转率可以以(　　)为基础的存货周转率进行计算。
A. 主营业务收入　　B. 主营业务成本
C. 其他业务收入　　D. 营业费用
E. 其他业务成本

5. 分析其他资产周转率，一般包括(　　)。
A. 固定资产　　B. 无形资产
C. 长期待摊费用　　D. 开办费
E. 存货

6. 下列经济业务会影响企业存货周转率的是(　　)。
A. 收回应收账款　　B. 销售产成品
C. 期末购买存货　　D. 偿还应付账款
E. 产品完工验收入库

7. 反映资产周转速度的财务指标包括(　　)。
A. 应收账款周转率　　B. 存货周转率
C. 流动资产周转率　　D. 总资产周转率

E. 权益乘数

四、计算分析题

1. 某企业上年产品销售收入为 6 620 万元，全部资产平均余额为 2 860 万元，流动资产占全部资产的比重为 40%，本年产品销售收入为 7 850 万元，全部资产平均余额为 2 950 万元，流动资产占全部资产的比重为 45%。

要求：根据以上资料，对总资产周转率变动的原因进行分析。

2. 某企业连续三年的资产负债表中相关资产项目的数额如下表：

单位：万元

项　目	2002 年	2003 年	2004 年
流动资产	2 200	2 680	2 680
其中：应收账款	944	1 028	1 140
存货	1 060	928	1 070
固定资产	3 800	3 340	3 500
资产总额	8 800	8 060	8 920

已知 2004 年主营业务收入额为 10 465 万元，比 2003 年增长了 15%，其主营业务成本为 8176 万元，比 2003 年增长了 12%。试计算并分析：

(1) 该企业 2003 年和 2004 年的应收账款周转率、存货周转率、流动资产周转率、固定资产周转率、总资产周转率。

(2) 对该企业两年的资产运用效率进行评价。

3. 已知某公司 2004 年期初、期末的相关报表数据如下：

单位：元

项　目	2004 年末	2004 年初
应收账款	88 600	83 250
存货	90 000	92 568
流动资产	267 990	337 045
固定资产	279 500	239 444
总资产	727 000	816 000
主营业务收入	763 667	580 386

又知该公司所处行业的各项资产周转率分别为：应收账款周转率 10.2 次，存货周转率 8.95 次，流动资产周转率为 3.02 次，固定资产周转率为 2.21 次，总资产周转率为 1.06 次。

要求：对该公司的资产周转率进行同行业比较分析。

第七章　投资报酬分析

教学目的和要求

- 了解投资报酬的概念、影响因素及其分析目的
- 理解和掌握投资报酬分析的各种评价指标，特别要理解和掌握简单和复杂资本结构下每股收益的计算和分析
- 理解净资产报酬率按权益乘数进行的分解分析
- 掌握投资报酬率的趋势分析及同行业分析

教学重点与难点

重点理解总资产报酬率是综合性最强的获利能力指标，通过对该指标的分析全面了解企业经营状况及获利能力；掌握杜邦分析体系的分解和运用；每股收益指标的计算及其分析；市盈率指标的运用。

本章的难点是掌握复杂资本结构下每股收益的计算。为了稳健反映复杂资本结构下的每股收益情况，应区分基本每股收益和充分稀释的每股收益，关键在于正确确定普通股股数。

第一节　投资报酬的意义及影响因素

一、投资报酬的概念

投资报酬是指企业投入资本后取得的回报。根据投资主体不同，投资报酬可分为资产投资报酬和股东权益投资报酬。资产投资报酬是企业投入的全部资产所获得的回报；而股东权益投资报酬是股东投入的全部资本所获得的回报，也就是企业投入的全部净资产所获得的回报。

资产投资报酬的多少，取决于企业的销售获利能力与资产运用效率；股东权益报酬的多少，取决于资产报酬和资本结构。我们在第四章已经讨论了资本结构问题，在第五章和第六章分别讨论了获利能力和资产运用效率问题，本章是在前几章的基础上展开的。

基于报酬是投入与产出的直接比较，我们通常用投入产出比率来表示投资报酬，即投资报酬是取得的报酬与投入资本的比率。然而，企业的收益和投入资本具有多种层次，不同的收益与投入资本之间部分具有相关性，另一部分却不具相关性。因此，究竟应如何衡量投资报酬，其分子、分母应该如何界定并区分，是首先需要解决的问题。

二、投资报酬的影响因素

影响投资报酬的因素多种多样，但从投资报酬的计算公式上来看，它是投入与产出之比，所以其影响因素大体上应包括企业的投入资本和所获得的利润。要理解和掌握投资报酬的影响因素，就必须了解企业投入资本和利润的基本层次。

(一)投入资本

1. 全部资产

投入资本的第一层次是全部资产，它代表企业的总投入资本。当我们需要了解企业总体的投资报酬时，应该以全部资产作为投资报酬的分母。

2. 长期资本

投入资本的第二个层次是长期负债与权益资本之和也称为长期资本，它代表企业长期、稳定的资本投入。当我们欲了解企业长期性投入资本的投资报酬时，应该以长期资本作为投资报酬的分母。

3. 股东权益资本

投入资本的第三个层次是股东权益资本，也就是所谓的净资产，它代表企业所有者投入的资本总额。当我们以企业所有者为分析主体，欲了解所有者的投资报酬时，应该以净资产作为投资报酬的分母。

(二)企业利润

1. 息税前利润

息税前利润是扣除利息和所得税以前的利润，一般可用税前利润加上利息费用求得。事实上，利息、所得税和税后利润只是债权人、政府和企业所有者对投资收益的瓜分，从投资收益角度看，它们都是投资所得。这样，按照可比性原则，用来与投资总额相比较的收益就应该是所有的投资所得，包括利息、所得税和税后利润，即息税前利润。正因为如此，息税前利润在评价全部资产的投资报酬时具有重要意义。

2. 税前利润

税前利润即税前利润总额，它等于营业利润加上投资净收益加减营业外收支净额。它是企业各项生产经营活动的收益总计，往往反映了企业的收益总规模。但它既不与投入的全部资产相关，又不与所有者投入的净资产相关，所以在衡量投资报酬时往往不直接采用税前利润，但在计算长期资本报酬率时，我们要以税前利润为基础，再加上长期负债利息。

3. 税后利润

一般意义上的净收益指的就是税后利润，也称税后净利润，它是税前利润总额扣除应纳所得税后的余额。在以企业为主体的各项经营活动中，税后净利润往往是一项决定性的收益指标。这是企业生产经营活动中对于所有者权益的最终影响，是所有者投入所得的直接表现，因此，在衡量权益资本的投资报酬时，往往应采用税后利润。

4. 普通股利润

普通股利润是归属于普通股的收益额，它是税后利润再扣除优先股股利后的余额。税后利润虽为权益资本所得，但权益资本中又可进一步区分为普通股权益和优先股权益，其中，普通股作为最基本的股权份额，是权益资本的基础，也是投资者对企业拥有表决权的证明，所以普通股股东才是真正的所有者。但其在利润分配中，优先股的股利分配往往优先于普通股，因此欲了解普通股股东投资的回报时，应该采用普通股利润。

第二节　投资报酬的评价指标及分析

根据投入资本和利润的不同构成及其相互关系，我们把反映投资报酬的财务指标通常可分为总资产报酬率、长期资本报酬率、净资产报酬率和每股收益。

一、资产投资报酬率

从企业管理者角度来观察，投资报酬是他们运用资产获得的，反映资产的运用效率，所以主要应从资产与报酬的关系来分析。资产投资报酬能力的衡量，主要使用总资产报酬率和长期资本报酬率两个指标。

(一)总资产报酬率

1. 总资产报酬率的概念及计算

总资产报酬率也称总资产收益率，是企业一定期间内实现的收益额(息税前利润)与该时期企业投入的总资产平均占用额的比率。它是反映企业资产综合利用效果的指标，也是衡量企业总资产投资报酬的重要指标。其计算公式如下：

总资产报酬率=息税前利润÷总资产平均占用额×100%

式中，总资产平均占用额是指期初资产总额与期末资产总额的平均数，这是为保持分子和分母的可比性。

2. 总资产报酬率分析的意义

(1)　总资产报酬率指标集中体现了资产运用效率和资金利用效果之间的关系。资金运转越快，资产的占用总额越小而实现的业务量越大，从而表现为较少的资产投入能够获得较多的利润。通过总资产报酬率的分析，能使企业管理者形成一个较为完整的资产与利润关系的概念，把资产运用与利润实现挂起钩来，企业要想创造高额利润，就必须重视“所得”和“所费”之间的比例关系，从而促使企业重视资产管理。只有合理使用资金，降低消耗，避免资产闲置、资金沉淀、资产损失浪费等，提高资产运用效率，才能提高总资产报酬率。

(2) 在企业资产总额一定的情况下，利润的多少决定着总资产报酬率的高低，利润的波动必然引起总资产报酬率的波动，利用总资产报酬率指标可以分析盈利的稳定性和持久性，确定企业所面临的风险。盈利的稳定性表明企业盈利水平变动的基本态势；盈利的持久性是指企业在相当长的时期内，盈利水平维持固定或以一定的比例持续增长的状况。它们受企业的收支稳定性、业务结构变化情况、产品结构情况及收支习性等因素的影响。同时，如前所述，资产结构对企业盈利和资产的流动性均具有重要影响。通过总资产报酬率的分析，还将促使企业重视改善资产结构，增强其盈利性和流动性。

(3) 总资产报酬率指标还可以反映企业综合经营管理水平的高低。由于总资产报酬率是一个综合性较强的指标，企业经营管理的各个方面与其相关，所以通过总资产报酬率的高低可以折射出企业综合管理水平的高低：企业综合经营管理水平越高，则企业各部门、各环节的工作效率和工作质量越高，资产运用越得当，费用控制就越严格，利润水平就越高，总资产报酬率也越高；反之亦然。

无疑，一个企业的总资产报酬率越高，表明其资产管理的效益越好，企业的财务管理水平越高，企业整体资产的投资报酬也越高；反之，资产报酬率越低，说明企业资产的利用效率越低，利用资产创造的利润越少，企业整体资产的投资报酬也就越差，财务管理水平越低。

3. 影响总资产报酬率的因素

根据总资产报酬率的计算公式可知，影响总资产报酬率的因素主要包括两个方面：息税前利润额及总资产平均占用额。

(1) 息税前利润额

息税前利润额是总资产报酬率的正面影响因素，息税前利润额越大，总资产报酬率越高。在息税前利润总额中，其构成因素包括营业利润总额、投资收益额和营业外收支净额三部分，其中起决定性影响作用的无疑是营业利润总额。

如前所述，盈利从其业务结构属性上由销售毛利、主营业务利润、其他业务利润、营业利润、投资收益和营业外收支净额构成，它们均是形成利润总额的基础。通过对盈利的业务结构的分析，可以揭示不同业务的盈利水平和盈利能力，判明它们各自对企业总盈利水平的影响方向和影响程度。但是，不同的业务有着不同的盈利水平，一般而言，主营业务是形成企业利润的最主要因素。企业一定时期主营业务越扩展，主营业务利润占总利润的比重越高，则企业的总利润水平及其质量均会相应提高。尤其不能忽视的是：盈利的稳定性表明了企业盈利水平变动的基本态势，是判断盈利质量的重要依据。有的企业盈利水平可能很高，但由于缺乏稳定性，也不能算是一种很好的经营状况的显示。盈利的稳定性最终表现为盈利水平或利润总额在企业最低盈利水平的基点上呈现稳定上升的态势。而营业利润是企业利润总额中、稳定性最强的利润，它所占比重的大小在相当程度上影响着盈利的稳定性。

因此，对于息税前利润额，一方面我们应从总量上要求尽可能多地获取各种收益，以提高总资产报酬率；另一方面也要从质量角度分析，要求息税前利润尽可能多地来源于营业利润尤其是主营业务利润，以形成长期、稳定的总资产报酬率。

当然，在每一类利润中，又包含着正、反两方面的具体影响因素，如前面获利能力的分析中所示：收入对其产生正面影响，而成本、费用对其产生负面影响。因此，在分析息税前利润对总资产报酬率的影响时，还应进一步分析各种收入、成本、费用等对息税前利润的影响及其影响额，以及由此而导致的对总资产报酬率的影响。具体分析方法可参照第五章有关内容。

(2)　总资产平均占用额

总资产平均占用额是总资产报酬率的负面影响因素，即在息税前利润一定的前提下，总资产平均占用额越大，总资产报酬率越低。资产是盈利的物质基础，没有资产的运动，盈利就无从谈起。但是，在某一个特定时点上看，资产占用实际上是资金运动的停滞，无论是资产占用数额的大小还是资产占用结构状况均会对企业经营产生非常重要的影响。

一方面，资产平均占用额的多少直接影响着资产的运用效率，而资产占用结构状况则具有更广泛的影响，不仅影响着收益，而且影响着企业的经营风险、资产流动性的强弱及其弹性大小，等等。按照企业资产对收益形成的影响可将其归纳为三种不同类型。

第一，是直接形成企业收益的资产。主要包括产品、商品等存货资产、应收账款等结算资产和有价证券等投资资产等，其中结算资产中已包括了收益或毛利，其他资产的收益或毛利则需在市场销售中实现。

第二，是对企业一定时期收益不产生影响的资产。主要有货币资产、存货资产等，它们通常是企业收益的结果，在正常情况下它既不会增值也不会减值，其价值也不会转移，因此也不会产生收益。

第三，是抵扣企业一定时期收益的资产。主要包括非产品或非商品资产、固定资产、支出性无形资产等，这些资产是企业收益实现的必要条件，在一定时期内有助于收益的实现，但从收益的计算过程可以看出，它们的转移或摊销价值是收益的抵扣项目，因此，在总资产一定的条件下，这类资产的占用越多，要抵扣的收益就越多，所得收益便越小。

由此可见，资产结构中直接形成企业收益的资产比重相对越大，其余两类资产的比重相对越小，将有利于企业收益的最大化。但其前提是资产类别之间、项目之间的结构必须协调，否则结果只能适得其反。

另一方面，资产平均占用额的多少又取决于资产运用效率的高低。资产运用效率越好，资产周转率越快，则资产平均占用额越低，总资产报酬率越高；反之，资产运用效率越差，资产周转率越慢，则资产平均占用额越多，总资产报酬率越低下。因此，我们也可将总资产报酬率分解为销售利润率和资产周转率两者的乘积。

因此可知，在分析资产占用额对总资产报酬率的影响时，不仅应重视资产结构的影响，合理安排资产构成，优化资产结构，还应注意尽可能提高资产运用效率，降低总资产的平均占用额。

【例 7.1】已知某公司 2004 年的总资产平均占用额为 85 640 万元，息税前利润额为 45 975 万元；2003 年的总资产平均占用额为 68 500 万元，息税前利润额为 20 525 万元。试对其总资产报酬率进行因素分析。

2003 年总资产报酬率=20 525÷68 500=29.96%

2004 年总资产报酬率=45 975÷85 640=53.68%

2004 年较 2003 年总资产报酬率增长了 23.72%。

其中：由于息税前利润增加的影响值为：

(45 975−20 525)÷ 68 500 = 37.15%

由于总资产平均占用额增加的影响值为：

45 975÷85 640−45 975÷68 500=−13.43%

可见，由于息税前利润的增加，使总资产报酬率增长了 37.15%；由于总资产平均占用额增加，使总资产报酬率降低了 13.43%。两个因素共同影响的结果，使总资产报酬率增长了 23.72%。

4. 总资产报酬率的趋势分析

【例 7.2】已知某公司连续 5 年的总资产占用额及息税前利润总额，数据如表 7.1 所示，试对某公司的总资产报酬率进行趋势分析。

表 7.1 某公司连续 5 年的总资产占用额及息税前利润总额表 单位：万元

项 目	2000 年	2001 年	2002 年	2003 年	2004 年	2005 年
总资产	15 487	16 351	20 578	29 360	32 490	95 146
息税前利润总额		1 680	1 875	2 856	4 698	10 465

根据表 7.1 的数据整理、计算各年总资产报酬率如表 7.2 所示。

表 7.2 各年总资产报酬率 单位：万元

项 目	2001 年	2002 年	2003 年	2004 年	2005 年
总资产平均占用额	15 919	18 465	24 969	30 925	63 818
息税前利润总额	1 680	1 875	2 856	4 698	10 465
总资产报酬率(%)	10.55	10.15	11.44	15.19	16.40

由上述计算结果可知，某公司的总资产报酬率除 2002 年有所降低外，其余各年均呈稳定、缓慢增长的态势，从 2004 年开始总资产报酬率大幅度增长，说明该公司近年来总资产投资报酬能力稳中有升，而未来的增长势头较强劲，状况较佳。

5. 总资产报酬率的同行业比较分析

【例 7.3】根据综合类上市公司的主要财务指标资料显示，某公司所在行业 2001—2005 年的总资产报酬率的平均值如表 7.3 所示。试对某公司的总资产报酬率进行同行业比较分析。

某公司与同行业的总资产报酬率状况及其差异如表 7.3 所示。

表 7.3　某公司与同行业的总资产报酬率状况及其差异表

项　目	2001 年	2002 年	2003 年	2004 年	2005 年
某公司总资产报酬率/%	10.55	10.15	11.44	15.19	16.40
同行业平均总资产报酬/%	10.43	9.85	10.96	11.02	11.76
总资产报酬率差异/%	0.12	0.3	0.48	4.17	4.64

由表 7.3 可知：某公司的总资产报酬率稳中有升，而且与行业平均水平相比较，其优势地位更是显而易见，2001—2005 年其总资产报酬率均高于行业平均水平，虽然 2002 年有所下降，但仍高于行业平均水平，并通过 2003 年的及时调整，使顺差又进一步拉大，总资产报酬率稳步上升且业绩喜人，这主要是其主观努力的结果。该公司应该总结经验，发扬成绩，进一步巩固、增强其资产的投资报酬能力。

使用总资产报酬率指标分析企业的投资报酬时，还要注意：由于利润总额中包含偶然性、波动性较大的营业外收支净额和投资收益，使该指标年际之间的变化相对较大。企业短期投资者和债权人的利益主要体现在当期，他们更关心当期企业资产投资报酬的大小，所以他们通常可以直接使用这一指标。而对于企业管理者及所有者来说，则要将该指标值与利润总额的内部构成结合起来进行分析，以判断企业长期、正常的投资报酬。

(二)长期资本报酬率

1. 长期资本报酬率的概念和计算

长期资本报酬率是收益总额与长期资本平均占用额之比。总资产报酬率是从资产负债表左边所进行的“投入”与“产出”的直接比较，长期资本报酬率则是从资产负债表的右边所进行的“投入”与“产出”比。考虑到短期负债的短期性和不稳定性，我们还应从长期、稳定的资本投入角度，进一步分析企业长期资本的投资报酬。

长期资本报酬率=(税前利润+长期资本利息)÷长期资本额×100%

=(税前利润+长期资本利息)÷(长期负债+所有者权益)×100%

式中，长期资本额应采用期初与期末长期负债之和的平均数和期初与期末所有者权益之和的平均数之和，即

长期资本额=(期初长期负债+期末长期负债)÷2+(期初所有者权益+期末所有者权益)÷2

分子也可采用息税前利润与短期利息之差额。

由于分母没有包含短期负债，所以分子中应将其相对应的短期利息扣除，从而使收益能更确切地反映长期资本的所得。但是，对于外部报表使用人而言，由于资料获取的局限性，只能采取税前利润加长期资本利息的收益概念，其中长期资本利息可通过报表附注直接或间接获取。

【例 7.4】大华股份有限公司 2004 年期初长期负债额 3 000 万元，期末长期负债额为 71 909 万元；期初所有者权益额为 168 622 万元，期末所有者权益额为 199 964 万元。又从其利润表中获悉：2004 年税前利润总额为 50 637 万元。试计算该公司的长期资本报酬率。

假定该公司在 2004 年之前的几年中均没有长期负债，所以我们对其长期负债利息忽略不计，以使计算结果更加稳健。

该公司的长期资本平均占用额=(3 000+71 909)÷2 +(168 622+199 964)÷2

=221 747.5 万元

该公司的长期资本报酬率=50 637÷221 747.5 = 22.84%

大华股份有限公司的长期资本报酬率为 22.84%。至于该指标值所体现的长期资本投资收益能力是强是弱，则还需要通过比较分析才能做出判断。

2. 影响长期资本报酬率的因素

从长期资本报酬率的构成要素可知，影响长期资本报酬率的因素包括收益额和长期资本占用额两个方面。对影响长期资本报酬率的因素进行分析，关键是要对收益额和长期资本占用额本身及其影响因素进行分析。其中收益额的大小同方向影响长期资本报酬率，收益额越大，长期资本报酬率也将越大。关于收益额，我们已在总资产报酬率影响因素中进行了分析，此处的收益内容与其相近，分析亦相似，所以不再赘述。下面我们分析长期资本占用额对长期资本报酬率的影响。

长期资本占用额是长期资本报酬率的反方向影响因素。当收益额一定时，长期资本占用额越少，则长期资本报酬率越高。

而长期资本占用额又由两部分组成，一是长期负债，一是所有者权益。这两者的构成数量直接决定着长期资本数额的多少，这两者的构成比率则涉及非常重要的一种财务现象——资本结构。

资本结构对企业经营具有重要的影响，它是风险与收益在融资环节相权衡的结果。由于长期负债的利息在税前列支，而且具有相对固定性，因此它不仅影响着税前、税后利润额，还存在着财务杠杆作用，即只要长期资本报酬率高于长期负债利息率，则自有资本利

润率会随负债率增加而增加；反之，长期资本报酬率低于长期负债利息率，则自有资本利润率随着负债率的增加而减少，甚至由正值变为负值，长期资本报酬率越低，则自有资本利润率随着负债率增加，其负值将越来越大。如果自有资本利润率低于 100%，则意味着100%的自有资本被消耗掉，也就是说企业已无力偿还借贷资本。对于股份有限公司、有限责任公司和股份合作企业来说，这一情况与无力偿债一样将导致企业破产。

由此可见，资本结构的变化使企业的股东权益报酬率发生变化，而这种资本报酬率的变动并不是企业经营利润增加或减少的结果，而是资本结构调整或变动而引起的融资成本增减变动的结果，它属于一种典型的理财收益(或理财成本)，并在实质上体现为融资成本的节约或浪费。同时，它也反映了与高财务风险相关的投资报酬的易变性。正是为了尽可能地剔除资本结构对长期资本报酬率的影响，我们采用了税前利润加长期资本利息的收益概念，但由于资料获取的困难，我们较难取得确切的长期资本利息或短期负债利息，则收益必定受到资本结构的影响，从而影响长期资本报酬率。

同时，由于资本结构对融资成本及融资风险、投资收益及投资风险等所存在的客观影响，它也不可避免地会在一定程度上影响综合性较强的长期资本报酬率，因此，欲提高长期资本报酬率，增强企业长期资本的投资收益能力，既要尽可能地减少资本占用，又要妥善安排资本结构。

二、股东投资报酬率

股东投资报酬率是指股东投入资本所获得的回报，股东投资报酬率包括净资产报酬率和每股收益。

(一)净资产报酬率

1. 净资产报酬率的概念及计算

净资产报酬率也称所有者权益报酬率或股东权益报酬率，它是企业利润净额与平均所有者权益之比。该指标表明了企业所有者权益所获得的投资收益。其计算公式为：

净资产报酬率=净利润÷平均所有者权益×100%

式中，净利润应为税后净利，而不是正常营业利润。因为只有税后净利才能反映净资产的投资所得额。即使是非正常事项的利润，缴纳所得税以后的净利润中，也是增加了所有者权益的。

为考评投资者的权益资本在正常情况下的获利能力，并方便分析，亦可用“非经常性项目营业利润”作为分子。公式的分母可用年末所有者权益总额，而不是年初和年末的平均数。至于可赎回优先股，基于稳健性原则的要求，也可以从所有者权益中扣除。西方股份公司的通常做法是将可赎回优先股当作一种债务，而不是股权。

所有者权益也就是企业的净资产，其数量表达是：

所有者权益=资产总额-负债总额

=实收资本+资本公积+盈余公积+未分配利润

平均所有者权益=(期初所有者权益+期末所有者权益)÷2

【例 7.5】大华股份有限公司 2004 年实现净利润 38 126 万元，其年初所有者权益总额为 168 622 万元，年末所有者权益总额为 199 964 万元。试计算某公司的净资产报酬率。

净资产报酬率=38 126÷(168 622+199 964)÷2×100%=20.69%

2. 净资产报酬率分析的意义

所有者投资企业的最终目的是为了获取报酬，净资产报酬率立足于所有者权益的角度考核其投资报酬，直接关系着投资者投资报酬的实现程度，因而它是最被所有者关注的、对企业具有重大影响的指标。

一方面，通过净资产报酬率指标，可以判定企业的投资效益，这将影响到所有者的投资决策和潜在投资人的投资倾向，从而影响着企业的筹资方式、筹资规模，进而影响企业的发展规模及发展趋势。

另一方面，净资产报酬率体现了企业管理水平的高低、经济效益的优劣、财务成果的好坏，尤其是直接反映了所有者投资效益的好坏，是所有者考核其投入资本保值增值程度的基本方式。毫无疑问，该指标值越大，说明投资人投入资本的投资收益能力越强，因而对投资者越具有吸引力。

3. 影响净资产报酬率的因素及其分析

为了弄清净资产报酬率的变动状况及其影响因素，我们可按杜邦分析体系对净资产报酬率进行分解分析。

(1) 杜邦分析体系的概念及作用

杜邦分析体系又称杜邦分析法，简称杜邦体系，是美国杜邦公司提出的一种财务分析方法。其基本原理是将财务指标作为一个系统，将财务分析与评价作为一个系统工程，全面评价企业的偿债能力、营运能力、盈利能力及其相互之间的关系，在全面财务分析的基础上进行全面财务评价，使评价者对公司的财务状况有深入而相互联系的认识，有效地进行财务决策。其基本特点是以净资产报酬率为核心指标，将偿债能力、资产营运能力、盈利能力有机地结合起来，层层分解，逐步深入，构成了一个完整的分析系统，全面、系统、直观地反映了企业的财务状况。

杜邦分析体系从所有者的角度出发，将综合性最强的净资产报酬率分解，提供了一张考察公司资产管理效率和股东投资是否最大化回报的路线图(企业经营管理状况、资产管理状况和债务管理状况)和分析指标变化原因和变动趋势的方法，以及在不危及公司财务安全的前提下，增加债务规模的具体路径，有助于深入分析和比较公司的经营业绩，并为今后采取的改进措施提供了方向。

(2)　杜邦分析体系的指标分解原理

杜邦分析体系以净资产报酬率为龙头，以资产净利率和权益乘数为核心，重点揭示企业获利能力、资产投资收益能力及权益乘数对净资产报酬率的影响，以及各相关指标间的相互作用关系。

杜邦分析体系中涉及的几种主要财务指标的关系为：

净资产报酬率=资产净利率×权益乘数

资产净利率=销售净利率×资产周转率

即：净资产报酬率=销售净利率×资产周转率×权益乘数

杜邦财务分析体系如图 7.1 所示。

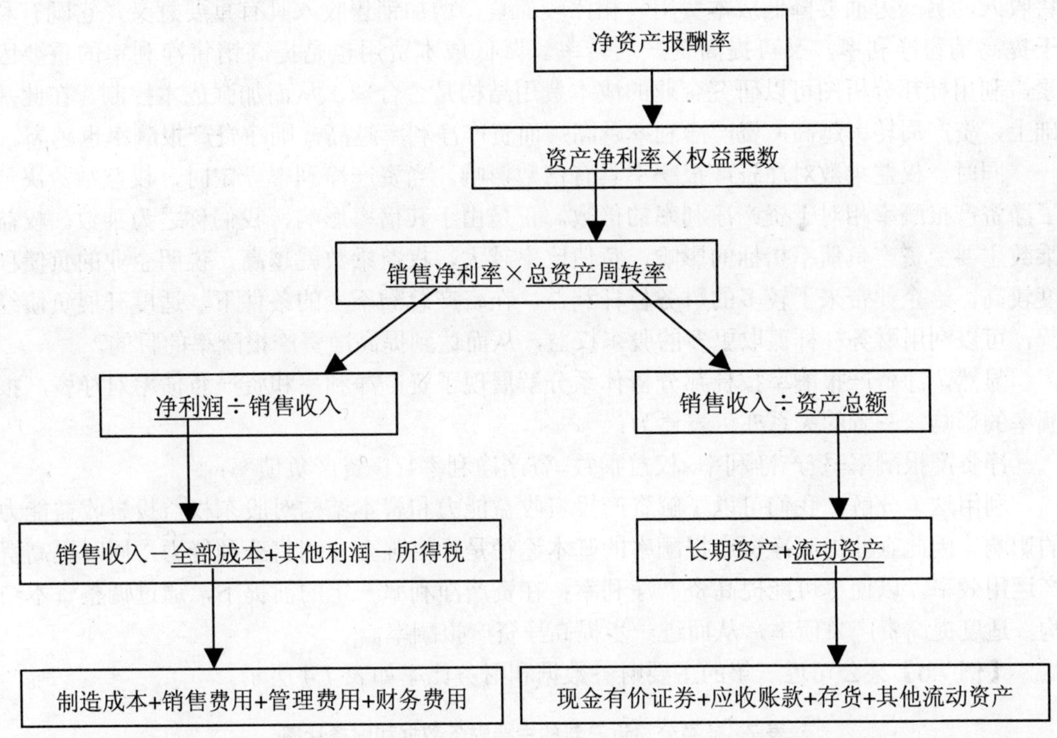

图 7.1　杜邦分析图

上述指标体系中各指标的作用为：

①　销售净利率反映了企业净利润额与销售收入的关系，提高销售净利率是提高企业盈利能力的关键所在。

②　资产周转率反映资产运用效率。在资产运营方面，要联系销售收入分析企业资产的使用是否合理，流动资产和非流动资产的比率安排是否恰当。企业资产营运能力和流动

性既关系到企业的获利能力又关系到企业的偿债能力。为此，就要进一步分析各项资产的占用数额和周转速度。

③ 权益乘数反映股东权益同企业总资产的关系。在总资产需要量既定的前提下，企业适当开展负债经营，相对减少股东权益所占份额，就可以使财务比率提高。因此，企业既要合理使用全部资产，又要妥善安排资本结构，这样才能有效提高净资产报酬率。

(3) 杜邦分析体系的应用

由上述分解可知，净资产报酬率的高低取决于资产净利率和权益乘数两个因素。

其中，资产净利率是影响净资产报酬率的关键指标。而资产净利率又受两个因素的影响，一是销售净利率，二是资产周转率。销售净利率反映了企业净利润与销售收入的关系，它的高低取决于销售收入与成本总额的高低。要想提高销售净利率，一方面要增加销售收入，另一方面要降低成本费用。相比较而言，增加销售收入具有重要意义，它既有利于提高销售净利率，又可提高资产周转率。降低成本费用也是提高销售净利率的重要因素，利用杜邦分析图可以研究企业的成本费用结构是否合理，从而加强成本控制。在此基础上，资产周转率越高，资产净利率越高；而资产净利率越高，则净资产报酬率也越高。

同时，权益乘数对净资产报酬率具有倍数影响。当资产净利率一定时，权益乘数决定了净资产报酬率相对于资产净利率的倍数。正是由于其倍率影响，我们称之为乘数。权益乘数主要受资产负债率指标的影响，负债比率越大，权益乘数就越高，说明企业的负债程度较高，给企业带来了较多的财务杠杆利益。在资产总额不变的条件下，适度开展负债经营，可以利用财务杠杆谋取更多的股东权益，从而达到提高净资产报酬率的目的。

显然，净资产报酬率按杜邦分析体系分解展现了资产净利率和资产负债率对净资产报酬率的影响，三者的关系亦可表述为：

净资产报酬率=资产净利率×权益乘数=资产净利率÷(1−资产负债率)

利用这一分解，我们可以了解资产投资收益能力和资本结构对股东权益投资收益能力的影响。因此企业提高净资产报酬率的基本途径是：增强企业销售获利能力，同时提高资产运用效率，以便尽可能提高资产净利率；在资产净利率一定的前提下，通过调整资本结构，适度提高资产负债率，从而进一步提高净资产报酬率。

【例 7.6】某公司近三年的主要财务数据和财务比率如表 7.4 所示。

表 7.4 某公司近三年的主要财务数据和财务比率

项目＼年份	2002 年	2003 年	2004 年
销售额/万元	4 000	4 300	3 800
总资产/万元	1 430	1 560	1 695
普通股/万元	100	100	100
保留盈余/万元	500	550	550

续表

项目＼年份	2002 年	2003 年	2004 年
所有者权益合计/万元	600	650	650
负债总额/万元	830	910	1 045
流动比率(1)	1.19	1.25	1.20
应收账款平均收现期/天(2)	18	22	27
存货周转率/次(3)	8.0	7.5	5.5
债务/所有者权益(4)	1.38	1.40	1.61
长期债务/所有者权益(5)	0.5	0.46	0.46
权益乘数	2.38	2.4	2.61
销售毛利率/%	20.0	16.3	13.2
销售净利率/%	7.5	4.7	2.6
总资产周转率/次	2.80	2.76	2.24
总资产净利率/%	21	13	6

假设该公司没有营业外收支和投资收益；所得税率不变。

要求：

① 分析说明该公司运用资产获利能力的变化及其原因。

② 分析说明该公司资产、负债和所有者权益的变化及其原因。

从表 7.4 的计算结果可知：

① 该公司总资产净利率在平稳下降，说明其运用资产获利的能力在降低，其原因是总资产周转率和销售净利率都在下降。总资产周转率下降的原因是应收账款平均收现期延长和存货周转率下降以及总资产的增加。而总资产增加的主要原因可能是存货和应收账款占用增加。销售净利率下降的原因是销售毛利率在下降，尽管在 2004 年大力压缩了期间费用(期间费用在无营业外收支，投资收益情况下等于销售毛利率-销售净利率)，仍未能改变这种趋势。权益乘数连续递增，说明企业的负债水平在不断提高，故应注意防范风险。同时由于权益乘数对净资产报酬率具有倍数影响，所以总资产净利率下降，而权益乘数提高，会使净资产报酬率以倍率递减。

② 负债是筹资的主要来源，其中主要是流动负债。所有者权益增加很少，大部分盈余都用于发放股利。表中(4)-(5)为流动负债÷所有者权益，三年分别为 0.88、0.94、1.95。该指标均大于(5)，说明流动负债大于长期负债。

(二)每股收益

1. 每股收益的概念及计算

每股收益是企业普通股收益与流通在外的普通股股数的比率。它反映了某一会计年度内企业平均每股普通股投入所获得的收益，它从基本股权份额的角度，进一步评价股东权益投资报酬。因此只有普通股才能计算每股收益。

企业每股收益的计算和揭示受其资本结构的影响。根据企业资产负债表中产权证券的组成情况，企业的产权资本结构可以分为两种，一种是“简单”资本结构，另一种是“复杂”资本结构。

(1) 简单资本结构

如果企业发行的产权证券只有普通股一种，或虽有其他证券，但无稀释作用或稀释作用不明显(如企业因认股权持有者行使认股权利，而增发的股票不超过现有流通在外的普通股的 20%)，则该企业属于简单资本结构。

(2) 复杂资本结构

如果企业发行的产权证券中既包括普通股，又包括普通股的同等权益，如可转换债券、认股权证等，而企业因认股权证持有者行使认股权利，增发的股票超过现有流通在外的普通股的 20%时，则该企业属于复杂资本结构。因为此时增加的普通股对每股收益具有明显的稀释作用。

按照有关规定：在复杂资本结构下，企业每股收益的揭示要视稀释程度而定，当稀释性证券的总稀释效果不超过 3%，则企业只需要披露基本每股收益指标，因为低于 3%的稀释效果并不明显。如果稀释性证券的稀释效果超过 3%，企业就必须反映其对每股收益可能的稀释程度，并同时列示两个每股收益数据，即未充分稀释前的“基本每股收益”及稀释后的“充分稀释的每股收益”。

(1) 简单资本结构的每股收益

简单资本结构的每股收益计算较为简单，其计算公式如下：

每股收益=(净利润−优先股股利)÷流通在外的加权平均普通股股数

由于我们只计算普通股每股收益，所以，分子只应包括属于普通股的净收益，因而需要扣除优先股股利；同时，由于企业的收益是在整个会计年度中获得的，因此应该与整个会计年度中流通在外的普通股股数相对应，所以需要采用其加权平均股数。

其中，加权平均股数=$\sum$(流通在外的股数×流通在外的月数占全年月数的比例)。

【例 7.7】已知某公司 2000 年的净利润额为 8 985 万元，应付优先股股利为 0。该公司流通在外的普通股股数没有发生变化，均为 15 000 万股，试计算该公司的每股收益。

根据已知数据可知，该公司的每股收益=8 985÷15 000=0.599 元。

如果年内流通在外的普通股股数发生过变化，则应以时间为权数，对每一时期的普通股股数进行加权平均，如表 7.5 所示。

表 7.5　对每一时期的普通股股数进行加权平均表

时　间	股　数	权　数	加权平均股数
1—8	15 000	8/12	10 000
9—12	16 500	4/12	5 500
合计			15 500

(2)　复杂资本结构的每股收益

由于可转换债券、认股权证、股票选购权等普通股等同权益有可能增加流通在外的普通股股数，从而使本期净收益在更多的股份之间进行分摊，稀释每股收益。故应同时列示两个每股收益数据，即基本每股收益和充分稀释的每股收益。

①　基本每股收益

基本每股收益是指将企业真正稀释的证券加入到普通股中，一并计算确定的每股收益，其计算公式如下：

基本每股收益=(净利润−优先股股利)÷(流通在外普通股股数+增发普通股股数+真正稀释的约当股数)　(1)

②　充分稀释的每股收益

充分稀释的每股收益是将所有可能的影响(并非真正稀释)因素都加入到普通股股权中，计算出的每股收益值，目的在于更为稳健地反映每股收益状况。

其计算公式为：

充分稀释的每股收益=(净利润−不可转换优先股的股利)÷(流通在外的普通股股数+普通股股票等同权益)　(2)

【例 7.8】某股份有限公司 2000 年的净收益为 9 000 万元，年初发行在外的普通股为 15 000 万股，7 月 1 日增发普通股 1 000 万股，年内还发行了 3 500 万股的可转换优先股，可转换率为 1∶1，固定股利为每股 0.1 元，其中有 500 万股符合约当普通股标准，即具备真正稀释标准。试计算该公司的基本每股收益和充分稀释的每股收益。

基本每股收益=[9 000−(3 500−500)×0.1]÷(15 000+1 000×6/12+500×1)

= 8 700÷16 000=0.54 元

充分稀释的每股收益=(9 000−0)÷(15 000+1 000×6/12+3 500×1)

=9 000÷19 000=0.47 元

在计算每股收益时，有时会发生约当普通股在加入企业的普通股后，反而使充分稀释的每股收益增加(或是使每股损失减少)，这种情况称为约当普通股的反稀释作用。对于具有反稀释作用的约当普通股，在计算企业的每股收益指标时，不列入计算基数，以免出现反稀释效果。

每股收益是投资者进行投资保值增值分析的一种简单的信息含量较大的指标，因而也是进行股东权益投资报酬分析时应用最为普通的一项数据。

2. 每股收益分析的意义

每股收益是评价上市公司投资报酬的基本的核心指标，因为它具有引导投资，增加市场评价功能、简化财务指标体系的作用。具体可包括如下几个方面。

(1) 每股收益指标具有连接资产负债表和损益表的功能，作为两张财务报表之间的“桥梁”。每股收益指标具有反映两张报表的综合数值的特点，即每股收益是企业的多种因素综合作用形成的结果的表现形式，这就使企业的财务评价通过分析这一指标而变得简单易行。

(2) 每股收益指标较好地反映了股东的投资报酬，决定了股东的收益数量。每股收益值越高，股东的投资收益能力越强，股东的投资报酬就越好，每一股份所得的利润也越多；反之，则越差。

(3) 每股收益还是确定企业股票价格的主要参考指标。在其他因素不变的情况下，每股收益越高，该种股票的市价上升空间则越大。反之，企业股票的市价也会越低。

3. 影响每股收益的因素

由每股收益的计算公式可知：每股收益的影响因素涉及普通股净利润和普通股股数两方面。

(1) 属于普通股的净利润

属于普通股的净利润是每股收益的正影响因素。在普通股股数一定的情况下，属于普通股的净利润越大，每股收益越大。由于在计算普通股的每股收益时只应采用属于普通股的净利润，因此应当在企业净利润中扣除不属于普通股的净利润额，如优先股股利等。还应该注意的是：企业净利润中，可能包含非正常和非经常性项目，而我们在计算确定每股收益时，应着重于正常性项目，因此还应尽可能将非正常和非经常性项目剔除，从而恰当地确定属于普通股的正常净利润。

(2) 普通股股数

普通股股数是每股收益的负影响因素，当属于普通股的净利润一定时，普通股股数越大，每股收益越小。普通股股数的变动影响因素很多，如增发新股、股票分割、可转换债券转换为普通股、企业合并等。可见，普通股股数变动既受到普通股发行状况的影响，又与企业的证券构成有关。通常在确定普通股股数时我们应注意把握以下几点。

① 对于企业在本会计年度发行的现金增资股票，应依据其实际流通的期间比例进行折算。比如，企业 7 月 1 日发行的增资股，对企业当年的股利只享有 6 个月的股利分配权。

② 企业在当年度内将资本公积金或法定盈余公积金转增为资本配股，不论该配股何

时发放，这些新股对企业当年现金股利的分配权，均回溯到年初方有效，即享有对企业全年股利的分配权。

③　企业发行的可转换证券是否为约当普通股，应于发行时予以确认。一旦确定，不能再改变。企业以前发行的、发行时未确认约当普通股的可转换证券，在后来又发行相同证券时确认为约当普通股的，则应从该发行日起，将先前发行的证券一起确定为约当普通股。若企业以前年度发行的已确认为约当普通股的可转换证券，后来又发行了相同类型但不符合约当普通股认定条件的证券，仍应自发行日起将其确认为约当普通股。

④　企业发行的一些具有固定股利或利率，并有权参加普通股利润分配的证券，如参加优先股、参加债券等，仅从利润分配的角度看，其性质与普通股类似，因此在计算每股盈余时，将其视为约当普通股，即使它们不能转换为普通股。

⑤　某些企业规定在满足某种条件时，将发行股票，这种或有股份的发行条件一旦在该年度得到满足，就可视为约当普通股。

⑥　集团企业在编制合并报表、计算合并后的每股收益时，其子公司自身的约当普通股、子公司可转换为母公司普通股的证券、子公司发行的可购买母公司普通股的认股权等产权证券，均应视为约当普通股。

4. 每股收益分析

(1)　每股收益指标的局限性

尽管每股收益指标是衡量上市公司盈利能力的最重要的财务指标，但是该指标并不反映股票所含有的风险；其次不同股票的每一股在经济上的不等量，限制了公司间每股收益的比较；每股收益多并不意味着多分红，因为每个公司所采用的股利分配政策是不同的。

(2)　每股收益指标的延伸分析

为克服每股收益指标的局限性，我们又引入下面几个财务比率：

①　市盈率(也称价格收益比率)：它是指普通股每股市价为每股收益的倍数，其计算公式为：

市盈率(倍数)=普通股每股市价÷普通股每股收益

市盈率反映投资人对每元净利润所愿支付的价格，可以用来估计股票的投资报酬和风险，是市场对公司的共同期望指标。市盈率越高，表明市场对公司越看好。但该指标不能用于不同行业公司的比较，新兴行业普遍较高，成熟工业普遍较低，但这并不说明后者的股票没有投资价值。

在每股收益很小或亏损时(分母很小)，市价不会降至零，很高的市盈率往往不说明任何问题。市盈率的高低受净利润的影响，而净利润受可选择的会计政策的影响，从而使得公司间的比较受到限制；同时市盈率高低还受市价的影响，影响市价的因素很多，包括投机炒作等，因此观察市盈率的长期变动趋势很重要。而且，投资者要结合其他有关信息，才能运用市盈率指标判断股票的价值。

② 每股股利。它是指股利总额与期末普通股股份总数之比。

每股股利=股利总额÷期末普通股份总数

式中，股利总额是指现金股利。该指标反映每股普通股所应得的现金股利。

③ 股票获利率。它是指每股股利与股票市价的比率，又称市价股利比率。

股票获利率=普通股每股获利÷普通股每股市价×100%

该指标反映了股利和股价之间的比例关系。由于普通股的获利包括两部分：一是股利收入，一是由于股票价格上升导致的利润。因此计算股票获利率时，分子应是两部分之和。股票获利率的高低取决于企业的股利分配政策和股票市场价格的状况，因此该指标没有合理的、统一的标准。

使用该指标的限制因素，在于公司采用非常稳健的股利政策，留存大量的净利润用以扩充。在这种情况下，股票获利率仅仅是股票投资价值非常保守的估计。当企业成功运用低股利政策，把多数盈余成功地进行了再投资，尽管短期内股利支付率可能会较低，但从长期来看，股票市价可能因此而上扬。特别是当企业的净资产报酬率和每股收益均高于平均水平时，即使是因较低的股利支付而暂时降低了股票获利率，投资者通常也不会因此而降低对该股票投资报酬的评价，因为这可能意味着更强劲的未来获利能力。因此分析股价的未来趋势成为评价股票投资价值的主要依据。

④ 股利保障倍数。即为股利支付率的倒数，倍数越大，支付股利的能力越强。

股利保障倍数=普通股每股收益÷普通股每股股利

该指标是一种安全性指标，反映净利润减少到什么程度公司仍能按目前水平支付股利。

⑤ 留存盈利比率(留存收益率)。它是指留存盈利与净利润的比率，留存盈利是指净利润减去全部股利的余额。

留存盈利比率=(净利润−全部股利)÷净利润×100%

若企业认为有必要从内部积累资金来扩大经营规模，可采用较高的留存盈利比率，自然，股利支付率与股利保障倍数就降低了。反之，企业不需要资金或可用其他方式筹资，为满足股东取得现金股利的要求可降低留存盈利比率，同时股利支付率与股利保障倍数提高。

⑥ 市净率(倍数)。它是指反映每股市价和每股净资产关系的比率。

市净率(倍数)=每股市价÷每股净资产

该指标可以用于投资分析，说明市场对公司资产质量的评价，反映公司资产的现在价值，是证券市场上交易的结果。指标若大于1，说明公司资产市价高于账面价值，资产的质量较高，有一定的发展潜力；反之，则说明公司资产的质量较差，没有发展潜力，前景黯淡。

其中：每股净资产=年末股东权益÷年末普通股股数

计算时需注意股东权益是指扣除优先股权益后的余额。

每股净资产反映了发行在外的每股普通股所代表的净资产的成本，即账面价值，在理论上提供了股票的最低价值。若股票的价格低于净资产的成本，成本又接近于变现价值，说明公司已无存在的价值，清算是股东的最好选择。但该指标不能说明市场对公司资产质量的评价。

第三节　案例分析

一、案例相关资料

1. CD 公司 2005 年财务状况和经营成果

CD 公司是外贸企业，该公司 2005 年的财务状况和经营成果如表 7.6 和表 7.7 所示。

表 7.6　资产负债表(简表)

编制单位：CD 公司　　2005 年 12 月 31 日　　单位：元

项　目	行　次	年初数	年末数
货币资金	1	16 067 907.30	25 744 862.01
应收账款	2	57 652 077.72	47 670 204.61
减：坏账准备	3	565 458.92	702 066.21
应收账款净额	4	57 086 618.80	46 968 138.40
预付账款	5	76 031 884.72	109 384 368.92
应收出口退税	6	68 185.79	0.00
其他应收款	7	1 451 798.08	661 509.36
存货	8	80 633 053.75	23 826 735.56
待摊费用	9	6 053 983.90	4 779 460.98
流动资产合计	10	237 393 432.34	211 365 075.23
长期投资	11	23 011 948.00	35 585 618.00
固定资产原价	12	21 905 025.81	22 179 795.81
减：累计折旧	13	1 076 519.27	1 495 759.99
固定资产净价	14	20 828 506.54	20 684 035.82
固定资产合计	15	20 828 506.54	20 684 035.82
资产总计	16	281 233 886.88	267 634 720.05
负债及所有者权益			
短期借款	17	35 000 000.00	95 000 000.00

续表

项　目	行　次	年 初 数	年 末 数
应付账款	18	104 475 018.00	15 996 676.51
预收账款	19	72 081 231.50	64 861 330.33
其他应付款	20	4 957 692.39	2 837 265.28
应付工资	21	1 500 000.00	3 000 000.00
应付福利费	22	65 775.81	443 117.21
未交税金	23	−7 333 621.52	−338 019.66
其他未交款	24	207.50	11 637.80
预提费用	25	3 496 959.03	6 573 674.20
流动负债合计	26	214 243 262.71	188 385 681.67
长期借款	27	16 136 850.00	13 903 381.00
长期负债合计	28	16 136 850.00	13 903 381.00
负债合计	29	230 380 112.71	202 289 062.67
实收资本	30	10 000 000.00	10 000 000.00
资本公积	31	5 128 735.00	5 249 795.00
盈余公积	32	23 261 631.22	28 057 062.13
其中：公益金	33	992 569.48	992 569.48
未分配利润	34	12 463 407.95	22 038 809.25
所有者权益合计	35	50 853 774.17	65 345 666.38
负债及所有者权益合计	36	281 233 886.88	267 634 729.05

表 7.7　利润(简表)

编制单位：CD 公司　　　　2005 年 12 月　　　　单位：元

项　目	行　次	本 月 数	本年累计数
一、商品销售收入	1	17 499 809.29	304 240 794.72
减：销售折扣与折让	2	0.00	0.00
销售收入净额	3	17 499 809.29	304 240 794.72
减：商品销售成本	4	17 519 762.26	286 899 108.97
经营费用	5	292 217.06	2 998 557.19
商品销售税金及附加	6	0.00	0.00
二、商品销售利润	7	−312 170.03	14 343 128.56
加：代购代销收入	8	191 046.89	291 413.50

续表

项 目	行 次	本 月 数	本年累计数
三、主营业务利润	9	−121 123.14	14 634 542.06
加：其他业务利润	10	6 629 388.58	18 434 338.52
减：管理费用	11	4 474 295.55	14 040 621.18
财务费用	12	−8 331 257.22	−385 697.78
汇兑损失	13	247 837.39	22 514.35
四、营业利润	14	10 117 389.72	19 391 442.83
加：投资收益	15	0.00	0.00
营业外收入	16	310 241.55	338 694.38
减：营业外支出	17	−54 994.30	7 174.48
加：以前年度损益调整	18	−1 502 500.00	−955 103.80
五、利润总额	19	8 980 125.57	18 767 858.93
减：所得税	20	2 443 948.58	6 315 443.95
六、净利润	21	6 536 176.99	12 452 414.98

2. CD 公司财务情况说明书

(1) CD 公司本年实现利润 1 876.78 万元，净利润 1 245.24 万元。其中，商品销售利润 1 463.45 万元，运输业务收入 1 843.43 万元，费用支出 1 430.09 万元。

(2) 利润总额为 1 876.78 万元，净利润为 1 245.24 万元。

(3) 出口销售数 1 576.99 万美元，换汇成本 8.15 元，比上年的 7.90 元增加 0.21 元，主要由于出口费用增加、美元汇率下降、收购价提高所致。

(4) 应收、预付账款为 15 635.25 万元，主要包括出口收购货款，出口预付款及其他；应付、预收账款 8 085 万元，主要为预收国内部分货款、预收外汇账款等，均属于正常往来。

(5) 库存商品 2 382.67 万元，主要为 A、B 两种商品。

(6) 财务指标：资本收益率 124.52%，权益报酬率为 19.05%，资产负债率为 75.58%，速动比率 99.55%，反映业务运转良好、经济效益良好。

要求：

为 CD 公司计算投资报酬的有关比率，并对其影响因素及其相关财务状况进行评价。

二、案例分析——对 CD 公司的财务评价

1. CD 公司 2005 年度投资报酬相关指标的计算

(1) 总资产报酬率=1 876.78÷(28 123.39+26 763.47)÷2

=1 876.78÷27 443.43 = 6.84%

(2) 净资产报酬率=1 245.24÷(5 085.38+6 534.57)÷2

=1 245.24÷5 809.98 = 21.43%

(3) 资本保值增值率=年末所有者权益÷年初所有者权益

=65 345 666.38÷5 085 3774.17=128.50%

(4) 长期资本报酬率(或称资本报酬率)

=1 876.78÷[(1 613.69+1 390.34)÷2+(5 085.38+6 534.57)÷2]

=1 876.78÷[1 502.02+5 809.98]

=1 876.78÷7 312.00=25.67%

2. 基本评价

(1) 偿债能力评价

CD 公司 2005 年 12 月 31 日的资产负债情况如下：总资产 26 763.48 万元，负债 20 228.90 万元，所有者权益 6 534.57 万元，资产负债率为 75.58%，小于外贸企业标准值 87.42%，初步表明企业资本结构比较合理，长期偿债能力良好。流动资产为 21 136.51 万元，流动负债为 18 838.57 万元，流动比率为 112.20%，大于外贸企业标准值 96.44%，速动比率为 99.55%，表明企业短期偿债能力良好。

(2) 投资的获利能力和资产保值增值能力评价

从投资报酬来看，企业的资本报酬率为 25.67%(此指标由于资料不足，缺少长期资本利息，故与标准值比较时有局限性)，超过外贸企业标准值 17.06%，尽管此指标不够科学，但数据仍然表明企业获利能力较强。净资产报酬率(或称权益报酬率)为 21.43%，大于标准值 7.47%，并且远大于总资产报酬率，表明股东权益的收益水平较高，可能会带动每股收益和市盈率的提高，从而提高了对股东的吸引力。总资产报酬率为 6.84%，大于外贸企业标准值 4.45%；资本保值增值率为 128.50%，大于外贸企业标准值 105.93%，表明该国有企业资本保值增值情况良好。每美元出口成本是一项外贸企业特有的获利能力指标，CD 公司为 8.15 元人民币，小于标准值 8.39 元人民币，在外贸企业普遍困难重重、出口成本上升的情况下较为难得，说明企业重视控制成本和费用。

(3) 利润结构评价

从利润表上看，其他业务利润为 1 843.43 万元，已经超过主营业务利润(1 463.45 万元)，说明该公司不再单纯依靠贸易经营，多元化经营已颇具规模。

(4) 营运能力评价

商品营业周期为 127.85 天，小于外贸企业标准值 136.76 天，说明存货和应收账款周转速度较快，这不仅保证了企业有较好的获利能力，而且对防止应收账款成为坏账、存货积压滞销有重要意义，减少了潜亏因素。

(5) 其他项目评价

长期投资为 3 558.56 万元，其中有 1 257.37 万元是当年新增的，但当年尚无投资收益，投资效益情况并不明朗；预付账款为 10 938.44 万元，数额较大，比上年度增加约 43%，可能存在一定风险，但考虑到该公司是贸易性企业，其客户可能大多为长期的、信誉良好的企业，所以还需具体分析。

3. 综合评价

从上述分析来看，该公司资本结构良好，偿债能力很好，获利能力很高，多元化经营已经具备一定规模。资金周转较快，说明公司业务运转良好，经济效益较高，是一个蓬勃向上的公司。从公司的负债情况来看，考虑到公司获利能力很高，因此，企业在未来适当增加负债规模，仍然可以使企业的利润获得更快的增长。对投资情况应加强监督，因投资占压资金较大且效果不明朗。

4. 上述分析和评价的局限性

对 CD 公司财务状况的全面评价，仅靠上述资料及分析仍显不足，若进行全面评价需进一步了解有关该公司更全面的信息。上述分析的主要不足是：

(1) 我们仅有该公司一年的报表，无法观察该公司本身业务的发展趋势。

(2) 资料中缺乏审计报告、会计政策以及重要项目的构成情况等报表附注内容。

(3) 对 CD 公司的非货币性信息(如企业领导层的状况，企业人力资源的质量以及未来发展规划等)的了解还很不够，需进一步收集。

(4) CD 公司全年的净利润中，12 月份就占了大约 50%，企业存在着在年底以前利用会计方法调增利润的嫌疑。如果我们能进一步了解上述信息，就会对 CD 公司的财务状况做出较为全面的评价。

复习思考题

1. 什么是投资报酬？ 投资报酬分析的意义及其影响因素是什么？
2. 投资报酬分析有哪些评价指标？其含义是什么？
3. 企业投入资本和利润各有哪些层次？
4. 什么是简单资本结构和复杂资本结构？在这两种结构下每股收益如何计算？普通股股数如何确定？
5. 净资产报酬率的影响因素有哪些？它们是如何影响净资产报酬率的？
6. 什么是杜邦分析体系？其分解的原理是什么？其作用是什么？
7. 每股收益有哪几个延伸指标？如何计算？有何作用？

8. 市盈率对投资者有何重要意义？分析市盈率指标时应注意哪些方面？

9. 如何计算、分析股票获利率？

习　题

一、名词解释

财务杠杆　净资产报酬率　每股收益　市盈率　市净率　每股净资产

二、单项选择题

1. 投资报酬分析的主体是(　　)。

A. 短期债权人　　B. 长期债权人

C. 上级主管部门　　D. 企业所有者

2. 夏华公司下一年度的净资产报酬率预计为 16%，资产负债率调整为 45%，则其资产净利率应达到(　　)%。

A. 8.8　　B. 16　　C. 7.2　　D. 23.2

3. 以下(　　)指标是评价上市公司获利能力的基本和核心指标。

A. 每股市价　　B. 每股净资产

C. 每股收益　　D. 净资产报酬率

4. 当企业因认股权证持有者行使认股权利，而增发的股票不超过现有流通在外的普通股的(　　)，则该企业仍属于简单资本结构。

A. 10%　　B. 20%　　C. 25%　　D. 50%

5. 假设某公司普通股 2000 年的平均市场价格为 17.8 元，其中年初价格为 16.5 元，年末价格为 18.2 元，当年宣布的每股股利为 0.25 元。则该公司的股票获利率是(　　)%。

A. 25　　B. 0.08　　C. 10.96　　D. 1.7

6. 理论上说，市盈率越高的股票，买进后股价下跌的可能性(　　)。

A. 越大　　B. 越小

C. 不变　　D. 两者无关

7. 正常情况下，如果同期银行存款利率为 4%，那么，市盈率应为(　　)。

A. 20　　B. 25　　C. 40　　D. 50

8. 某公司的有关资料为：股东权益总额 8 000 万元，其中优先股权益 340 万元，全部股票数是 620 万股，其中优先股股数 170 万股。则每股净资产是(　　)元。

A. 12.58　　B. 12.34　　C. 17.75　　D. 17.02

三、多项选择题

1. 企业生产经营活动所需的资金可以来源于两类，即(　　)。

A. 投入资金　　B. 自有资金
C. 借入资金　　D. 所有者权益资金
E. 外来资金

2. 影响每股收益的因素包括(　　)。

A. 优先股股数　　B. 可转换债券的数量
C. 净利润　　D. 优先股股利
E. 普通股股数

3. 下面事项中，能导致普通股股数发生变动的是(　　)。

A. 企业合并　　B. 库藏股票的购买
C. 可转换债券转为普通股　　D. 股票分割
E. 增发新股

4. 普通股的范围在进行每股收益分析时，应根据具体情况适当调整，一般包括(　　)。

A. 参加优先股
B. 子公司发行的可购买母公司普通股的认股权
C. 参加债券
D. 可转换证券
E. 子公司可转换为母公司普通股的证券

5. 股票获利率的高低取决于(　　)。

A. 股利政策　　B. 现金股利的发放
C. 股票股利　　D. 股票市场价格的状况
E. 期末股价

6. 导致企业的市盈率发生变动的因素是(　　)。

A. 企业财务状况的变动　　B. 同期银行存款利率
C. 上市公司的规模　　D. 行业发展
E. 股票市场的价格变动

7. (　　)因素能够影响股价的升降。

A. 行业发展前景　　B. 政府宏观政策
C. 经济环境　　D. 企业的经营成果
E. 企业的发展前景

8. 分析企业投资报酬情况时，可使用的指标有(　　)。

A. 市盈率　　B. 股票获利率

C. 市净率　　D. 销售利润率

E. 资产周转率

四、计算分析题

1. A、B和C公司2004年的财务数据如下：

单位：万元

项　目	A公司	B公司	C公司
资产总额	7 000	7 000	7 000
流动负债	1 000	2 500	1 000
长期负债			
5%应付债券(2001年到期)	2 000		2 000
6%应付债券(2006年债券)		500	
7%应付债券(2008年到期)			4 000
股东权益	4 000	4 000	2 000
负债及股东权益总计	7 000	7 000	7 000
净利(税后)	700	630	490

要求：假设所得税率为33%，分别计算各公司的下列比率：

(1) 利息费用保障倍数(税前)；

(2) 总资产报酬率(税息前)；

(3) 股东权益报酬率(税后)。

2. 某股份有限公司2003年的净收益为3 800万元，年初发行在外的普通股为1 500万股，7月1日增发普通股100万股，年内还发行过90万股可转换优先股，其中有30万股为约当普通股，可转换率为2∶1。优先股股利为每股2元。

要求：如果同行业的每股收益额为2.10元，试计算该公司的基本每股收益和充分稀释的每股收益，并对该股数的每股收益水平进行评价。

3. 已知某企业2003年、2004年有关资料如下表：

单位：万元

项　目	2003年	2004年
销售收入	280	350
其中：赊销成本	76	80
全部成本	235	288
其中：销售成本	108	120
管理费用	87	98
财务费用	29	55

续表

项　目	2003 年	2004 年
销售费用	11	15
利润总额	45	62
所得税	15	21
税后利润	30	41
资产总额	128	198
其中：固定资产	59	78
现金	21	39
应收账款	8	14
存货	40	67
负债总额	55	88

要求：运用杜邦分析体系对该企业的净资产报酬率及其增减变动原因进行分析。

第八章　现金流量分析

教学目的和要求

- 掌握现金流量表的概念、编制现金流量表的作用
- 理解现金流量与利润之间的区别以及形成的原因
- 能够根据实际情况对企业的现金流量进行偿债能力、收益能力分析以及对企业现金流量的结构和发展趋势进行分析

教学重点与难点

重点理解现金流量表各项目的含义；掌握有关现金流动各项财务比率的计算。

本章难点是把现金流量分析与资产负债表、利润表的分析结合起来，从总体上把握企业的理财方针和理财业绩。

第一节　现金流量表概述

一、现金流量表概述

(一)现金流量表的概念

现金流量表是以现金(包括现金等价物)为编制基础，反映企业一定期间内经营活动、投资活动和筹资活动所引起的现金流入和流出情况的会计报表。在过去的财务分析中，净利润通常被作为企业盈利能力的重要指标。但净利润是以权责发生制为基础确认的，有些企业账面利润很高，但支付能力严重不足，甚至有少数企业为了某种目的，利用权责发生制的缺陷，虚增利润。以收付实现制为基础的现金流量表提供了衡量企业经营业绩和财务状况的一个全新工具，可清楚地反映出企业创造净现金流量的能力，更为清晰地揭示企业资产的流动性和财务状况。因此，现金流量表分析对信息使用者来说显得更为重要。

(二)与现金流量表相关的几个基本概念

1. 现金

现金是指企业的库存现金以及可以随时用于支付的存款。会计上所说的现金通常指企业的库存现金。而现金流量表中的“现金”不仅包括“现金”账户核算的库存现金，还包括银行存款和其他货币资金。应注意的是，银行存款和其他货币资金中有些不能随时用于支付的存款，如不能随时支取的定期存款等，不应作为现金，而应列为投资；提前通知金

融企业便可支取的定期存款，则应包括在现金范围内。

2. 现金等价物

现金等价物是指企业持有的期限短、流动性强、易于转换为已知金额现金、价值变动风险很小的投资。现金等价物虽然不是现金，但其支付能力与现金的差别不大，可视为现金，如企业为保证支付能力，手持必要的现金，为了不使现金闲置，可以购买短期债券，在需要现金时，随时可以变现。一项投资被确认为现金等价物必须同时具备四个条件：期限短、流动性强、易于转换为已知金额现金、价值变动风险很小。其中，期限较短，一般是指从购买日起，三个月内到期，强调了变现能力，如可在证券市场上流通的三个月内到期的短期债券投资等。易于转换为已知金额的现金、价值变动风险很小，则强调了支付能力的大小。

3. 现金流量

现金流量是某一段时期内企业现金流入和流出的数量。企业的现金流量产生于不同的来源，也有不同的用途，如工业企业可以通过销售商品、提供劳务、出售固定资产、向银行借款等取得现金，形成企业的现金流入；为生产产品购买原材料、接受劳务、构建固定资产、对外投资、偿还债务等而支付现金等，形成企业的现金流出。

4. 现金净流量

现金净流量是指现金流入与流出的差额，可能是正数，也可能是负数。如果是正数，则为净流入；如果是负数，则为净流出。一般来说，现金流入大于流出反映了企业现金流量的积极现象和趋势。现金流量信息能够表明企业经营状况是否良好，资金是否紧缺，企业偿付能力的大小，从而为投资者、债权人、企业管理者提供非常有用的信息。

在企业发生的全部经济业务中，不是所有业务的发生都会导致企业现金净流量发生变动。通常一项经济业务的发生，如果涉及两个现金项目或两个非现金项目，则企业的现金净流量不会发生变动。只有当一项经济业务的发生所涉及的两个项目，一个是现金项目，一个是非现金项目时，企业的现金净流量才会发生变动。如企业从银行提取现金，涉及的是两个现金项目，是企业现金存放形式的转换，现金净流量并未变化；企业用固定资产偿还借款，涉及的是两个非现金项目，现金净流量也未发生变化；但是如果企业用银行存款偿还借款，就会导致企业现金净流量发生变动，因为此时涉及的两个项目，一个是现金项目，一个是非现金项目。

二、现金流量表的作用

企业的财务目标主要有两个：一是获取利润，二是维持偿债能力。企业的报表使用者需要了解企业的获利能力与偿债能力，还需要了解导致企业偿债能力发生变动的原因；企业盈利与偿债能力有何联系，经营活动对企业的现金流量有何影响；企业在本会计期内发生了哪些理财活动(筹资活动与投资活动)，它们对企业的现金流量有何影响等。

从对资产负债表和利润表的分析中可知，两表提供的信息有限。其中资产负债表只反映了某一特定日期资产与权益变化的结果，利润表只反映了企业本期经营活动的成果，至于那些不涉及损益问题的重要理财业务，利润表根本不予以反映。同时，因为利润表是按权责发生制原则确认收入和费用，也无法提供现金流入和流出的信息。而现金流量表为会计报表使用者提供了企业一定会计期间内现金和现金等价物流入和流出的信息。

通过对现金流量表的反映和分析，可以揭示企业现金是从哪里来，又流到哪里去，以及导致现金状况变化的各种原因和结果，使报表使用者了解和评价企业获取现金和现金等价物的能力，并据以预测未来现金流量，同时还揭示了企业的偿债能力和变现能力。现金流量表的作用具体表现在五个方面。

第一，有助于信息使用者分析企业一定期间内现金流入和流出的原因。

第二，有助于信息使用者评估企业偿还债务、支付股利的能力。

第三，有助于信息使用者分析企业未来获取现金的能力。

第四，有助于揭示净利润与现金净流量之间的差异原因。

第五，有助于信息使用者对企业的整体财务状况做出客观的评价。

现金流量表是连接资产负债表和损益表的纽带，利用现金流量表内的信息与资产负债表和利润表相结合，能够挖掘出更多、更重要的关于企业财务和经营状况的信息，从而对企业的生产经营活动做出更全面、客观和正确的评价，以弥补资产负债表和利润表在分析企业财务状况、经营成果方面的不足。

现金流量表与资产负债表及利润表构成了企业完整的会计报表信息体系。

三、现金流量与利润的区别

利润表是以权责发生制为基础，反映的是企业一定期间的经营成果。现金流量表是以收付实现制为编制基础，反映企业一定期间内经营活动、投资活动和筹资活动所引起的现金流入和流出，表明企业获取现金的能力。

利润表所反映的利润，是由会计人员遵循一定的会计原则，按照一定的会计程序与方法，将企业在一定时期所实现的全部收入减去与实现收入相关的成本与费用而得来的。在这个会计核算过程中对不同的会计项目需要选择不同的会计处理方法，由于选择的会计处理方法不同常常会对利润产生不同的影响，而现金流量表中的现金流量不会受此干扰，它可以揭示企业资金流入和流出的真正原因。

在现实经济活动中，我们常常会看到这样一些情况：尽管企业账面上表现出丰厚的利润，却因无力支付和清偿到期债务而陷入财务困境，摆脱不了破产清算的厄运。相反，有些企业可能账面利润表现并不突出，但因其现金流量良好、支付能力强而得以不断地发展。这种状况的出现，恰好表明利润不一定(或极少)等于现金流量。在一种完全理想的状态下，企业销售商品或提供劳务完全是以现金形式进行交易，且不存在任何的资产折旧以及费用摊销的情况下，利润与现金流量是完全相同的；在现实的经营活动中，遵循权责发生制核算的收入增加并不是必然会引起现金的增加，费用的增加也并不一定等于现金的流出。

利润与现金流量是企业盈利状况的两个主要财务指标。由于计算两个指标所依据的理论基础不同，利润与现金流量很难保持“同步性”。例如，以“应收账款”或“应收票据”的形式挂账，增加了企业的利润但并未给公司带来相应的现金流入。如果一家上市公司以“权益法”核算的对外股权投资多，而被投资公司又有一定的经营利润时，上市公司就可以按照投资比例确认投资收益，而不论这部分收益是否已经以现金及其等价物的形式收回。在确认这种“投资收益”的情况下，企业的利润会增加，但现金流量却并不“同步”增长。筹资活动下现金流量的不均衡，更多地表现为当期筹资活动流入过多而偿还本金及利息支付的现金较少，这样使得企业的现金流入增加。

四、现金流量表的构成及其初步分析

(一)现金流量表的构成

我国的现金流量表包括正表和补充资料两部分。

正表是现金流量表的主体、核心，企业在一定会计期间现金流量的信息主要通过正表提供。正表按照直接法编制，以销售收入为起点，采用报告式结构，按照现金流量的性质，依次分类反映经营活动产生的现金流量、投资活动产生的现金流量和筹资活动产生的现金流量，最后汇总反映现金及现金等价物的净增加额。

现金流量表的补充资料，具体包括三部分内容：将净利润调节为经营活动的现金流量(即按间接法编制的经营活动现金流量)；不涉及现金收支的投资和筹资活动；现金及现金等价物净增加情况。

编制现金流量表时，列报经营活动现金流量有两种方法，一种是直接法，一种是间接法。所谓直接法是指通过现金收入和支出的主要类别反映来自企业经营活动的现金流量，即直接从利润表中将权责发生制为基础的收入与费用项目直接转换成以收付实现制为基础的收入与支出，以现金收入与支出表达各项经营活动的现金流量。在实务中，一般是以利润表中的收入为起算点，调整与经营活动各项目有关的增减变动，然后分别计算出经营活动各现金流量。

所谓间接法是指以净利润为起算点，调整不涉及现金的收入、费用、营业外收支等有关项目，据此计算出经营活动产生的现金流量。

采用直接法编报的现金流量表，便于分析企业经营活动产生的现金流量的来源和用途，预测企业现金流量的未来前景；采用间接法编报的现金流量表，便于将净利润与经营活动产生的现金流量净额进行比较，了解净利润与经营活动产生的现金流量差异的原因，从现金流量的角度分析净利润的质量。我国企业会计制度规定企业应当采用直接法编报现金流量表，同时要求提供在净利润基础上调节为经营活动产生的现金流量信息，也就是说，同时采用直接法和间接法编报现金流量表。我国的现金流量表正表是按照直接法编制的，补充资料则提供了间接法的信息以及一些其他资料。

现金流量表基本格式如表 8.1 所示。

表 8.1 现金流量表

编制单位：大华股份有限公司　　2004 年度　　单位：万元

项　目	附 注	金 额
一、经营活动产生的现金流量：		
销售商品、提供劳务收到的现金		284 845
收到的税费返还		31
收到的其他与经营活动有关的现金	四.36	912
现金流入小计		285 788
购买商品、接受劳务支付的现金		89 893
支付给职工以及为职工支付的现金		66 990
支付的各项税费		42 641
支付的其他与经营活动有关的现金	四.37	15 358
现金流出小计		214 882
经营活动产生的现金流量净额		70 906
二、投资活动产生的现金流量：		
收回投资所收到的现金		
取得投资收益所收到的现金		
处置固定资产、无形资产和其他长期资产所收回的现金净额		110
收到的其他与投资活动有关的现金	四.38	147
现金流入小计		257
构建固定资产、无形资产和其他资产所支付的现金		93 898
投资所支付的现金		
支付的其他与投资活动有关的现金		
现金流出小计		93 898
投资活动产生的现金流量净额		93 641

续表

项　目	附注	金额
三、筹资活动产生的现金流量：		
吸收投资所收到的现金		68 127
借款所收到的现金		23 500
收到的其他与筹资活动有关的现金		
现金流入小计		91 627
偿还债务所支付的现金		32 000
分配股利、利润或偿付利息所支付的现金		6 930
支付的其他与筹资活动有关的现金	四.39	460
现金流出小计		39 390
筹资活动产生的现金流量净额		52 237
四、汇率变动对现金的影响		
五、现金及现金等价物净增加额		29 502
补充资料：		
1．将净利润调节为经营活动现金流量：		
净利润		38 126
加：少数股东损益		
加：计提的资产减值准备		2 993
固定资产折旧		18 155
无形资产摊销		105
长期待摊费用摊销		
待摊费用减少(减：增加)		
预提费用增加(减：减少)		
处置固定资产、无形资产和其他长期资产的损失(减：收益)		2 846
固定资产报废损失		
财务费用		2 120
投资损失(减：收益)		
递延税款贷项(减：借项)		
存货的减少(减：增加)		856

续表

项　目	附 注	金 额
经营性应收项目的减少(减：增加)		15 147
经营性应付项目的增加(减：减少)		22 564
其他		
经营活动产生的现金流量净额		70 906
2．不涉及现金收支的投资和筹资活动：		
债务转为资本		
一年内到期的可转换公司债券		
融资租入固定资产		
3．现金及现金等价物净增加情况：		
现金的期末余额		46 334
现金的期初余额		16 832
加：现金等价物的期末余额		
减：现金等价物的期初余额		
现金及现金等价物净增加额		29 502

1. 经营活动现金流量

经营活动是指企业投资活动和筹资活动以外的所有交易和事项。

从经营活动的定义可以看出，经营活动的范围很广，它包括了除投资活动和筹资活动以外的所有交易和事项。对于工、商、企、事业而言，经营活动主要包括：销售商品或提供劳务、购买商品或接受劳务、收到返还的税费、交纳各项税金、支付工资、广告宣传、经营性租赁等。

经营活动产生的现金流量是企业通过运用所拥有的资产自身创造的现金流量，主要是与企业净利润有关的现金流量。但企业一定期间内实现的利润并不一定都构成经营活动产生的现金流量，如投资净收益虽然构成净利润的一部分，但它不属于经营活动产生的现金流量，也不是实际发生的现金流入或流出量。通过分析经营活动产生的现金流量，可以说明企业的经营活动对现金流入和流出的影响程度，并由此可以判断企业在不动用对外筹得资金的情况下，是否足以维持生产经营、偿还债务、支付股利和对外投资等。各类企业由于所处行业特点不同，对经营活动的认定上存在一定差异。在编制现金流量表时，应根据企业的实际情况，对现金流量进行合理的归类。

(1) 销售商品、提供劳务收到的现金。销售商品、提供劳务收到的现金一般包括销售收入和应向购买者收取的增值税销项税额，具体包括：本期销售商品、提供劳务收到的现金，以及前期销售商品、提供劳务本期收到的现金和本期预收的款项，减去本期销售本期退回的商品和前期销售本期退回的商品支付的现金。企业当期销售货款或劳务收入款可用如下公式计算得出：

销售商品、提供劳务收到的现金=当期销售商品或提供劳务收到的现金收入+
当期收到前期的应收账款+当期收到前期的应收票据+
当期的预收账款-当期因销售退回而支付的现金+
当期收回前期核销的坏账损失

【例 8.1】某企业本期商品销售收入为 280 万元，增值税销项税额为 47.6 万元，以银行存款收讫，应收票据期初余额为 27 万元，期末余额为 6 万元，应收账款期初余额为 100 万元，期末余额为 40 万元，年度内核销的坏账损失为 2 万元。另外，当期因商品质量问题发生退货价款 3 万元，货款已通过银行转账支付(本例中的各项数据均不含增值税销项税额)。

本期销售商品收到的现金	3 276 000
加：当期收到前期的应收票据(270 000-60 000)	210 000
当期收到前期的应收账款(1 000 000-400 000-20 000)	580 000
减：当期因销售退回支付的现金	30 000
销售商品、提供劳务收到的现金	4 036 000

应该注意的是，如果应收账款或应收票据的期初期末差额为负数，则上述式子中“当期收到前期的应收票据”和“当期收到前期的应收账款”的数字应为零，而不能填列负数。

企业在进行现金流量分类时，对于现金流量表中未特别指明的现金流量，应按照现金流量表的分类方法和重要性原则，判断某项交易或事项所产生的现金流量应当归属的类别或项目，对于重要的现金流入或流出项目应当单独反映。对于一些特殊的、不经常发生的项目，如自然灾害、保险赔款等，应根据其性质，分别归并到经营活动、投资活动或筹资活动项目中。

(2) 收到的税费返还。本项目反映企业收到返还的各种税费，如收到的增值税、营业税、所得税、消费税、关税和教育费附加返还款等。这些返还的税费按实际收到的款项在本项目中反映。

(3) 收到的其他与经营活动有关的现金。主要包括罚款收入、补贴收入、捐赠收入、与经营活动有关的罚款收入等特殊项目，如果金额相对不大，可以包括在该项目中，如果金额相对较大，则应当单列项目反映。

(4) 购买商品、接受劳务支付的现金。购买商品、接受劳务支付的现金，包括支付的货款以及与货款一并支付的增值税进项税额，具体包括：本期购买商品、接受劳务支付的现金，以及本期支付前期购买商品、接受劳务的未付款项和本期预付款项，减去本期发生的购货退回收到的现金。企业当期购买商品、接受劳务支付的现金可通过以下公式计算得出：

购买商品、接受劳务支付的现金=当期购买商品、接受劳务支付的现金+当期支付前期的应付账款+当期支付前期的应付票据+当期预付的账款-当期因购货退回收到的现金

【例 8.2】某公司当期购买原材料，货款为 15 万元，增值税为 2.55 万元，价款用银行转账支票支付；本期支付应付票据 10 万元(不含增值税)；用银行汇票支付材料价款，收到银行转来银行汇票多余款收账通知，余款 0.0234 万元，材料及运费 9.98 万元，其相应的增值税为 1.6966 万元；购买工程用物资 15 万元(含增值税)，货款已用银行存款支付。则购买商品、接受劳务所支付的现金可计算如下：

当期购买材料支付的现金	150 000
当期购买材料支付的增值税进项税额	25 500
当期购买材料支付的现金	99 800
当期购买材料支付的增值税进项税额	16 966
加：当期支付的应付票据	100 000
购买商品、接受劳务支付的现金	392 266

(5) 支付给职工以及为职工支付的现金。本项目反映企业以现金方式支付给职工的工资和为职工支付的其他现金。支付给职工的工资包括工资、奖金以及各种补贴等；为职工支付的其他现金，如企业为职工交纳的养老、失业等社会保险基金，企业为职工交纳的商业保险金等。在建工程人员的工资及奖金应在“构建固定资产支付的现金”项目中反映。

【例 8.3】某企业本期实际支付工资 50 万元，各种奖金 20 万元，其中经营人员工资 30 万元，奖金 15 万元，在建工程人员工资 20 万元，奖金 5 万元。

经营人员工资	300 000
奖金	150 000
本期支付的职工工资	450 000

(6) 支付的各种税费。反映企业按国家有关规定于当期实际支付的增值税、所得税等其他各种税款。包括本期发生并实际支出的税金和当期支付以前各期发生的税金以及预付的税金，如支付的教育费附加、矿产资源补偿费、印花税、房产税、土地增值税、车船使用税、预交的营业税等。不包括计入固定资产价值、实际支付的耕地占用税等，也不包括本期退回的增值税、所得税。本期退回的增值税，在“收到的税费返还”中反映。

【例 8.4】企业本期向税务机关交纳增值税 34 000 元，企业期初未交所得税 28 万元，本期发生的所得税 310 万元已全部交纳，期末未交所得税 12 万元。

本期支付的增值税额	34 000
本期发生的并交纳的所得税	3 100 000
加：前期发生本期交纳的所得税(280 000-120 000)	160 000
当期支付的各种税费	3 294 000

对有关投资项目发生的税金支出，不应列为经营活动的现金流量，应在有关投资项目

中列示。

(7) 支付的其他与经营活动有关的现金。本项目反映企业除上述各项目外，支付的其他与经营活动有关的现金，如罚款支出、支付的差旅费、业务招待费、保险费等。其他与经营活动有关的现金，如果价值较大的，应单列项目反映。

2. 投资活动现金流量

投资活动是指企业长期资产的构建和不包括在现金等价物范围内的投资及其处置活动。

概念中的长期资产是指固定资产、在建工程、无形资产、其他资产等持有期限在 1 年或一个营业周期以上的资产。这里之所以将“包括在现金等价物范围内的投资”排除在外，是因为已经将包括在现金等价物范围内的投资视同现金。投资活动包括取得和收回资金、构建和处置固定资产、购买和处置无形资产等。通过投资活动产生的现金流量可以分析企业通过投资获取现金的能力，以及投资活动产生的现金流量对企业现金流量净额的影响程度。

需要注意的是，这里所讲的投资活动，既包括实物资产投资，也包括金融资产投资，它与《企业会计准则——投资》所讲的“投资”是两个不同的概念。《企业会计准则——投资》所讲的“投资”是指企业为通过投资来增加财富，或为谋求其他利益而将资产让渡给其他单位所获得的另一项资产。构建固定资产不是“投资”，但是在现金流量表里属于投资活动。

(1) 收回投资所收到的现金。本项目包括企业收回的投资款项中包括两部分内容：一是投资本金，二是投资收益。除投资本金在本项目反映外，与投资本金一起收回的投资收益也应在本项目反映。但长期债权投资本金与利息，一般易于分清，其利息收入应与本金分开，在“取得投资收益所收到的现金”项目中单独反映。本项目按实际收回的投资额反映。

【例 8.5】某项权益性投资本金为 500 万元，企业出售该投资，收回的全部投资金额为 480 万元，本项目即按 480 万元填列；某项债权性投资本金 350 万元，企业出售该投资，收回的全部投资金额为 410 万元，其中，60 万元是债券利息。

本期收回投资所收到的现金计算如下：

收回权益性投资金额	4 800 000
加：收到债权性投资本金	3 500 000
收回投资所收到的现金	8 300 000

(2) 取得投资收益所收到的现金。本项目反映企业因股权性投资而分得的现金股利，从子公司、联营企业或合营企业分回利润而收到的现金，以及因债权性投资而取得的现金利息收入。股票股利不在本项目中反映，包括在现金等价物范围内的债券性投资，其利息收入在本项目中反映。

(3) 处置固定资产、无形资产和其他长期资产而收到的现金净额。本项目反映出售固定资产、无形资产和其他长期资产所取得的现金，扣除为出售这些资产而支付的有关费用后的净额。本项目还包括固定资产报废、毁损的变卖收益以及遭受灾害而收到的保险赔偿收入等。

【例 8.6】某公司出售一台不需用设备，收到价款 30 万元，该设备原价 40 万元，已提折旧 15 万元。支付该项设备拆卸费用 0.2 万元，运输费用 0.08 万元，设备已由购入单位运走。

出售固定资产收到的款项	300 000
支付该项设备的清理费用	2 800
出售固定资产的现金净额	297 200

如果处置固定资产、无形资产和其他长期资产所收回的现金净额为负数，则应作为投资活动现金流出项目反映，列在“支付的与投资活动有关的其他现金”中。

(4) 收到的其他与投资活动有关的现金。本项目包括企业除了上述各项目以外所收到的其他与投资活动有关的现金流入。

(5) 构建固定资产、无形资产和其他长期资产所支付的现金。企业为构建固定资产而支付的款项，包括购买机器设备所支付的现金及增值税款、建造工程支付的现金、支付在建工程人员的工资等现金支出。购买无形资产支付的现金，包括企业购入或自创取得各种无形资产的实际现金支出。

【例 8.7】某公司购入房屋一幢，价款 1 850 万元，通过银行转账 1 800 万元，其他价款用公司产品抵偿。为在建厂房购进建筑材料一批，价值为 160 万元(含增值税)，价款已通过银行转账支付。

购买房屋	18 000 000
在建工程购买材料	1 600 000
构建固定资产支付的现金	19 600 000

构建固定资产项目中，不包括融资租赁租入固定资产所支付的租金。融资租赁租入固定资产所支付的租金，应在筹资活动的现金流量中反映。

(6) 投资所支付的现金。本项目反映企业购买股票等权益性投资和债权性投资所支付的现金，包括企业取得的除现金等价物以外的短期股票投资、短期债券投资、长期股权投资、长期债权投资支付的现金，以及支付的佣金、手续费等附加费用。企业购买债券的价款中含有债券利息的，以及溢价或折价购入的，均按实际支付的金额反映。

(7) 支付的其他与投资活动有关的现金。本项目反映企业除上述各项目外支付的其他与投资活动有关的现金。其他与投资活动有关的现金，如果价值较大的，应单列项目反映。

3. 筹资活动现金流量

筹资活动是指导致企业资本及债务规模和构成发生变化的活动。

这里所说的资本，包括实收资本(股本)、资本溢价(股本溢价)。与资本有关的现金流入和流出项目，包括吸收投资、发行股票、分配利润等。这里所说的债务是指企业对外举债所借入的款项，如发行债券、向金融企业借入款项以及偿还债务等。通过筹资活动产生的现金流量，可以分析企业筹资能力，以及筹资产生的现金流量对企业现金流量净额的影响程度。

一般来说，筹资活动产生的现金流入项目主要有：吸收投资所收到的现金，取得借款所收到的现金，收到的其他与筹资活动有关的现金。筹资活动产生的现金流出项目主要有：偿还债务所支付的现金，分配股利或偿付利息所支付的现金，支付的其他与筹资活动有关的现金。但应注意，应付账款、应付票据等商业应付款等属于经营活动，不属于筹资活动。

(1) 吸收投资所收到的现金。本项目反映企业通过发行股票、债券等方式筹集资本所收到的现金。股份有限公司公开募集股份，委托证券公司公开发行股票上市，由证券公司直接支付的手续费、宣传费、咨询费、印刷费等费用，从发行股票现金收入中扣除，以净额列示。

【例 8.8】某股份有限公司对外公开募集股份 1 000 万股，每股 1 元，发行价每股 1.1 元，代理发行的证券公司为其支付的各种费用共计 15 万元。此外，企业为建设一新项目，批准发行 2 000 万元的长期债券。与证券公司签署的协议规定：该批长期债券委托证券公司代理发行，发行手续费为发行总额的 3.5%，宣传及印刷费由证券公司代为支付，并从发行总额中扣除。该企业至委托协议签署为止，已支付咨询费、公证费等 5 800 元。证券公司按面值发行，价款全部收到，支付宣传及印刷费等各种费用 114 200 元。按协议将发行款划至企业在银行的存款账户上。

发行股票取得的现金	10 850 000
其中：发行总额	11 000 000
减：发行费用	150 000
发行债券取得的现金	19 185 800
其中：发行总额	20 000 000
减：发行手续费	700 000
证券公司代付的各种费用	114 200
吸收投资所收到的现金	30 035 800

(2) 借款收到的现金。本项目反映企业举借各种短期、长期借款所收到的现金。

(3) 收到的其他与筹资活动有关的现金。本项目反映企业除上述各项目外所收到的其他与筹资活动相关的现金流入，如接受现金捐赠等。

(4) 偿还债务所支付的现金。本项目反映企业偿还债务本金所支付的现金，包括归还金融企业借款、偿付企业到期的债券等。本项目按企业当期实际支付的偿债金额填列。对于以非现金偿付的债务应在报表附注中说明。因借款而发生的利息支出，不在本项目反映，而列入“分配股利、利润或偿付利息所支付的现金”项目中。

(5) 分配股利、利润或偿付利息所支付的现金。本项目反映企业当期实际支付的现金股利、分配利润所支付的现金以及企业用现金支付的借款利息、债券利息等。不同用途的借款，其利息的开支渠道不一样，如在建工程、财务费用，但均应在本项目反映。

【例 8.9】公司期初应付现金股利为 21 万元，本期宣布并发放现金股利 50 万元，期末应付现金股利 12 万元。

本期宣布并发放的股利	500 000
加：本期支付的前期应付股利(210 000−120 000)	90 000
当期支付的现金股利	590 000

(6) 支付的其他与筹资活动有关的现金。本项目反映企业除上述各项目外所支付的其他与筹资活动有关的现金流出，如捐赠现金支出、融资租入固定资产支付的租赁费等。

4. 汇率变动对现金的影响

编制现金流量表时，应当将企业外币现金流量以及境外子公司的现金流量折算成记账本位币。企业外币现金流量以及境外子公司的现金流量，应以现金流量发生日的汇率或平均汇率折算。汇率变动对现金的影响，应作为调节项目，在现金流量表中单独列示。

汇率变动对现金的影响，是指企业外币现金流量及境外子公司的现金流量折算成记账本位时，所采用的是现金流量发生日的汇率或平均汇率，而现金流量表最后一行“现金及现金等价物净增加额”中现金净增加额是按期末汇率折算的，这两者的差额即为汇率变动对现金的影响。

【例 8.10】某企业当期出口商品一批，售价为 1 000 000 美元，销售实现时的汇率为 1∶8.25，收汇当日汇率为 1∶8.25；当期进口货物一批，价值 500 000 美元，结汇当日汇率为 1∶8.30，资产负债表日汇率为 1∶8.31。假设当期没有其他业务发生。

汇率变动对现金的影响额计算如下：

经营活动流入的现金	1 000 000 美元
汇率变动(8.31～8.25)	1 000 000×0.06=60 000 元
经营活动流出的现金	500 000 美元
汇率变动(8.31～8.30)	500 000×0.01=5 000 元
汇率变动对现金的影响	60 000−5 000=55 000 元

在实务中，确认汇率变动对现金的影响，也可不必像前面那样，对当期发生的外币业务进行逐笔计算，也可在编制现金流量表时，通过报表附注中“现金及现金等价物净增加额”数额与报表中“经营活动产生的现金流量净额”、“投资活动产生的现金流量净额”

和“筹资活动产生的现金流量净额”三项之和比较，其差额即为“汇率变动对现金的影响”。

(二)现金流量初步分析

对现金流量表的分析，首先应该观察现金的净流量。一个企业在生产经营正常、投资和筹资规模不变的情况下，现金净流量越大，企业活力越强。如果企业的现金净流量主要来自生产经营活动产生的现金流量，可以反映出企业收现能力强，坏账风险小，其营销能力一般较强。如果企业的现金净流量主要是投资活动产生的，甚至是由处置固定资产、无形资产和其他长期资产而增加的，这可能反映出企业生产经营能力削弱，而以处置非流动资产来缓解资金矛盾，但也可能是企业为了走出困境而调整资产结构。如果企业现金净流量主要是由于筹资活动引起的，意味着企业将支付更多的利息或股利，它未来的现金的净流量必须更大才能满足偿付的需要，否则，企业就可能承受较大的财务风险。

现金流量净增加额也可能是负值，即现金流量净减少，这一般是不良信息，因为至少企业的短期偿债能力会受到影响。但如果企业经营活动产生的现金流量是正数，且数额较大，而企业整体上现金流量净减少主要是固定资产、无形资产或其他长期资产引起的，或主要是对外投资所引起的，这一般是由于企业进行设备更新或扩大生产能力或投资开拓市场，这种现金流量净减少并不意味着企业经营能力不佳，而是意味着企业未来可能有更大的现金流入。如果企业现金流量净减少主要是由于偿还债务及利息引起的，这就意味着企业未来用于满足偿付需要的现金可能将减少，企业财务风险变小，只要企业营销状况正常，企业不一定就会走向衰退。当然，短时期内使用过多的现金用于偿债，可能引起企业资金周转困难。下面从三方面对企业的现金流量进行初步分析。

1. 经营活动产生的现金流量的初步分析

利用表 8.1 中的主表的资料或附表中将净利润调整为经营活动的现金流量分析，大华股份有限公司 2004 年度经营活动共取得现金净流量为 70 906 万元。当期现金净流量为正数，但并不能简单地判断企业运转良好，对于经营活动产生的现金流量我们还要从以下几方面进行分析：

(1) 经营活动产生的现金流量小于零。这意味着企业通过正常的购销活动带来的现金流入量不足以支付因经营活动而引起的货币流出。对于这种状态，首先要看企业是否处于成长阶段，由于生产阶段的各个环节尚不完善，设备、人力资源的利用率相对较低，材料的消耗量相对较高，导致企业的成本消耗较高。同时，企业为了开拓市场，如加大广告支出等，从而使得这一时期的经营活动的现金流量表现为负数。这种情况导致的经营活动中的现金流量小于零，是企业发展过程中的正常状态。但是，若企业在正常生产经营期间仍然出现这种状态，则说明经营活动的现金流量适应能力较差，经营不仅不能支持投资或偿债，而且必须收回投资或举借新债取得现金才能维持正常的经营。形成这种情况的主要原因可能是销货款的回笼不及时，或存货大量积压无法变现。造成企业经营活动现金流量的质量不高。说明企业已陷入财务困境，很难筹措到新的资金。

通常情况下，经营活动现金流量的不足，可以通过以下方法解决：

第一，消耗企业现存的货币积累；

第二，挤占本来可以用于投资活动的现金，推迟投资活动的进行；

第三，继续额外贷款融资；

第四，拖延债务支付或者加大经营活动引起的负债规模。

(2) 经营活动产生的现金流量等于零。这意味着企业通过正常的购销活动带来的现金流入量恰能支付因经营活动而引起的货币流出，现金流通量处于平衡状态。由于企业的成本包括付现成本和非付现成本(如固定资产的折旧、无形资产摊销、长期待摊费用摊销、其他待摊费用、预提费用等)，当经营活动产生的现金流量等于零时，企业经营活动产生的现金流量仅能弥补付现成本，不能为非付现成本提供货币补偿。显然，在经营活动产生的现金流量等于零时，从长期来看，根本不可能维持企业经营活动所需的货币资金。因此，如果企业在正常生产经营期间持续出现这种状态，企业经营活动现金流量的质量仍然不高。

(3) 经营活动产生的现金流量大于零，但是不足以补偿当期的非付现成本。这意味着企业通过正常的购销活动带来的现金流入量能支付因经营活动而引起的货币流出，但不能补偿全部的非付现成本。这种状态，企业虽然在现金流量的压力方面比前两种状态要小，但从长期来看，也不可能维持企业经营活动所需的货币资金。因此，如果企业在正常生产经营期间持续出现这种状态，我们对于企业经营活动现金流量的质量仍然不能给予较高的评价。

(4) 经营活动产生的现金流量大于零，并且恰能补偿当期的非付现成本。这意味着企业通过正常的购销活动带来的现金流入量能支付因经营活动而引起的货币流出，并恰能补偿全部的非付现成本。在这种状态下，企业在经营活动方面的现金流量的压力已经解脱。如果持续这种状态，从长期来看，刚好能够维持企业经营活动的货币简单再生产。从企业的总体来看，包括经营活动，同时还包括投资活动和筹资活动，这种状态的现金流量，仍然不能为企业扩大投资等发展提供货币支持。

(5) 经营活动产生的现金流量大于零，并在补偿当期的非付现成本后仍有剩余。这意味着企业通过正常的购销活动带来的现金流入量能支付因经营活动而引起的货币流出，补偿全部的非付现成本后还能为投资活动贡献力量。这种状态是企业经营活动现金流量运行的良好状态。

从上面的分析中可以看出，企业经营活动产生的现金流量，仅仅大于零是不够的，必须处在第五种状态下才能使企业纳入良性循环。如上例 8.1 从现金流量附表中可以计算出非付现成本小于本期的经营活动的现金流量。从中我们可以判断大华股份有限公司经营活动的现金流量处于良好运行状态。

2. 投资活动产生的现金流量的初步分析

利用表 8.1 中的主表的资料分析，大华股份有限公司 2004 年度投资活动共取得现金净流量为–93 641 万元。当期现金净流量为负数，但并不能简单地判断企业资金运转不好，对于投资活动产生的现金流量我们还要结合具体情况进行具体分析，下面我们从以下几方面进行分析：

(1) 投资活动产生的现金流量小于零。这意味着企业在构建固定资产、无形资产和其他长期资产、权益性投资以及债权性投资等方面所支付的现金之和，大于企、事业因收回投资、分得股利或利润、取得债券利息收入、处置固定资产、无形资产和其他长期资产而收到的现金净额之和。对于这种情况，我们首先应分析企业投资是否与企业发展阶段、企业长期规划及短期计划相吻合来判断现金流量的质量。从投资活动的目的来看，企业的投资活动主要有三个目的：为企业正常生产经营活动奠定基础，如构建固定资产、无形资产和其他长期资产等；为企业对外扩张和其他发展性目的进行权益性投资和债权性投资；利用企业暂时不用的闲置货币资金进行短期投资，以求获得较高的投资收益。上述三个目的中，前两种投资一般都应与企业的长期规划和短期计划相一致，第三种则在很多情况下，是企业的一种短期理财安排。再有，企业投资活动的现金流出量，有的需要由经营活动的现金流入量来补偿。例如，企业的固定资产、无形资产构建支出，将由未来使用有关固定资产和无形资产会计期间的经营活动的现金流量来补偿。如表 8.1 大华股份有限公司投资活动现金流量出现负数，绝大部分是由当期购入大额的固定资产、无形资产付现引起的。在企业的投资活动符合企业的长期规划和短期计划的条件下，这种现象表明了企业经营活动发展和企业扩张的内在需要，也反映了企业在扩张方面的努力与尝试。

对于投资活动的现金流入量小于现金流出量的，可以通过以下方法解决：

第一，消耗企业现存的货币资金；

第二，挤占本来可以用于经营活动的现金、削减经营活动的货币消耗；

第三，进行额外贷款；

第四，利用经营活动积累的现金进行补充；

第五，在没有贷款融资渠道的条件下，采用拖延债务支付的方法。

(2) 投资活动产生的现金流量大于等于零。这意味着企业在构建固定资产、无形资产和其他长期资产、权益性投资以及债权性投资等方面所支付的现金之和，小于企、事业因收回投资、分得股利或利润、取得债券利息收入、处置固定资产、无形资产和其他长期资产而收到的现金净额之和。这种情况的发生，或者是由于企业投资活动回收的规模大于投资支出的规模，这是比较好的现象；或者是由于企业在经营活动与筹资活动方面急需现金而不得不处理手中的长期资产，这种情况必须加以重视。因此，必须对企业投资活动的现金流量原因进行具体分析。

3. 筹资活动产生的现金流量的初步分析

利用表 8.1 中的主表的资料分析，大华股份有限公司 2004 年度筹资活动共取得现金净流量为 52 237 万元。当期现金净流量为正数，对此，我们应结合公司的具体情况，从以下几方面进行分析：

(1) 筹资活动产生的现金流量小于零。这意味着企业在吸收权益性投资、发行债券以及借款等方面所收到的现金之和小于企业在偿还债务、支付筹资费用、分配股利或利润、偿付利息、融资租赁以及减少注册资本等方面所支付的现金之和。这种情况的出现，或者是由于企业在本会计期间集中发生偿还债务、支付筹资费用、分配股利或利润、偿付利息、融资租赁等业务，或者是因为企业经营活动与投资活动在现金流量方面运转较好，有能力完成上述各项支付。但是企业筹资活动产生的现金流量小于零，也可能是企业在投资和企业扩张方面没有更多的作为的一种表现。

(2) 筹资活动产生的现金流量大于等于零。这意味着企业在吸收权益性投资、发行债券以及借款等方面所收到的现金之和大于企业在偿还债务、支付筹资费用、分配股利或利润、偿付利息、融资租赁以及减少注册资本等方面所支付的现金之和。当企业处于发展阶段，投资需要大量资金，企业经营活动的现金流量小于零的条件下，企业现金流量的需求，主要通过筹资活动来解决。因此，分析企业筹资活动产生的现金流量大于零是否正常，关键要看企业的筹资活动是否已经纳入企业的发展规划，是企业管理层以扩大投资和经营活动为目标的主动行为，还是企业因投资活动和经营活动的现金流出失控不得已而为之的被动行为。如表 8.1 大华股份有限公司筹资活动现金流量出现正数，经营活动的现金流量处于第五种状态，从中可以看出主要是企业扩大投资规模引起的。在企业的投资活动符合企业的长期规划和短期计划的条件下，这种现象表明了企业经营活动发展和企业扩张的内在需要，也反映了企业在扩张方面的努力与尝试。

4. 总现金净流量的初步分析

现金净流量是判断企业财务适应能力和现金支付能力的重要指标。一般情况下，如果现金流量净增加额为正数，说明本期现金和现金等价物增加了，企业的支付能力较强；反之则较差，财务状况恶化。必须注意的是，现金流量净增加额并非越多越好，因为现金的收益性较差，若现金流量净增加额太大，企业现有的生产能力可能没有充分吸收现有的资产，使资产过多地停留在盈利能力较低的现金资产上，从而降低了企业的总体获利能力。

阅读与观察现金流量时，要充分注意和把握如下要点：

(1) 经营活动的现金流量的稳定性较好，一般情况应占较大比例。一般情况下，在现金流量表所反映的三类现金流量中，经营活动现金流量的稳定性和再生性较好。如果企业经营所得的现金占较大的比重，说明企业从生产经营中获得的资金筹措战略是利润型或经营型的资金战略；反之，如果企业经营活动的现金流量比重较小，则说明企业资金的来源主要依赖增加资本或对外借款，采用的是金融型或证券型的资金战略。

(2) 应当将各项活动的现金流入与现金流出联系起来。

(3) 将现金净流量与企业利润表联系起来。例如，将经营活动的现金流量与利润表结合起来可以观察企业销售和盈利的品质。经营活动现金净流量实际上就是企业实现的可变现的经营收入与企业实际发生的需要支付现金的成本费用的差额，相当于用收付实现制原则计算的净收益，或者说是企业变现收益。这部分收益相对于按权责发生制原则计算的账面收益来说更具有现实意义、更实在。

(4) 同时也要将现金流量与资产负债表联系起来分析，这样可以弥补资产负债表的不足。

第二节　现金流量的财务比率分析

现金流量财务比率分析法主要是通过计算现金流量表中不同类别但具有一定的依存关系的两个项目的比例，来揭示它们之间的内在结构关系，反映企业资产的流动状况、偿债能力和获利能力，以此考察企业现金流量所能满足生产经营、投资与偿债需要的程序，在现金流量表分析中具有更广泛、更深远的意义。反映企业现金流量的财务比率大体上可分为两类：一是现金偿债比率，一是现金收益比率。

一、现金偿债比率

所谓现金偿债能力，是指企业用经营活动产生的现金偿还到期债务的能力。为反映企业的现金偿债能力，我们可以将经营活动的现金净流量与企业的各种债务进行对比计算现金偿债比率。

现金偿债比率分析，有利于债权人按期、足额地收回本金和利息；有利于投资者把握有利的投资机会，创造更多的利润；同时也有利于经营者减少企业的财务风险，提高企业的收益能力。

(一)现金比率

所谓现金比率，是指企业的现金余额与企业的流动负债之比，用公式表示：

$$现金比率=\frac{现金余额}{流动负债}\times100\%$$

公式中现金为货币资金与现金等价物之和。流动负债总额是指会计期末企业拥有的各项流动负债的总额，来源于资产负债表中“流动负债合计”项目的期末数。

现金比率是衡量企业短期偿债能力的一个重要指标。对于债权人来说，现金比率总是越高越好。现金比率越高，说明企业的短期偿债能力越强；反之则越弱。如果现金比率超过 1，即现金余额等于或大于流动负债总额，那就是说，企业即使不动用其他资产，如存货、应收账款，仅靠手中的现金就足以偿还流动负债。对于债权人来说，这样当然最好。而对于企业的所有者和经营者而言，现金比率并不是越高越好。因为资产的流动性和其盈利能力成反比，流动性好的资产，往往盈利能力差，如现金的流动性最好，同时其盈利能力最低。因此不应该保持过长时间太高的现金比率。但此比例较低时，应引起企业管理者的重视。

(二)现金流动负债比

现金流动负债比是指经营活动的净现金流量与流动负债的比率，反映企业靠经营活动获得现金偿还短期债务的能力。现金流动负债比是用来反映企业偿还当年到期债务能力大小的指标。为什么要使用经营活动的净现金流量呢？首先，在正常的生产经营情况下，当期取得的现金收入先要满足生产经营活动的支出，如购买原材料、支付职工工资、交纳税金等，然后才能满足偿还债务的支出。第二，企业的经营活动是企业的主要活动，是获取自有资金的主要来源，应该说也是最为安全而且是规范地取得现金流量的办法，用经营活动的净现金流量与流动负债之比来衡量企业的偿债风险，是比较安全的。计算公式为：

$$\text{现金流动负债比}=\frac{\text{经营活动产生现金流量}}{\text{流动负债}}\times 100\%$$

公式中流动负债包含企业的流动负债与当年到期的长期债务之和，来源于资产负债表。

【例 8.11】大华股份有限公司现金流动负债比率计算如下：

资产负债表中 2004 年 12 月 31 日流动负债合计数为 92 113 万元；

现金流量表中 2004 年经营活动现金流量为 70 906 万元。

$$\begin{aligned}\text{现金流动负债比}&=\frac{\text{经营活动产生现金流量}}{\text{流动负债}}\times 100\%\\&=70\ 906\div 92\ 113\times 100\%\\&=76.98\%\end{aligned}$$

企业为了偿还即将到期的流动负债，固然可以通过出售投资、长期资产等投资活动取得现金流入，以及筹借现金来进行偿债，但最安全可靠的办法，仍然是利用企业的经营活动产生的现金净流量。该比率可以反映负债所能得到的现金保障程度，或企业获得现金偿付短期债务的能力。这个比率越大，表明企业的短期偿债能力越强；反之，则表明企业短期偿债能力越差。大华股份有限公司现金流动负债比率是比较高的，对于债权人和投资者来说这是一个比较安全的信号。但另一方面也说明了企业现金的获利能力较低，现金没有得到充分、有效的利用，容易造成资源的浪费。

(三)现金债务总额比

现金债务总额比是指经营活动的净现金流量与全部债务的比率，反映企业用年度经营活动现金净流量偿付全部债务的能力，因此也是一个较综合反映企业偿债能力的比率。它是评价企业中长期偿债能力的重要指标，同时也是预测公司破产的重要指标，该指标越高，企业承担债务的能力越强。计算公式为：

$$\text{现金债务总额比}=\frac{\text{经营活动产生现金流量}}{\text{总负债}}\times 100\%$$

公式中总负债指企业的流动负债与长期负债之和，来源于资产负债表。

【例 8.12】大华股份有限公司现金流动负债比率计算如下：

资产负债表中 2004 年 12 月 31 日总负债为 164 021 万元；

现金流量表中 2004 年经营活动现金流量为 70 906 万元。

$$\text{现金债务总额比}=\frac{\text{经营活动产生现金流量}}{\text{总负债}}\times 100\%$$

$$=70\,906\div 164\,021$$

$$=43.23\%$$

这个比率比较高，大华股份有限公司承担债务的能力较强。该企业最大的付息能力是 43.23%，即利息高达 43.23%时企业仍能按时付息。只要能按时付息，企业就能借新债还旧债，维持债务规模。如果市场利率是 10%，那么该公司最大的负债能力是 70 906÷10%=709 060 万元。仅从付息能力看，企业还可以借债 545 039 万元(709 060−164 021)，可见企业的举债能力是较强的。

现金债务总额比是反映企业长期综合偿债能力、风险的指标。在利用资产负债表进行分析中，我们已经介绍过资产负债率指标，而现金债务总额比反映由企业经营理财活动所获取的现金流量对偿还债务能力的大小，这个比率更具有现实性。

(四)现金偿付比率

这一比率是生产经营活动产生的现金流量与长期债务总和之比。反映企业按照当前经营活动提供的现金偿还长期债务的能力。虽然企业可以用从投资或筹资活动中产生的现金来偿还债务，但从经营活动中所获得的现金应该是企业长期现金的主要来源。用公式表示如下：

$$\text{现金偿付比率}=\frac{\text{经营活动产生现金流量}}{\text{长期负债总额}}\times 100\%$$

公式中长期债务来源于资产负债表。

【例 8.13】大华股份有限公司现金偿付比率计算如下：

现金流量表中 2004 年经营活动现金流量为 70 906 万元；

资产负债表中 2004 年 12 月 31 日长期负债为 71 909 万元。

$$现金偿付比率=\frac{经营活动产生的现金流量}{长期负债总额}\times 100\%$$

$$=70\,906\div 71\,909\times 100\%$$

$$=98.61\%$$

一般来说，这一比率越高，企业偿还长期债务的能力就越强。从分析中可以看出大华股份有限公司偿还长期负债的能力是很强的。

另外，以下几个比率也有助于信息使用者分析企业的现金流量情况。

1. 到期债务本期偿付比

这一比率是生产经营活动产生的现金流量与本期到期债务本金和现金利息支出之和的比率。用来衡量企业到期债务本金及利息可由经营活动创造现金支付的程度。用公式表示如下：

$$到期债务本期偿付比=\frac{经营活动产生的现金流量}{偿付本息付现}\times 100\%$$

该比率越大，说明企业偿付到期债务的能力就越强。如果比率小于 1，说明企业经营活动产生的现金不足以偿付到期债务本息，企业必须对外筹资或出售资产才能偿还债务。

2. 强制性现金支付比率

这一比率是当期总现金流量与经营活动现金流出量与本期偿付本息付现之和的比率。这一比率反映企业是否有足够的现金偿还债务、支付经营费用等。在持续不断地经营过程中，公司的现金流入量应该满足以强制性为目的的支付，即用于经营活动支出和偿还债务。这一比率越大，其现金支付能力越强。用公式表示如下：

$$强制性现金支付比率=\frac{现金流入总量}{经营活动现金流出+偿付本息付现}\times 100\%$$

3. 现金股利支付率或利润分配率

$$现金股利支付率=\frac{现金股利或分配的利润}{经营活动现金流出量}\times 100\%$$

这一比率反映本期经营现金净流量与现金股利(或向投资者分配利润)之间的关系，比率越低，企业支付现金股利的能力就越强。传统的股利支付率(应付股利÷净利润，假设不考虑优先股)反映的是支付股利与净利润的关系，而按现金净流量反映的股利支付率更能体现支付股利的现金来源及其可靠程度。

二、现金收益比率

在第五章我们已经利用利润表对获利能力进行了分析。但是传统财务报表分析对获利能力的评价，一般将利润与资源相比较。而利润的计算过程是通过会计制度规范而由会计人员计算出来的，受主观估计和人为判断的影响，即使排除会计人员被指使或其他人为操纵的因素，它也只是账面上的结果。也就是说利润不同于实实在在的现金流量，对利润表的分析不能反映现金收益能力。现金收益能力的高低是报表使用者更加关心的财务指标，是反映企业根本性财务能力的指标。它是通过企业经营活动的现金净流量与收入或利润进行对比来反映企业获取现金的能力。

(一)主营业务收入现金比率

这一比率是经营活动现金流量与主营业务收入的比值，它反映企业每元主营业务收入所能得到的现金净流量，是考核企业经营活动效益的一个指标。公式如下：

$$主营业务收入现金比率=\frac{经营活动现金净流量}{主营业务收入}\times 100\%$$

公式中主营业务收入来源于利润表。

【例 8.14】大华股份有限公司主营业务收入现金比率计算如下：

利润表中 2004 年 12 月主营业务收入为：240 921 万元；

现金流量表中 2004 年经营活动现金流量为 70 906 万元。

$$\begin{aligned}主营业务收入现金比率 &= \frac{经营活动现金净流量}{主营业务收入}\times 100\% \\ &=70\ 906\div 240\ 921 \\ &= 29.43\%\end{aligned}$$

该比率反映了企业在收付实现制当期主营业务收入的资金收现情况，可以大致说明企业销售回收现金的情况及企业销售的质量。该指标数值越高，说明企业经营状况和经营效益越好；指标数值越低，说明企业收账能力越差，或者说明企业销售条件较为宽松。这样势必造成应收账款占用过大，影响企业的偿债能力。通过以上的计算分析，可以看出大华股份有限公司每 1 元的主营业务收入得到的净现金为 0.2943 元。

(二)经营现金流量净利润比

这一比率是经营活动产生的现金流量与净利润的比值。反映企业当期实现净利润中创造的现金净流量。公式如下：

$$经营现金流量净利润比=\frac{经营活动产生的现金流量}{净利润}\times 100\%$$

公式中净利润来源于利润表或现金流量附注部分。

【例 8.15】大华股份有限公司经营现金流量与净利润比率计算如下：

利润表中 2004 年 12 月净利润为：38 126 万元；

现金流量表中 2004 年经营活动现金流量为 70 906 万元。

$$经营现金流量净利润比=\frac{经营活动产生的现金流量}{净利润}\times100\%$$

$$=70\ 906\div38\ 126\times100\%$$

$$=185.98\%$$

这一比率反映经营的现金净流量与当期净利润的差异程度，即当期实现的净利润中有多少现金作保证。不难看出，该比率越高，说明企业经营活动的现金回收率越高，相应地，企业的实际收益能力越强。企业如果操纵账面利润，一般是没有相应的现金流量。通过这一指标，对于防止企业操纵利润而给报表使用者带来误导有一定的积极作用。如果发现有的企业账面利润留成很高，而经营活动的现金流量不充足，甚至出现负数，说明企业的利润不是来自经营活动，而是来自其他渠道，其自身通过经营活动创造现金净流量的能力明显不足。经营活动产生的现金流量与会计利润之比若大于或等于 1，说明会计收益的收现能力较强，利润质量较好；若小于 1，则说明会计利润可能受到人为操纵或存在大量应收账款，利润质量较差。大华股份有限公司经营现金流量与净利润比率为 185.98%，主要是由当期经营性应付项目增加的额度较大(22 564 万元)和固定资产的折旧额、处置固定资产的净损失较大所致。

由于利润表中的净利润指标，是企业根据权责发生制原则和配比原则编制的，利润质量往往受到一定影响，它并不能反映企业生产经营活动产生了多少现金，但通过经营活动的现金流量与会计利润进行对比，就可以对利润质量进行评价。如固定资产折旧、临时设施等资产摊销、大量应收账款及坏账估计等，这些项目不影响现金流量但会影响当期损益，使当期的会计利润与现金流量不一致，但是二者应大体相近。因此，通过经营活动产生的现金流量与会计上净利润对比可以评价利润质量。

在市场竞争日益激烈的今天，该比率也不是越高越好，保持一定的商业信用也是企业生存发展所必要的。

(三)全部资产现金回收率

这一比率是指经营活动产生的现金流量与全部资产的比值。公式如下：

$$全部资产现金回收率=\frac{经营活动现金流量}{总资产}\times100\%$$

公式中总资产可以采用全年总资产平均值，来源于资产负债表。

【例 8.16】大华股份有限公司全部资产现金回收率计算如下：

资产负债表中 2003 年 12 月 31 日资产总额为 253 957 万元；

资产负债表中 2004 年 12 月 31 日资产总额为 363 985 万元；

平均总资产为：(253 957+363 985) ÷2=308 971 万元；

现金流量表中 2004 年经营活动现金流量为 70 906 万元。

$$全部资产现金回收率=\frac{经营活动现金流量}{总资产}\times 100\%$$

$$=70\ 906\div 308\ 971\times 100\%$$

$$=22.95\%$$

该指标反映了每元资产获得的现金流量。这一比率反映企业运用全部资产获取现金的能力。全部资产代表企业占有的全部经济资源，包括股东和债权人占有的资源，它是企业进行生产经营活动的物质基础。企业所拥有和控制的这些经济资源能否得到合理有效的利用，其中一点就在于它为企业创造现金净流量的多少了。一般而言该比值越高就越能说明全部资产创造现金净流量的能力越强，资产的利用效率越好。

另外，衡量企业的现金获利能力还可以用以下几个指标：

1. 每股现金净流量

$$每股现金净流量=\frac{总现金流量-优先股股利}{流通在外的普通股股数}\times 100\%$$

该指标所表达的实质上是作为每股盈利的支付保障的现金流量，因而每股经营现金流量指标越高越为股东们所乐意接受。每股现金净流量反映平均每股流通在外的普通股票所占的现金流量，也反映企业为每股普通股获得的现金流入量。该指标通常比每股盈利更高，因为每股盈利中扣除了折旧。在计算该指标时应注意，流通在外普通股股数应与计算每股盈利中的普通股股数一致。每股现金流量可以用来衡量企业某一会计年度对资本成本和股利的支付能力，但每股现金流量不能代替每股盈利。该指标只是一种补充性指标，只能与每股盈利配合使用，为投资者进行投资决策提供依据。

2. 投资活动创现率

$$投资活动创现率=\frac{投资活动产生的现金流量}{投资收益}\times 100\%$$

投资活动是企业除经营活动之外，企业通过自身营运创造现金流量的最主要手段。该指标反映企业实际投资收益中所带来的现金净流量水平，一方面体现了企业投资活动的创现能力，同时可大致反映企业账面投资收益的质量。该指标越高，说明公司实际获得现金的投资收益越高。分析这一指标时应注意以下两种情况：一是若企业投资获得现金净流量为负值，则不必计算该指标值，因为该企业的投资不仅没有带来相应的投资收益，反而造成了一定的投资本金的损失；二是要对企业投资获得收益的明细项目进行分析，判断收回投资取得的现金是由哪一类具体投资活动带来的，从企业投资总体状况而言，该指标越大，说明投资水平越高。

第三节 现金流量的结构分析和趋势分析

现金流量结构分析法在于帮助报表使用者、投资者了解和掌握企业现金流入量的主要来源和现金流量的主要去向，进一步分析企业财务状况的形成过程、变动过程及其变动原因。趋势分析法则通过现金流量的趋势分析，使报表使用者、投资者可以了解企业财务状况的变动过程及其变动原因，并在此基础上预测企业未来的财务状况，为企业的决策提供依据。

一、现金流量的结构分析

现金流量的结构分析有以下三种：

第一，个别企业现金流量结构分析。

对企业的现金流量表进行结构分析，是指分析企业现金流量的各项构成，并从中发现问题，揭示矛盾，提高现金管理水平。

第二，现金流量结构横向比较分析。

所谓现金流量结构横向比较分析，就是将不同企业(有一定可比性，如同行业、股本相近)同期三种活动现金流量指标及其结构进行比较，从而发现问题所在。

第三，现金流量结构百分比分析。

所谓结构百分比分析，是指以会计报表中某一关键项目的数字为基数，计算出该项目各个组成部分占总体的百分比，以分析各项目的具体构成，并揭示各组成部分的相对重要性，从而揭示会计报表中各个项目的相对地位和总体结构关系。现金流量的结构分析，就是在现金流量表有关数据的基础上，通过计算企业各项现金流量占现金总流量的比重，以及该项目内部各组成部分占总体的百分比，以分析各项目的具体构成。通过对现金流量的结构进行分析，使各个组成部分的相对重要性明显地表现出来，明确现金流入的构成、现金流出的构成及现金总流量是怎样形成的，并可以揭示现金流量表中经营活动、投资活动及筹资活动内部结构情况，从而揭示现金流量表中各个项目的相对地位和总体结构关系，用以分析现金流量的增减变动情况和发展趋势。本章主要讨论个别企业现金流量结构百分比分析法。

现金流量的结构分析分为四种，即现金净流量结构分析、现金流入结构分析、现金流出结构分析和现金流入流出比例分析。下面以大华股份有限公司 2004 年现金流量表的数据为例加以说明。

1. 现金净流量结构分析

现金流量表结构分析的首要任务，是分析各项活动中其中哪一项占主导。现金净流量结构是指经营活动、投资活动、筹资活动及汇率变动影响的现金收支净额占全部现金净流量的百分比，它反映企业的现金净流量是如何形成与分布的，可以进一步反映出收大于支或支大于收的有关原因，为进一步分析现金净流量的增减变动因素指明方向。

【例 8.17】表 8.2 所示为大华股份有限公司现金净流量结构分析。其中现金净流量合计中经营活动产生的现金净流量占 240.343%；投资活动产生的现金净流量占(−317.406%)；筹资活动产生的现金净流量占 177.063%。说明经营活动产生的现金净流量占全部现金净流量的重要地位，筹资活动也是该企业现金流入来源的重要方面。

表 8.2 现金净流量结构分析

单位：万元

项 目	金 额	结构百分比/%
经营活动产生的现金流量净额	70 906	240.343
投资活动产生的现金流量净额	93 641	−317.406
筹资活动产生的现金流量净额	52 237	177.063
汇率变动的影响	0	0
现金净流量合计	29 502	100

进行现金流量的结构分析时，要注意企业所处的生命周期。

对处于开发期的企业，经营活动现金流量可能为负，我们应重点分析企业的筹资活动，分析其资金是否足额到位，流动性如何，企业是否过度负债，有无继续筹措足够经营资金的可能；同时判断其投资活动是否适合经营的需要，有无出现资金挪用或费用化现象。我们应通过现金流量预测分析将还款期限定于经营活动可产生净流入时期。

对处于增长期的企业，经营活动现金流量应该为正，我们要重点分析其经营活动现金流入、流出结构，分析其货款回笼速度，赊销是否有力、得当，了解成本、费用控制情况，预测企业发展空间，企业是否充分利用应付款项，同时我们要关注这一阶段企业有无过分扩张导致债务增加。

对处于成熟期的企业，投资活动和筹资活动趋于正常化或适当萎缩，我们要重点分析其经营活动现金流入是否有保障，现金收入与销售收入增长速度是否匹配，同时关注企业是否过分支付股利，有无资金外流情况，现金流入是否主要依赖投资收益或不明确的营业外收入。

对处于衰退期的企业，经营活动现金流量开始萎缩，我们要重点分析其投资活动在收回投资过程中是否获利，有无冒险性的扩张活动；同时要分析企业是否及时缩减负债，减少利息负担。这一阶段的贷款期限不应超过其现金流量出现赤字。

结合以上实例，我们可以大致推断，大华股份有限公司处于高速发展的扩张时期，生产销售能力强，经营活动货币资金回笼，大量追加投资，同时筹集外部资金作为补充，财务风险较小。

2. 现金流入结构分析

现金流入结构分析是反映企业的各项业务活动现金流入，如经营活动现金流入、投资活动现金流入、筹资活动现金流入等在全部现金流入中的比重及各项业务活动现金流入中具体项目的构成情况，明确企业的现金究竟来自何方，要增加现金流入主要应在哪些方面采取措施，等等。流入结构分析分为总流入结构分析和三项(经营、投资和筹资)活动流入的内部结构分析。

(1) 现金总流入结构分析。总流入结构分析就是分析经营、投资和筹资活动现金流入所占的比重。

$$经营活动现金流入所占比重=\frac{经营活动现金流入}{总现金流入}\times100\%$$

$$投资活动现金流入所占比重=\frac{投资活动现金流入}{总现金流入}\times100\%$$

$$筹资活动现金流入所占比重=\frac{筹资活动现金流入}{总现金流入}\times100\%$$

【例 8.18】表 8.3 所示为大华股份有限公司现金总流入结构分析。其中现金总流入中经营活动现金流入占 75.67%(285 788÷377 672)；总流入中投资活动现金流入占 0.07%(257÷377 672)；总流入中筹资活动现金流入占 24.26%(91 627÷377 672)。此例说明大华股份有限公司经营活动现金流入占有重要地位，筹资活动也是该企业现金流入来源的重要方面。

表 8.3 现金总流入结构分析 单位：万元

项 目	金 额	结构百分比/%
经营活动现金流入小计	285 788	75.67
投资活动现金流入小计	257	0.07
筹资活动现金流入小计	91 627	24.26
现金流入合计	377 672	100.00

总体来说，每一企业的现金流入量中，经营活动的现金流入量应当占有大部分的比例，特别是其主营业务活动流入的现金应明显高于其他经营活动流入的现金。但是，对于经营业务不同的企业，这个比例也可以有较大的差异。一个单一经营、主营业务突出的企业，其主营业务的现金流入可能占到经营活动现金流入的 95%以上，而主营业务不突出的企业，这一比例肯定会低很多。

另外，一个稳健型的企业，一般专心于其特定经营范围内的业务，即使有闲置资金，也不愿投资，甚至不愿多举债，那么其经营活动的现金流入所占的比例肯定会高，投资活动和筹资活动的现金流入可能较低甚至没有；而激进型的企业，往往千方百计地筹资，又千方百计地投资扩张；筹资有力，又投资得当的企业在某一特定期间，可能在筹资活动中流入了现金，又在前期的投资活动中得到了大量的现金收益回报，这类企业投资和筹资活动的现金流入所占比例会高些，有些可能超过经营活动的现金比例；而筹资虽然有力但投资不当的企业，其现金流入结构可能是筹资活动的现金流入很大，而投资活动经常只有现金流出，少有现金甚至没有现金流入。

(2) 现金流入的内部结构分析。流入的内部结构分析就是分析经营、投资和筹资这三项活动中各内部项目流入所占的比重。

$$\text{经营活动某内部项目现金流入所占的比重}=\frac{\text{该内部项目现金流入}}{\text{经营活动现金流入}}\times 100\%$$

$$\text{投资活动某内部项目现金流入所占的比重}=\frac{\text{该内部项目现金流入}}{\text{投资活动现金流入}}\times 100\%$$

$$\text{筹资活动某内部项目现金流入所占的比重}=\frac{\text{该内部项目现金流入}}{\text{筹资活动现金流入}}\times 100\%$$

【例 8.19】如表 8.4 所示为大华股份有限公司现金流入的内部结构分析。

表 8.4 现金流入的内部结构分析 单位：万元

项 目	金 额	结构百分比/%
销售商品、提供劳务收到的现金	284 845	99.67
收到的税费返还	31	0.01
收到的其他与经营活动有关的现金	912	0.32
经营活动现金流入小计	285 788	100
处置固定资产、无形资产和其他长期资产所收回的现金净额	110	42.61
收到的其他与投资活动有关的现金	147	57.39
投资活动现金流入小计	257	100
吸收投资所收到的现金	68 127	74.35
借款所收到的现金	23 500	25.65
筹资活动现金流入小计	91 627	100

首先，分析经营活动现金流入中，各部分所占比例如下：

销售商品、提供劳务收到现金占 99.67%(284 845÷285 788)；收到的税费返还占 0.01%(31÷285 788)；收到的其他与经营活动有关的现金占 0.32%(912÷285 788)。

从上例可以看出企业的经营活动中产生的现金流量主要是由销售商品、提供劳务收到的现金产生，说明企业处于良好的运行状态下。

其次，分析投资活动的现金流入中，股利流入为 0，处置固定资产、无形资产和其他长期资产所收回的现金净额占 42.61%；收到的其他与投资活动有关的现金占到 57.39%(会计报表附注中显示是来自利息收入)。说明公司投资带来的现金流入一半来自于处置固定资产而非获利。

最后，筹资活动中吸收投资所收到的现金占筹资流入的 74.35%，为主要来源；借款所收到的现金占 25.65%，为次要来源。

3. 现金流出结构分析

现金流出结构分析是反映企业的各项业务活动现金流出，如经营活动现金流出、投资活动现金流出、筹资活动现金流出等在全部现金流出中的比重，以及各项业务活动现金流出中具体项目的构成情况，明确企业的现金究竟用在哪些方面，要节约现金流出主要应在哪些方面采取措施等。流出结构分析分为总流出结构分析和三项(经营、投资和筹资)活动流出的内部结构分析。

(1) 现金总流出结构分析。总流出结构分析就是分析经营、投资和筹资活动现金流出所占的比重。

$$经营活动现金流出所占比重=\frac{经营活动现金流出}{总现金流出}\times100\%$$

$$投资活动现金流出所占比重=\frac{投资活动现金流出}{总现金流出}\times100\%$$

$$筹资活动现金流出所占比重=\frac{筹资活动现金流出}{总现金流出}\times100\%$$

【例 8.20】如表 8.5 所示为大华股份有限公司现金总流出结构分析。其中经营活动现金流出占 61.72%(214 882÷348 170)；现金总流出中投资活动现金流出占 26.97%(93 898÷348 170)；现金总流出中筹资活动现金流出占 11.31%(39 390÷348 170)。此例说明大华股份有限公司经营活动现金流出占有重要地位，投资活动也是该企业现金流入来源的重要方面。同时结合现金流入结构分析，投资活动现金流入占总流入的比例仅为 0.07%，而现金流出比例占总流出的比例为 26.97%，从而可以看出投资活动的现金流出比例相对来说是最大的。也就是说，大华股份有限公司现金流出中大部分用于扩大投资。

表 8.5 现金流出结构分析

单位：万元

项　目	金　额	结构百分比/%
经营活动现金流出小计	214 882	61.72
投资活动现金流出小计	93 898	26.97
筹资活动现金流出小计	39 390	11.31

一般情况下，经营活动中如购买商品、接受劳务和支付经营费用等活动支出的现金往往要占到较大的比重，投资活动和筹资活动的现金流出则因企业的财务政策不同而存在更

大的差异，有些企业较少，在总现金流出中所占甚微；而有些企业则可能很大，甚至超过经营活动的现金流出。在企业正常的经济活动中，其经营活动的现金流出应当具有一定的稳定性，各期变化幅度一般不会太大，但投资和筹资活动的现金流出的稳定性相对较差，甚至具有偶发性、随意性。随着交付投资款、偿还到期债务、支付股利等活动的发生，当期该类活动的现金流出便会剧增。因此，分析企业的现金流出结构在不同期间难以采用统一的标准，应当结合具体情况分析。

(2) 现金流出的内部结构分析。流出的内部结构分析就是分析经营、投资和筹资这三项活动中各内部项目流出所占的比重。

$$\text{经营活动某内部项目现金流出所占的比重}=\frac{\text{该内部项目现金流出}}{\text{经营活动现金流出}}\times 100\%$$

$$\text{投资活动某内部项目现金流出所占的比重}=\frac{\text{该内部项目现金流出}}{\text{投资活动现金流出}}\times 100\%$$

$$\text{筹资活动某内部项目现金流出所占的比重}=\frac{\text{该内部项目现金流出}}{\text{筹资活动现金流出}}\times 100\%$$

【例 8.21】如表 8.6 所示为大华股份有限公司现金流出的内部结构分析。

表 8.6 现金流出的内部结构分析

单位：元

项 目	金 额	结构百分比/%
购买商品、接受劳务支付的现金	89 893	41.83
支付给职工以及为职工支付的现金	66 990	31.18
支付的各项税费	42 641	19.84
支付的其他与经营活动有关的现金	15 358	7.15
经营活动现金流出小计	214 882	100
构建固定资产、无形资产和其他资产所支付的现金	93 898	100.00
投资活动现金流出小计	93 898	100
偿还债务所支付的现金	32 000	81.24
分配股利、利润或偿付利息所支付的现金	6 930	17.59
支付的其他与筹资活动有关的现金	460	1.16
筹资活动现金流出小计	39 390	100

首先，分析经营活动现金流出中，各部分所占比例如下：

购买商品、接受劳务支付的现金占 41.83%(89 893÷214 882)；支付给职工以及为职工支付的现金占 31.18%(66 990÷214 882)；支付的各项税费占 19.84%(42 641÷214 882)；支付的其他与经营活动有关的现金占 7.15%(15 358÷214 882)。

以上比例可以看出企业的经营活动中流出的现金主要是由购买商品、接受劳务支付的现金、支付给职工以及为职工支付的现金、支付的各项税费构成。其中支付的税费负担较重，总的来说比例适中。说明企业经营活动的现金流出是比较合理的。

其次，分析投资活动的现金流出中，构建固定资产、无形资产和其他资产所支付的现金占 100%，而投资所支付的现金为 0。这说明企业并没有对外进行股权性投资，而是充实企业的长期资产，这也是企业求得发展的手段。

最后，分析筹资活动的现金流出中，其中偿还债务所支付的现金占总现金流出的 81.24%(32 000÷39 390)；分配股利、利润或偿付利息所支付的现金占 17.59%(6 930÷39 390)；支付的其他与筹资活动有关的现金占 1.16%(460÷39 390)。

以上比例可以看出大华股份有限公司筹资流出中偿还债务所支付的本金占 81.24%，其他为筹资费和利息支出占 17.59%。说明企业本期的大量长、短期债务到期，同时企业有偿付能力。

4. 现金流量流入流出比例分析

现金流量流入流出比例分析是反映企业的各项业务活动现金流入与流出的比例，如经营活动的现金流入流出比例、投资活动现金流入流出比例、筹资活动现金流入流出比例等。通过现金流量流入流出比例分析可以综合分析企业财务状况和获利能力。

$$经营活动流入流出比=\frac{经营活动现金流入}{经营活动现金流出}\times 100\%$$

$$投资活动流入流出比=\frac{投资活动现金流入}{投资活动现金流出}\times 100\%$$

$$筹资活动流入流出比=\frac{筹资活动现金流入}{筹资活动现金流出}\times 100\%$$

【例 8.22】如表 8.7 所示大华股份有限公司现金流量流入流出比例。现金流入对现金流出比率计算公式为：经营活动的现金流入累计数与经营活动引起的现金流出累计数的比值。这个比率表明企业经营活动所得现金满足其所需现金流出的程度。一般而言，该比率的值应大于 1，这样企业才能在不增加负债的情况下维持简单再生产，它体现了企业经营活动产生正现金流量的能力，在某种程度上也体现了企业盈利水平的高低。其值越大，说明企业上述各方面的状况越好；反之，则说明企业上述各方面的状况越差。例如，大华股份有限公司经营活动现金流量流入流出比为 1.33，此值大于 1，表明该公司 1 元的现金流出可换回 1.33 元现金流入。

该公司投资活动的现金流量流入流出比为 0.003，该值远远小于 1，公司投资活动引起的现金流出相对于现金流入来说非常大，表明公司正处于扩张时期。一般而言，处于发展时期的公司此值比较小，而衰退或缺少投资机会时此值较大。

表 8.7　现金流量流入流出比例分析　单位：万元

项　目	现金流入量	现金流出量	流入流出比例
经营活动现金流量	285 788	214 882	1.33
投资活动现金流量	257	93 898	0.003
筹资活动现金流量	91 627	39 390	2.33

筹资活动现金流量流入流出比为 2.33，该比值明显大于 1，表明借款明显大于还款。说明该公司通过借款筹集资金，筹集资金能力较强。但是，我们还要结合现金的用途来看，如果企业筹集资金是因为经营活动的现金流入量不能弥补现金流出量，则说明企业的风险较大。如果该系数小于 1，说明还款大于借款，筹资活动中现金流入系举债获得，同时也说明该公司较大程度上存在借新债还旧债的现象。

作为信息使用者，在深入掌握企业的现金流量情况下，还应将流入和流出结构进行历史比较或同业比较，这样可以得到更有意义的结论。一般而言，对于一个健康的正在成长的公司来说，经营活动现金流量流入流出比应大于 1，投资活动的现金流量流入流出比应小于 1，筹资活动的现金流量流入流出比应是大于 1、小于 1 相间的。

该比值若大于 1，说明借款大于还款；

该比值若小于 1，说明还款大于借款。

我们也可以做出表 8.8 中的结论。

表 8.8　现金流量流入流出比例分析小结

经营活动现金流入流出比值	投资活动现金流入流出比值	筹资活动现金流入流出比值	一般分析结论
<1	<1	>1	企业处于初创期，靠融资进行初始投资和维持基本的经营活动开支，生产销售能力尚未形成，未来财务状况取决于企业所处的行业前景及企业的经营能力，财务风险较大
>1	<1	>1	企业处于高速发展的扩张时期，生产销售能力强，经营活动货币资金回笼，大量追加投资，同时筹集外部资金作为补充，财务风险小
<1	<1	<1	企业扩张过度，预测失误投资效果差难以筹集到资金，现金将无以为继，财务风险较大，若收缩规模，经过调整有可能渡过难关

续表

经营活动现金流入流出比值	投资活动现金流入流出比值	筹资活动现金流入流出比值	一般分析结论
>1	>1	<1	企业进入产品成熟期，经营活动和投资活动良性循环，融资需求小，处于债务偿还期，财务风险小
>1	<1	<1	企业经营状况良好，有足够现金用于新项目的继续投资和偿还债务或发放现金股利，财务风险小
>1	>1	>1	企业的经营状况和投资效果良好，原有的投资项目达到预期目标，仍在筹集资金用于规模扩张或更好的投资机会，财务风险很小
<1	>1	>1	企业的正常经营效果不佳，需要回收投资本金或处置长期资产以及借债才能维持经营，财务状况正在恶化，财务风险大
<1	>1	<1	企业产品处于衰退期市场萎缩，为偿还债务和维持日常经营而大规模收回投资或处置长期资产，财务风险大

从上表可以看出，凡是经营活动现金流量流入流出比例小于 1，无论其投资活动、筹资活动的现金流量状况如何，企业都处于财务风险大的危险境况；反之，一般表明企业处于良性的生产经营状况，有足够的能力继续发展。

二、现金流量的趋势分析

如果取得连续多期现金流量表，我们还可以将两期以上的报表予以并列比较，进行趋势分析。所谓趋势分析法，是一种动态的分析方法，是通过观察连续数期的财务报表，比较各期的有关项目金额，分析某些指标的增减变动情况，在此基础上判断其发展趋势，从而对未来可能出现的结果做出预测的一种分析方法。运用趋势分析，报表使用者可以了解有关项目变动的基本趋势及其影响，并对企业的未来发展做出预测。趋势分析通常采用编制历年财务报表的方法，即将连续多年的财务报表并列在一起加以分析，以观察变化趋势。观察连续数期的会计报表，比单一看一个报告期的财务报表能了解到更多的情况和信息，有利于分析变化的趋势。

1. 趋势分析法在现金流量表分析与预测中所起的作用

趋势分析法可以从长期的视角评价企业的经营状况，摆脱了个别期间人为操纵的影响。在现金流量表分析与预测中起到重要作用，主要表现为：

(1) 消除或降低一些非本质的不确定因素的影响

单一年度的财务报表可以由企业管理当局来做完美的解释，但如果某企业连续几年的报表提供的资料呈恶化的趋势，记录本身已经说明了问题。所以趋势分析消除了故意粉饰报表、致使报表数据不实的状况。企业一年不间断的财务情况将分析提高到一个全新的水平，使我们能够深入了解和认识企业。

(2) 分析企业的成长能力

企业的成长能力是指公司未来的发展趋势和发展速度，包括企业规模的扩大、利润和权益的增加等。对企业成长能力的分析，也可以判断企业未来经营活动现金流量的变动趋势，预测未来现金流量的大小。

(3) 预测企业未来的财务状况及其前景

预测同样是一种非常重要的分析工具，所以它常常是与趋势分析联系在一起的。趋势分析只是说明了过去的事情，而今天要为明天做出财务决策。正确的财务预测将使财务决策更为合理、有效。预测要充分考虑过去的经营经验，评估可能的外部因素的影响，从中预测未来的业绩。

2. 现金流量的趋势分析按照不同的标准可以有不同的分类

按性质来分，现金流量的趋势分析可以分为定性分析和定量分析。所谓定量分析就是通过计算分析不同性质的现金流量的结构和比例，为决策提供数据理性支持。所谓定性分析是指按照正常的发展趋势推断三种不同性质的现金流量在各个时期的流向，为决策提供数据感性支持。其中，定量的趋势分析也有两种形式，分别为定基趋势分析和环比趋势分析，在这一章中我们主要讨论定量的趋势分析法。

(1) 定基趋势分析法

定基趋势分析法是指在连续几期的会计数据中，以分析期间某一期(固定基期，一般为第一期)的报表数据作为基数，指数定为 100，其他各期与之对比，分别计算其他各期对固定基期的变动情况，以判断各期相对于基数的变化趋势。定基趋势分析可以分绝对数比较和相对数比较两种。例如对现金流量表中经营活动现金流量进行分析，绝对数比较报表通常可增设“增减金额”和“增减百分比”两栏；相对数比较报表一般以现金流入总额为100%，其他各项与之相比计算结构百分比。经营活动的趋势分析一般要结合企业销售增长情况，分析二者变动趋势是否配比，现金流入的增长主要得益于销售增长还是货款回笼加速，现金流出的增长是由于销售增加所致还是存货积压、费用巨增，现金流入、流出增长速度谁快谁慢，现金流量增长趋势是否稳定等。

其计算公式如下：

变动差额=分析期金额-固定基期金额

$$定基百分比 = \frac{分析期金额}{固定基期金额} \times 100\%$$

(2) 环比趋势分析法

环比趋势分析法是指在连续几期的会计数据中，每一期分别与上期进行比较，分别计算各项目的变动情况，计算趋势百分比，以观察每期的增减变化情况，并判断发展趋势。

其计算公式如下：

$$环比动态比率 = \frac{分析期金额}{上期金额} \times 100\%$$

【例 8.23】某公司 2000—2004 年现金流量表摘要如表 8.9 所示。

表 8.9　2000—2004 年现金流量表摘要

编制公司：某公司　　单位：万元

项　目	2000 年	2001 年	2002 年	2003 年
经营活动现金流入	1 100	1 210	1 342	1 565
经营活动现金流出	750	880	961	1 123
经营活动现金流量净额	350	330	381	442
投资活动现金流入	150	180	210	280
投资活动现金流出	130	165	264	443
投资活动现金流量净额	20	15	−54	−163
筹资活动现金流入	280	350	290	220
筹资活动现金流出	260	250	300	340
筹资活动现金流量净额	20	100	−10	−120
现金净流量总额	390	445	317	159

根据表 8.9 中的数据，以 2000 年的数据为基数计算该企业 4 年的定基绝对数对比，如表 8.10 所示。

表 8.10　2000—2004 年现金流量绝对数分析

编制公司：某公司　　单位：万元

项　目	2000 年	2001 年	2002 年	2003 年
经营活动现金流入	1 100	110	242	465
经营活动现金流出	750	130	211	373
经营活动现金流量净额	350	−20	31	92
投资活动现金流入	150	30	60	130
投资活动现金流出	130	35	134	313

续表

项　目	2000 年	2001 年	2002 年	2003 年
投资活动现金流量净额	20	−5	−70	−183
筹资活动现金流入	280	70	10	−60
筹资活动现金流出	260	−10	40	80
筹资活动现金流量净额	20	80	−30	−140
现金净流量总额	390	55	−73	−231

我们以经营活动为例，从表 8.10 中可以看出经营活动现金流入从绝对数上看每年都在增长，经营活动现金净流量从绝对数上看也是每年都在增长，数量较小。但是由于二者的基础不同，从表中还不能看出增长的速度。在这里还建议大家编制现金流量的百分比分析，来弥补这一点不足。

同样根据表 8.9 中的数据，以 2000 年的数据为基数计算该企业 4 年的定基百分比分析指标。如表 8.11、表 8.12、表 8.13 所示。

表 8.11　某公司 2000—2004 年现金流入百分比分析

项　目	2000 年	2001 年	2002 年	2003 年
经营活动现金流入	100	110	122	142
投资活动现金流入	100	122	140	187
筹资活动现金流入	100	125	104	79
现金流入总额	100	114	120	135

表 8.12　某公司 2000—2004 年现金流出百分比分析

项　目	2000 年	2001 年	2002 年	2003 年
经营活动现金流出	100	117	128	150
投资活动现金流出	100	127	203	341
筹资活动现金流出	100	96	115	131
现金流出总额	100	114	134	167

表 8.13　某公司 2000—2004 年现金净流量百分比分析

项　目	2000 年	2001 年	2002 年	2003 年
经营活动现金净流量	100	94	109	126
投资活动现金净流量	100	75	−370	−915

续表

项　目	2000 年	2001 年	2002 年	2003 年
筹资活动现金净流量	100	500	−150	−700
现金净流量总额	100	114	81	41

同样以经营活动为例，从表 8.11、表 8.12、表 8.13 中可以看出经营活动现金流入增长百分比分别为 110%，122%，142%，而经营活动现金净流量增长百分比分别为 94%，109%，126%，从中我们可以看出经营活动现金流入的增长速度比经营活动的现金流出慢，主要是由于经营活动现金流出增长速度快。对于企业的管理者来说应该控制经营活动的成本。

第四节　B 公司现金流量分析

一、案例资料

B 公司相关资料如表 8.14 至表 8.18 所示。

表 8.14　资产负债表

编制单位：B 股份有限公司　　2005 年 12 月 31 日　　单位：元

资　产	年 初 数	期 末 数	负债和所有者权益	年 初 数	期 末 数
流动资产：			流动负债：		
货币资金	1 801 100	1 874 655	短期借款	500 000	300 000
短期投资	26 800	26 800	应付票据	250 000	100 000
应收票据	80 000	0	应付账款	760 000	675 000
应收股利	0	0	预收账款	0	0
应收利息	0	0	应付工资	39 000	39 000
应收账款	392 000	492 940	应付福利费	12 000	124 000
其他应收款	4 500	4 500	应付股利	0	81 145
预付账款	65 000	65 000	应交税金	35 000	134 025
应收补贴款		0	其他应交款	5 800	130 800
存货	348 200	516 910	其他应付款	65 000	65 000
待摊费用	120 000	83 000	预提费用	12 000	24 000
一年内到期的长期债权投资		0	预计负债	0	0

续表

资　产	年 初 数	期 末 数	负债和所有者权益	年 初 数	期 末 数
其他流动资产		0	一年内到期的长期负债	850 000	400 000
流动资产合计	2 837 600	3 063 805	其他流动负债		0
长期投资：			流动负债合计	2 528 800	2 072 970
长期股权投资	295 500	295 500	长期负债：		
长期债权投资		0	长期借款	950 000	1 520 500
长期投资合计	295 500	295 500	应付债券	0	0
固定资产：			长期应付款	0	0
固定资产原价	3 099 000	3 519 000	专项应付款	0	0
减：累计折旧	600 000	235 000	其他长期负债	0	0
固定资产净值	2 499 000	3 284 000	长期负债合计	950 000	1 520 500
减：固定资产减值准备	190 000	85 000	递延税项：		
固定资产净额	2 309 000	3 199 000	递延税款贷项	0	0
工程物资	0	152 100	负债合计	3 478 800	3 593 470
在建工程	1 600 000	670 000	股东权益：		
固定资产清理		0	股本	4 200 000	4 200 000
固定资产合计	3 909 000	4 021 100	资本公积	233 300	233 300
无形资产及其他资产：			盈余公积	150 000	176 217
无形资产	960 000	880 000	其中：法定公益金	50 000	58 739
长期待摊费用	150 000	100 000	未分配利润	90 000	157 418
其他长期资产	0	0	股东权益合计	4 673 300	4 766 935
无形及其他资产合计	1 110 000	980 000			
递延税项：					
递延税款借项	0	0			
资产合计	8 152 100	8 360 405	负债和股东权益总计	8 152 100	8 360 405

表 8.15　利润表

编制单位：B 股份有限公司　　2005 年度　　单位：元

项　目	行　次	上 年 数	本年累计数
一、主营业务收入	1	1 200 000	1 500 000
减：主营业务成本	4	750 000	900 000
主营业务税金及附加	5	18 000	21 250
二、主营业务利润	10	432 000	578 750
加：其他业务利润	11	0	0
减：营业费用	14	25 000	13 000
管理费用	15	200 000	240 950
财务费用	16	50 000	32 500
三、营业利润	18	157 000	292 300
加：投资收益	19	50 000	40 000
补贴收入	22	0	0
营业外收入	23	30 000	0
减：营业外支出	25	80 000	90 000
四、利润总额	27	157 000	242 300
减：所得税	28	48 000	67 520
五、净利润	30	109 000	174 780

表 8.16　利润分配表

编制单位：B 股份有限公司　　2005 年度　　单位：元

项　目	本年实际	上年实际
一、净利润	174 780	109 000
加：年初未分配利润	90 000	50 000
其他转入	0	0
二、可供分配利润	264 780	159 000
减：提取法定盈余公积	17 478	10 900
提取法定公益金	8 739	5 450
提取职工奖励及福利基金	0	0
提取储备基金	0	0
提取企业发展基金	0	0
利润归还投资	0	0

续表

项　目	本年实际	上年实际
三、可供投资者分配的利润	238 563	142 650
减：应付优先股股利	0	0
提取任意盈余公积	0	0
应付普通股股利	81 145	52 650
四、未分配利润	157 418	90 000

表 8.17　现金流量表

编制单位：B 股份有限公司　　2005 年度　　单位：元

项　目	行次	金　额
一、经营活动产生的现金流量：		
销售商品、提供劳务收到的现金		1 727 000
收到的税费返还		0
收到的其他与经营活动有关的现金		0
现金流入小计		1 727 000
购买商品、接受劳务支付的现金		613 495
支付给职工及为职工支付的现金		550 000
支付的各项税费		189 750
支付的其他与经营活动有关的现金		78 100
现金流出小计		1 431 345
经营活动产生的现金流量净额		295 655
二、投资活动产生的现金流量：		
收回投资所收到的现金		0
取得投资收益所收到的现金		40 000
处置固定资产、无形资产和其他长期资产所收回的现金净额		400 000
收到的其他与投资活动有关的现金		0
现金流入小计		440 000
构建固定资产、无形资产和其他资产所支付的现金		402 100
投资所支付的现金		0
支付的其他与投资活动有关的现金		0

续表

项　　目	行次	金　　额
现金流出小计		402 100
投资活动产生的现金流量净额		37 900
三、筹资活动产生的现金流量：		
吸收投资所收到的现金		0
其中：子公司吸收少数股东权益性投资受到的现金		
借款所收到的现金		800 000
收到的其他与筹资活动有关的现金		0
现金流入小计		800 000
偿还债务所支付的现金		1 050 000
分配股利、利润或偿付利息所支付的现金		10 000
其中：子公司支付少数股东的股利		
支付的其他与筹资活动有关的现金		0
现金流出小计		1 060 000
筹资活动产生的现金流量净额		−260 000
四、汇率变动对现金的影响		0
五、现金及现金等价物净增加额		73 555
补充资料：		
1．将净利润调节为经营活动现金流量：		
净利润		174 780
加：计提的资产减值准备		38 250
固定资产折旧		120 000
无形资产摊销		80 000
长期待摊费用摊销		50 000
待摊费用减少(减：增加)		37 000
预提费用增加(减：减少)		0
处置固定资产、无形资产和其他长期资产的损失(减：收益)		70 000
固定资产报废损失		0
财务费用		32 500

续表

项　目	行次	金　额
投资损失(减：收益)		-40 000
递延税款贷项(减：借项)		0
存货的减少(减：增加)		-179 900
经营性应收项目的减少(减：增加)		-28 000
经营性应付项目的增加(减：减少)		-58 975
其他		0
经营活动产生的现金流量净额		295 655
2．不涉及现金收支的投资和筹资活动：		
债务转为资本		
一年内到期的可转换公司债券		
融资租入固定资产		
3．现金及现金等价物净增加情况：		
现金期末余额		1 874 655
减：现金的期初余额		1 801 100
加：现金等价物的期末余额		0
减：现金等价物的期初余额		0
现金及现金等价物净增加额		73 555

二、分析及评价

(一)现金流量的初步分析

1. 经营活动现金流量分析

B股份有限公司2005年度经营活动产生的现金净流量为295 655元。B股份有限公司2005 年度经营活动产生的现金流量大于零，从现金流量附表中可以计算出非付现成本，小于本期的经营活动的现金流量，即在补偿当期的非付现成本后仍有剩余。这意味着企业通过正常的购销活动带来的现金流入量能支付因经营活动而引起的货币流出、补偿全部的非付现成本后还能为投资活动贡献力量。这种状态是企业经营活动现金流量运行的良好状态。

2. 投资活动现金流量分析

B 股份有限公司 2005 年度投资活动产生的现金流量为 37 900，大于零。这意味着企业在构建固定资产、无形资产和其他长期资产、权益性投资以及债权性投资等方面所支付的现金之和，小于企业因收回投资、分得股利或利润、取得债券利息收入、处置固定资产、无形资产和其他长期资产而收到的现金净额之和。这种情况的发生，或者是由于企业投资活动回收的规模大于投资支出的规模，这是比较好的现象；或者是由于企业在经营活动与筹资活动方面急需现金而不得不处理手中的长期资产，这种情况必须加以重视。B 股份有限公司 2005 年度投资活动产生的现金流量中处置固定资产、无形资产和其他长期资产所收回的现金净额 400 000 元，与构建固定资产、无形资产和其他资产所支付的现金 402 100 元相差不多，主要原因为取得投资收益所收到的现金。

3. 筹资活动现金流量分析

B 股份有限公司 2005 年度筹资活动产生的现金流量为-260 000 元，小于零，这意味着企业在吸收权益性投资、发行债券及借款等方面所收到的现金之和，小于企业在偿还债务、支付筹资费用、分配股利或利润、偿付利息、融资租赁以及减少注册资本等方面所支付的现金之和。这种情况的出现，或者是由于企业在本会计期间集中发生偿还债务、支付筹资费用、分配股利或利润、偿付利息、融资租赁等业务，或者是因为企业经营活动与投资活动在现金流量方面运转较好，有能力完成上述各项支付。

(二)现金流量财务比率分析

1. 现金偿债比率

(1) 现金比率

$$现金比率=\frac{现金余额}{流动负债}\times 100\%$$

$$=1\,874\,655\div 2\,072\,970\times 100\%$$

$$=0.904$$

现金比率是衡量企业短期偿债能力的一个重要指标。对于债权人来说，现金比率总是越高越好。B 股份有限公司现金比率为 0.904，现金比率越高，说明企业的短期偿债能力越强；反之，则越弱。如果现金比率超过 1，即现金余额等于或大于流动负债总额，那就是说，企业即使不动用其他资产，如存货、应收账款，仅靠手中的现金就足以偿还流动负债。对于债权人来说，这样当然最好。而对于企业的所有者和经营者而言，现金比率并不是越高越好。因为资产的流动性和其盈利能力成反比，流动性好的资产，往往盈利能力差，如现金的流动性最好，同时其盈利能力最低。因此不应该保持过长时间太高的现金比率。但此比例较低时，应引起企业管理者的重视。

(2) 现金流动负债比

$$现金流动负债比=\frac{经营活动产生的现金流量}{流动负债}\times 100\%$$

$=295\ 655\div 2\ 072\ 970\times 100\%$

$=14.3\%$

企业为了偿还即将到期的流动负债，固然可以通过出售投资、长期资产等投资活动取得现金流入，以及筹借现金来进行偿债，但最安全可靠的办法，仍然是利用企业的经营活动产生的现金净流量。该比率可以反映负债所能得到的现金保障程度，或企业获得现金偿付短期债务的能力。这个比率越大，表明企业的短期偿债能力越强；反之，则表明企业短期偿还能力越差。B 股份有限公司现金流动负债比率为 14.3%，是比较低的。本期经营活动现金流量的净额相对流动负债较小。

(3) 现金债务总额比

$$现金债务总额比=\frac{经营活动产生的现金流量}{总负债}\times 100\%$$

$=295\ 655\div 3\ 593\ 470\times 100\%$

$=8.23\%$

A 股份有限公司承担债务的付息能力是 8.23%，即利息高达 8.23%时企业能按时付息。只要能按时付息，企业就能借新债还旧债，维持债务规模。

(4) 现金偿付比率

$$现金偿付比率=\frac{经营活动产生的现金流量}{长期负债总额}\times 100\%$$

$=295\ 655\div 1\ 520\ 500\times 100\%$

$=19.4\%$

一般来说，这一比率越高，企业偿还长期债务的能力就越强。从分析中可以看出 B 股份有限公司偿还长期负债的能力不是很强的。

2. 现金收益比率

(1) $主营业务收入现金比率=\frac{经营活动现金净流量}{主营业务收入}\times 100\%$

$=295\ 655\div 1\ 500\ 000\times 100\%$

$=19.7\%$

该比率反映了企业在收付实现制当期主营业务收入的资金收现情况，可以大致说明企业销售回收现金的情况及企业销售的质量。该指标数值越高，说明企业经营状况和经营效益越好；指标数值越低，说明企业收账能力越差，或者说明企业销售条件较为宽松。这样势必造成应收账款占用过大，影响企业的偿债能力。通过以上的计算分析，可以看出 B

股份有限公司每 1 元的主营业务收入得到的净现金为 0.197 元。

(2) 经营活动现金流量净利润比

$$经营活动现金流量净利润比=\frac{经营活动产生的现金流量}{净利润}\times 100\%$$

=295 655÷174 780×100%

=169.16%

经营活动产生的现金流量与会计利润之比若大于或等于 1，说明会计收益的收现能力较强，利润质量较好；若小于 1，则说明会计利润可能受到人为操纵或存在大量应收账款，利润质量较差。B 股份有限公司经营现金流量与净利润比率为 169.16%，说明会计收益的收现能力较强，利润质量较好。但该比率也不是越高越好，保持一定的商业信用也是企业生存发展所必要的。

(3) 全部资产现金回收率

$$全部资产现金回收率=\frac{经营活动产生的现金流量}{总资产}\times 100\%$$

=295 655÷8 360 405×100%

=3.54%

该指标反映了每 1 元资产获得的现金流量。这一比率反映企业运用全部资产获取现金的能力。全部资产代表企业占有的全部经济资源，包括股东和债权人占有的资源，它是企业进行生产经营活动的物质基础。企业所拥有和控制的这些经济资源能否得到合理、有效的利用，其中一点就在于它为企业创造现金净流量的多少了。一般而言该比值越高就越能说明全部资产创造现金净流量的能力越强，资产的利用效率越好。上述计算结果表明，B 股份有限公司资产的获利能力较差。

(三)结构分析

1. 现金净流量结构分析

现金净流量结构分析如表 8.18 所示。

表 8.18 现金净流量结构分析

单位：元

项 目	金 额	结构百分比(%)
经营活动产生的现金流量净额	295 655	401.95
投资活动产生的现金流量净额	37 900	51.53
筹资活动产生的现金流量净额	−260 000	−353.48
汇率变动的影响	0	0
现金净流量合计	73 555	100

B 股份有限公司现金净流量结构分析：其中现金净流量合计中经营活动产生的现金净流量占 401.95%；投资活动产生的现金净流量占 51.53%；筹资活动产生的现金净流量占-353.48%。说明经营活动产生的现金净流量占全部现金净流量的重要地位，投资活动也是该企业现金流入来源的重要方面。

2. 现金总流入结构分析

现金总流入结构分析如表 8.19 所示。

表 8.19　现金总流入结构分析　单位：元

项　目	金　额	结构百分比/%
经营活动现金流入小计	1 727 000	58.21
投资活动现金流入小计	440 000	14.83
筹资活动现金流入小计	800 000	26.96
现金流入合计	2 967 000	100

B 股份有限公司现金总流入结构分析：其中现金总流入中经营活动现金流入占 58.21%；总流入中投资活动现金流入占 14.83%；总流入中筹资活动现金流入占 26.96%。该比例说明 B 股份有限公司经营活动现金流入占有重要地位，筹资活动也是该企业现金流入来源的重要方面。

3. 现金流入的内部结构分析

现金流入的内部结构分析如表 8.20 所示。

表 8.20　现金流入的内部结构分析　单位：元

项　目	金　额	结构百分比/%
销售商品、提供劳务收到的现金	1 727 000	100
经营活动现金流入小计	1 727 000	100
取得投资收益所收到的现金	40 000	9.1
处置固定资产、无形资产和其他长期资产所收回的现金净额	400 000	90.9
投资活动现金流入小计	440 000	100
借款所收到的现金	800 000	100
筹资活动现金流入小计	800 000	100

4. 现金流出结构分析

现金流出结构分析如表 8.21 所示。

表 8.21 现金流出结构分析

单位：元

项 目	金 额	结构百分比/%
经营活动现金流出小计	1 431 345	49.47
投资活动现金流出小计	402 100	13.90
筹资活动现金流出小计	1 060 000	36.63
现金流出合计	2 893 445	100

B 股份有限公司现金总流出结构分析：其中经营活动现金流出占 49.47%；现金总流出中投资活动现金流出占 13.90%；现金总流出中筹资活动现金流出占 36.63%。该比例说明 B 股份有限公司经营活动现金流出占有重要地位，筹资活动也是该企业现金流出的重要方面。同时结合现金流入结构分析，筹资活动现金流入占总流入的比例仅为 26.96%，从而可以看出筹资活动的现金流出比例相对来说是最大的。也就是说，B 股份有限公司现金流出中大部分用于偿还债务。

5. 现金流出的内部结构分析

现金流出的内部结构分析如表 8.22 所示。

表 8.22 现金流出的内部结构分析

单位：元

项 目	金 额	结构百分比/%
购买商品、接受劳务支付的现金	613 495	42.86
支付给职工以及为职工支付的现金	550 000	38.43
支付的各项税费	189 750	13.26
支付的其他与经营活动有关的现金	78 100	5.46
经营活动现金流出小计	1 431 345	100
构建固定资产、无形资产和其他资产所支付的现金	402 100	100
投资活动现金流出小计	402 100	100
偿还债务所支付的现金	1 050 000	99.06
分配股利、利润或偿付利息所支付的现金	10 000	0.94
筹资活动现金流出小计	1 060 000	100

6. 现金流量流入流出比例分析

现金流量流入流出比例分析如表 8.23 所示。

表 8.23　现金流量流入流出比例分析

单位：元

项　目	现金流入量	现金流出量	流入流出比例/%
经营活动现金流量	1 727 000	1 431 345	120.66
投资活动现金流量	440 000	402 100	109.43
筹资活动现金流量	800 000	1 060 000	75.47

该公司筹资活动的现金流量流入流出比为 75.47%，该值小于 1，说明还款大于借款，筹资活动中现金流入系举债获得，同时也说明该公司较大程度上存在借新债还旧债的现象。因此应引起管理者的足够重视。

复习思考题

1. 什么是现金流量表？简述现金流量分析的作用。
2. 为什么说现金流量分析可以补充分析收益能力与偿债能力？
3. 什么是现金及现金等价物？广义的现金概念包括哪些内容？在确定现金及现金等价物时应考虑哪些问题？
4. 净利润为何不等于经营活动现金净流量？有哪些因素的存在使以上二者不相等？应当如何调节才能使净利润等于经营活动所产生的现金净流量？
5. 怎样进行现金流量的结构分析？举例说明。

习　题

一、名词解释

现金流量表　现金　债务保障率　营运指数

二、单项选择题

1. 企业管理者将其持有的现金投资于“现金等价物”项目，其目的在于(　　)。

A. 控制其他企业　B. 利用暂时闲置的资金赚取现金收益
C. 谋求高于利息流入的风险报酬　D. 企业长期规划

2. (　　)不属于企业的投资活动。

A. 处理设备　B. 长期股权的卖出
C. 长期债权的购入　D. 预期三个月内短期证券的买卖

3. 在企业编制的会计报表中，反映财务状况变动的报表是(　　)。

A. 现金流量表　B. 资产负债表

C. 利润表　　D. 股东权益变动表

4. 某企业 2001 年实现的净利润为 3 275 万元，本期计提的资产减值准备 890 万元，提取的固定资产折旧 1 368 万元，财务费用 146 万元，存货增加 467 万元，则经营活动产生的净现金流量是(　　)万元。

A. 3 275　　B. 5 212　　C. 5 679　　D. 6 146

5. (　　)产生的现金流量最能反映企业获取现金的能力。

A. 经营活动　　B. 投资活动

C. 筹资活动　　D. 以上各项均是

6. 确定现金流量的计价基础是(　　)。

A. 权责发生制　　B. 应收应付制

C. 收入费用配比制　　D. 收付实现制

7. 当现金流量适合比率(　　)时，表明企业经营活动所形成的现金流量恰好能够满足企业日常的基本需要。

A. 大于 1　　B. 小于 1　　C. 等于 1　　D. 接近 1

8. 编制现金流量表的主要目的是(　　)。

A. 反映企业某一时日的财务状况

B. 反映企业的经营成果

C. 全面评价企业的经营业绩

D. 提供企业在一定时间内的现金和现金等价物流入和流出的信息

9. 我国的《企业会计准则——现金流量表》规定，“支付的利息”项目归属于(　　)。

A. 经营活动　　B. 投资活动

C. 筹资活动　　D. 经营活动或筹资活动

10. 用现金偿还债务，对现金的影响是(　　)。

A. 增加　　B. 减少

C. 不增不减　　D. 属非现金事项

三、多项选择题

1. 一项投资被确认为现金等价物必须同时具备四个条件，即(　　)。

A. 以现金形态存在　　B. 价值变动风险小

C. 易于转换为已知金额现金　　D. 期限短

E. 流动性强

2. 下列经济事项中，不能产生现金流量的有(　　)。

A. 出售固定资产　　B. 企业从银行提取现金

C. 投资人投入现金　　D. 将库存现金送存银行

E. 企业用现金购买将于 3 个月到期的国库券

3. 以下业务中，应按净额列示的是(　　)。
A. 银行吸收的活期存款
B. 证券公司代收的客户买卖交割费
C. 代客户收取或支付的款项
D. 银行发放的短期贷款
E. 证券公司代收的印花税

4. (　　)属于收回投资所收到的现金。
A. 收回长期股权投资而收到的现金
B. 收回长期债权投资的利息
C. 收回除现金等价物以外的短期投资
D. 收回长期债权投资本金
E. 收回非现金资产

5. 取得投资收益所收到的现金，是指因股权投资和债权投资而取得的(　　)。
A. 股票股利
B. 从子公司分回利润而收到的现金
C. 从联营企业分回利润而收到的现金
D. 现金股利
E. 从合资企业分回利润而收到的现金

6. 下列各项活动中，属于筹资活动产生的现金流量项目是(　　)。
A. 以现金偿还债务的本金
B. 支付现金股利
C. 支付借款利息
D. 发行股票筹集资金
E. 收回长期债权投资本金

7. 现金流量分析使用的主要方法是(　　)。
A. 财务比率分析
B. 同业分析
C. 结构分析
D. 趋势分析
E. 以上各项都是

8. 现金流量可以用来评价企业(　　)的能力。
A. 支付利息
B. 利润分配
C. 偿付债务
D. 生产经营
E. 支付股息

9. (　　)项目形成经营活动现金流量。
A. 应付账款的发生
B. 购买无形资产
C. 应交税金的形成
D. 发行长期债券
E. 支付职工工资

10. 在分析获取现金能力的情况时，可以选用的指标主要有(　　)。
A. 现金流量适合率
B. 全部资产现金回收率
C. 每元销售现金净流入
D. 每股经营现金流量
E. 现金满足投资比率

四、计算分析题

1. 东方公司 2004 年经营活动现金流量净额为 762 万元，资产负债表和利润表有关资料为：流动负债 2 025 万元，长期负债 4 978 万元，主营业务收入 9 000 万元，总资产 70 200 万元，当期固定资产投资额为 536 万元，存货增加 200 万元(其他经营性流动项目不变)，实现净利润 8 008 万元(其中非经营损益 1 000 万元、非付现费用 1 500 万元)，分配优先股股利 456 万元，发放现金股利 782 万元，该公司发行在外的普通股股数 50 800 万股。

要求计算下列财务比率：现金流量与当期债务比、债务保障率、每 1 元销售现金净流入、全部资产现金回收率、每股经营现金流量、现金流量适合比率、现金股利保障倍数。

2. 资料：下面是通化公司的资产负债表、损益表和现金流量表。表中的部分项目数据如下：

货币资金	1 200 000 元
流动负债合计	2 000 000 元
本期到期应付票据	150 000 元
本期到期长期负债	170 000 元
本期应付现金股利	140 000 元
净利润	1 600 000 元
经营活动产生的现金流量净额	840 000 元
流通股股数	400 万股

根据以上数据，计算下面几个与现金流量相关的财务比率：

现金比率、偿还到期债务比率、现金股利保障倍数、每股经营活动现金流量、经营活动现金流量与净收益比率。

3. 下表为 A 企业的现金流量表摘要。

A 企业的现金流量表摘要 单位：元

项　目	金　额
一、经营活动产生的现金流量：	
销售商品、提供劳务收到的现金	10 342 737
收到增值税销项税额	229 500
现金收入小计	10 572 237
购买商品、接受劳务支付的现金	11 227 400
支付给职工及为职工支付的现金	40 000
支付的增值税款	229 500
支付的所得税款	49 658
支付的除增值税、所得税以外的其他税费	1 459

续表

项　目	金　额
支付的其他与经营活动有关的现金	18 000
现金支出小计	1 566 017
经营活动产生现金流量净额	6 220
二、投资活动产生的现金流量：	
收回投资所收到的现金	8 250
分得股利或利润所收到的现金	2 750
取得债券利息收入所收到的现金	1 275
处置固定资产而收回的现金净额	750
现金收入小计	13 025
构建固定资产所支付的现金	114 900
权益性投资所支付的现金	10 000
现金支出小计	124 900
投资活动产生的现金流量净额	111 875
三、筹资活动产生的现金流量：	
吸收权益性投资所收到的现金	25 000
发行债券所收到的现金	400 000
借款所收到的现金	90 000
现金收入小计	515 000
偿还债务所支付的现金	21 200
分配股利或利润所支付的现金	25 000
偿还利息所支付的现金	250
现金支出小计	46 450
筹资活动产生的现金流量净额	468 550
四、现金和现金等价物净增加额	362 895
补充资料：	
1．不涉及现金收支的投资和筹资活动：	
以固定资产、无形资产对外投资	47 500
本期提取盈余公积金	15 017
2．将净利润调节为经营活动的现金流量：	
净利润	103 572
加：计提的坏账准备或转销的坏账	198

续表

项　目	金　额
固定资产折旧	7 300
无形资产摊销	2 025
待摊费用摊销	3 000
处置固定资产的损失	2 250
财务费用	6 200
投资收益	4 025
存货增加	125 800
经营性应收项目减少	5 900
经营性应付项目增加	5 600
增值税增加净额	0
经营活动产生的现金流量净额	6 220
3．现金和现金等价物净增加情况：	
现金和现金等价物的期末余额	417 345
减：现金和现金等价物的期初余额	54 450
现金和现金等价物的净增加额	362 895

要求：

① 根据现金流量进行结构分析。

② 根据现金流量表中的数据计算如下财务比率，并进行简要分析。

- 经营现金流量与净利润比率
- 强制性现金支付比率
- 到期债务本息偿付比率
- 现金偿债比率
- 现金股利支付率或利润分配率

第九章　企业业绩的综合评价

教学目的和要求

- 掌握企业业绩的综合评价方法
- 理解各种财务计量指标的意义、作用及其局限性，并能结合各种非财务指标对企业业绩进行综合评价

教学重点和难点

理解和掌握企业业绩计量的财务指标和非财务指标以及对企业业绩的综合评价。财务计量的方法，包括盈利基础、现金基础、价值基础，以及它们相互结合的方式等。

关于企业业绩的综合评价，不同的计量方法会产生不同的评价结果。因此选择正确的、合理的计量方法，对于准确、客观地评价企业业绩是至关重要的。但是无论何种计量方法都会产生一定的局限性，进而对企业业绩的综合评价产生一定的影响。

由于企业的目标是增加股东财富，所以企业的业绩应按照股东财富增加的价值来评价。股东财富价值的增加，就是企业价值的增加，而企业价值的增加通常是通过股权价值的增量来体现的。因此，股权价值的增量是股东财富的增加，就是企业的业绩。

企业业绩计量问题实际上是寻找一个能间接反映企业价值增加的指标，它应该有较好的计量性，又能较好地反映股权价值的增加。当单一指标不能恰当地反映业绩时，也可以增加一些辅助指标，用多个指标反映企业的业绩。

企业业绩的计量指标，可以分为财务指标和非财务指标两类。我们先讨论财务指标，然后讨论非财务指标。财务指标通常包括以盈利为基础的业绩评价指标、以现金为基础的业绩评价指标和以价值为基础的业绩评价指标，以及它们相互结合的方式等。

第一节　以盈利为基础的业绩评价指标

以盈利为基础的业绩评价指标，主要是净收益、每股收益和投资报酬率。

一、净收益

(一)净收益的概念

净收益是一个企业一定时期的收入减去全部费用的剩余部分。作为业绩计量指标，本章讨论的净收益是属于普通股东的净收益，与会计报表中的净利润不同。

净收益=净利润-优先股股利

由于净收益的大小与企业的投入资本有关，不便于企业之间的横向比较，也不便于投入资本变化时同一企业的各期比较，因此需要使用每股收益。每股收益等于净收益除以普通股股数。即每股收益=净收益÷平均发行在外的普通股股数。

由于我国《公司法》没有关于优先股的规定，即我国公司不得发行优先股，所以股东净收益与净利润基本没有区别。另外，我国《公司法》还规定，除非减少注册资本，否则不准许回购股票，所以“发行在外的普通股”与“普通股”的数字是相同的。因此，我国《公开发行股票公司信息披露的内容与格式准则》规定：

每股收益=净利润÷年度末普通股股份总额

在增发股份的年度里，“平均股份数”与“年度末股份数”不同，应使用哪一个数字呢？从企业的盈利能力看，使用“平均股份数”可以使净利润与产生净利润的资本保持更好的因果关系；从股东分享的财富看，使用“年度末股份数”可以更好地体现“同股同权”的经济现实。如果股份数的变动不是增发股份引起的，而是发放股票股利或股票分割造成的，则投入资本并无实际增长，使用“年度末股份数”更为合理。

前面有关章节我们已经对净收益和每股收益的概念进行了讨论，这里主要说明净收益和每股收益作为业绩评价指标的有关问题。

计算每股收益使用的“净收益”，既包括正常活动损益，也包括特别项目损益。特别项目损益是极少发生的，典型的特别项目是地震或其他自然灾害损失和资产被政府没收等。特别项目虽然包含在净收益当中，但它不反映企业的经营业绩，能够反映业绩的是正常活动损益。在评价企业的业绩时，排除特别项目损益可以使不同时期和不同企业的“每股收益”有更好的可比性。

计算每股收益使用的“净收益”中还包括了会计政策变更的影响。由于报表使用者需要比较一个以上会计期间的报表，以判明财务状况、经营成果和现金流量的变化趋势。因此，通常要求在每个会计期间采用相同的会计政策。但是，为了更恰当地反映会计事项，企业有时会变更会计政策。按照会计准则规定，会计政策变更一般应采用“追溯调整法”。在编制比较会计报表时，对于会计政策变更，应当调整各期间的净损益和有关项目，以维持会计报表的可比性。如果分析人使用的不同年度发布的单期会计报表，那么分析人要自己进行调整，以使不同年度的净收益具有可比性。

(二)净收益指标的主要优点

作为业绩评价指标，净收益有着悠久的历史，获得公众的广泛认可。人们对它的含义有比较准确的了解，至少比其他业绩指标更为人们所熟悉。对于净收益和每股收益的计算方法，各国都有统一的会计准则或会计制度来进行规范，因此该指标具有很好的一致性和一贯性。虽然各国的会计规范制度机构或证券监管机构不对财务比率进行规范，但每股收益是个例外。每股收益的计算方法有许多种，它们之间的差别很大，而该指标又非常重要，因此必须加以规范。统一的规范为净收益和每股收益的可比性提供了保障，这是其他业绩评价指标无法与之相比的。

净收益数字是经过审计的，因此其可信性比其他业绩评价指标要高得多。尽管会计信息的可靠性不断受到批评，但与其他经济信息相比，会计信息一直是最可靠的。

(三)净收益指标的局限性

净收益作为业绩计量指标，没有考虑通货膨胀的影响。因为净收益是根据统一的会计规范计算的，而会计制度的假设前提之一是“币值不变”。在通货膨胀期间，净收益被夸大了，不能反映真实的业绩。例如，收入 100 元是今年的货币价值，而成本 80 元是去年的货币价值，计算利润时不考虑币值的变化，两者相减等于 20 元。如果通货膨胀率为 10%，去年的 80 元可能相当于今年的 88 元，真实利润只有 12 元。在我们用净收益评价企业业绩时，如果通货膨胀比较严重，报表分析人必须估计它对业绩的影响程度，这无疑是很困难的。

会计师在计算净收益时必须遵循财务会计的各种规范。按照这些规范，收益的确认必须具备确定性和可计量性等要求，这就会导致忽视价值创造活动的某些成果。例如，一项成功的新产品开发，它可能对未来的净收益产生重大影响，但是对其影响不能可靠地计量，会计师就不会将其反映到当年的净收益之中。又如，一个关键的管理人员的离去，将会给企业的净收益造成极为不利的影响，但是这种后果不能可靠地估计，也就不能反映到当年的净收益之中。会计规范使得净利润歪曲业绩的地方相当多。例如，战略性投资会增加当期费用而不增加其收益；商誉的武断摊销歪曲了商誉的实际变化；把重组费用作为投资失败的损失而立即确认为费用等。

每股净收益指标的“每股”的“质量”不同，限制了该指标的可比性。有的国家对股票的面值没有限制，例如，一个企业每股面值是 1 元，每股净收益是 0.2 元；另一个企业每股面值是 2 元，每股净收益是 0.3 元。尽管后者的每股净收益较高，但很难说后者的业绩优于前者。我国虽然规定股票的面值必须为 1 元，但是它们所代表的投资额并不相同。有的股票是平价发行的，有的股票是溢价发行的，股东投入的资本并不相同。即使同一企业的股票代表的净资产也不同，各年的股票收益也不具有真正的可比性。

与其他业绩计量指标相比，净收益容易被经理人员进行主观的控制和调整。例如，递延收入的确认、净收益在营业收益与营业外收益之间进行项目调整、净收益在利润表和利润分配表之间的安排等。这种操纵可能是符合会计制度的，也可能是不符合会计制度的。从业绩评价来看，不增加企业价值而可以改变净收益的任何做法，都是不利于客观评价的。

一旦净收益成为惟一的业绩评价指标，经理人员可能为提高净收益而牺牲股东的长期利益，例如减少当年研究开发支出，或仅仅为了避免确认损失不处理闲置财产等。从行为科学来看，净收益指标促使企业的行为短期化，不利于企业长期、稳定的可持续发展。

无论是净收益还是每股净收益，作为业绩评价指标都是很不理想的。它们被长期而且广泛地使用，主要原因是其便于计量，以及不需要额外的信息成本。

因此，应该在了解净收益指标局限性的基础上，结合其他财务的和非财务的业绩计量指标来评价企业业绩。

二、投资报酬率

由于每股收益中的“每股”实际投入不同，影响了它的可比性。为解决这一问题，我们采用投资报酬率指标对企业业绩进行评价。

(一)投资报酬率的概念

投资报酬是一个企业赚得的收益和所使用的资产的比值。作为业绩评价指标，投资报酬有两种相互补充的衡量方法：总资产报酬率和股东权益报酬率。

总资产报酬率是指税息前利润除以总资产的百分比。它着眼于企业整体的经营效率，反映企业管理人员综合利用全部资产、创造营业利润的业绩。总资产报酬率假设税息前的收益是运用总资产赚取的。

股东权益报酬率是指利润表中的税后利润除以资产负债表中的股东权益的百分比，也叫净资产报酬率或股本收益率。它着眼于经营效率转化为所有者收益的情况，反映股东获得回报的水平。股东权益报酬率假设税后利润是运用股东资本赚取的。

总资产报酬率和股东权益报酬率有内在联系。总资产报酬率是企业形成良好股东权益报酬率的必要基础，没有比较好的总资产报酬率，令人满意的股东权益报酬率就无从谈起。但是，良好的资产报酬率并不能保证股东会获得满意的回报，还要看借款的多少和利率的高低。如果说总资产报酬率反映经营管理的业绩，那么股东权益报酬率则反映以经营业绩为基础的理财业绩。良好的股东权益报酬率可以使股票升值，股票升值可以令企业筹集资金更容易，充裕的资金可以促使其增长，增长可以扩大企业收益。在这种良性循环中，企业价值不断扩大，股东财富不断增加。因此，股东权益报酬率是财务管理中最重要的核心指标。

(二)投资报酬率的优点

投资报酬率是财务管理中最重要、最综合的财务比率。它的重要性在于，企业每 1 元资产与金融市场上的每 1 元资金是相互匹配的。无论债务资本还是股权资本，都是从金融市场上取得的。在金融市场上，每 1 元资本都是有成本的。因此，企业的每 1 元资产都应赚取一定的收益，以弥补资本的成本。

如果资产报酬率大于全部资金的成本，则企业经营活动处于良性循环，该企业运用资金是有效率的，社会资源配置在该企业是合理的。如果股东权益报酬率大于股东权益的成本，则企业总体上处于良性循环，该企业运用股权资本是有效率的，股东把资本投入该企业是明智的。如果投资报酬持续性的低于资本成本，则说明企业不具备长期发展的潜力。

投资报酬率指标把一个企业赚取的收益和所使用的资产联系起来。它是衡量企业资产使用的效率水平，并且把经营利润与维持生产经营必要的资本联系在一起的评价指标。因此，它是监控资产管理和经营策略有效性的有力工具。

(三)投资报酬率的局限性

投资报酬率的计算要使用“净收益”数据，因此作为业绩评价指标具有与“净收益”类似的缺点。由于会计规范中对折旧方法、存货估价方法等存在多种选择，不同的选择会影响收益和资产的数额，从而影响投资报酬率的客观性。投资报酬率也受减少研究支出和推销支出、递延维修费用等影响，经理人员对它有一定的粉饰能力。在通货膨胀期间，投资报酬率会夸大设备老化和企业的业绩。

企业不同的发展阶段，投资报酬率会有变化。在开办阶段，资产的增加会超过收益率的增加，投资报酬率较低，这并不表示该企业的业绩不好；与此相反，企业处于衰退阶段，资产减少大于收益的减少，投资报酬率可能提高，这也不表示业绩有什么改善。因此，投资报酬率的评价要根据企业的发展阶段进行。

投资报酬率的另一个局限性是它诱使经理人员放弃收益率低于企业平均收益率但高于企业资本成本的投资机会。

第二节　以现金流量为基础的业绩评价指标

我们通常所说的净收益是在权责发生制基础上计量的，它是一定期间收入和费用的差额。按照收付实现制计量公司的净收益即净现金流量，是一定期间现金流入和现金流出的差额。

一、现金流量的概念

现金流量就是一定时期内现金流入和现金流出的统称。从业绩评价来看，现金流量可能有三种不同的含义。

(一)净现金流量

净现金流量是净收益加上(或减去)非现金损益项目。

净现金流量=净收益+非付现的费用

例如，某公司2004年的净现金流量为：

净现金流量=72 198+1 001+15 639+4+116−91−136=88 731

净现金流量是公司的“现金盈利”，可以衡量一个公司产生现金的能力。它与按权责发生制计算的净收益有区别。

这个公式隐含了两个假设：一是流动资产与流动负债在会计期内保持不变，所有的利润都变成了现金，并且计入成本的非现金费用也已收回现金；二是不存在投资和筹资活动损益。在这两个假设成立的情况下，现金净流量等于按收付实现制确定的盈利。

(二)经营活动现金流量

净现金流量的上述假设经常与事实不符。一个公司的期初和期末的流动资产和流动负债是不同的。非现金流动资产的增加必然会使现金减少，而流动负债的增加会使现金增加。此外，公司在投资和筹资活动中，也会发生一定的损失或收益。因此，必须把这两项内容纳入现金流量的计算，调整后的现金流量称为“经营活动现金流量”。

经营活动现金净流量=净现金流量+流动资产减少额+流动负债增加额-非经营活动收益

经营活动现金净流量就是现金流量表中列示的“经营活动现金流量净额”。作为衡量产生现金的能力，它承认了流动资产和流动负债的变化和非经营活动的损益，确实反映了经营活动给企业增加的资金。如果一个企业的经营活动长期不能产生正的现金净流量，则不可能给股东带来财富。

但是，经营活动现金净流量并不能代表企业价值或股东财富。经营活动现金净流量中，有一部分是投资的回收，而不是财富的增加，例如折旧等项目。因此，经营活动现金流量只能在一定程度上反映企业的业绩，并不是一个理想的评价指标。

(三)自由现金流量

自由现金流量是支付了有价值的投资需求后能向股东和债权人派发的现金总量。

自由现金流量=经营活动现金净流量-资产投资支出

自由现金流量未纳入任何与筹资有关的现金流量，例如利息费用或股息等。

自由现金流量反映了企业业务所产生的、可以向所有资本供应者提供的现金流量。如果它是一个负值，则反映企业本期向所有资本供应者收取的现金流量总额。

事实上，企业为股东创造财富的主要手段是增加自由现金流量。只有自由现金流量才是股东可以拿到的财富。虽然个别股东可以通过出售股票取得现金，但是把股东作为一个总体来观察，他们的财富只能来自企业的自由现金流量。因此，自由现金流量是企业价值评估的基础。

根据自由现金流量可以计算出以下两种业绩评价指标。

1. 总投资现金报酬率

总投资现金报酬率=自由现金流量÷总资产(指折旧前总资产)

该指标将自由现金流量与账面资产联系起来，可以大体上反映企业产生现金的能力。其问题在于“总资产”是不同时期历史成本的合计，而不是资产的现值。

2. 投资现金内部收益率

投资现金内部收益率，是指自由现金流量现值与投资现值相等的折现率。它和项目评价的内部收益率的含义相同，只不过把整个企业看成是一个投资“项目”。因此，它可以同新投资的折现分析相比较。但是，计算资产现值需要使用一些特有的观念并进行必要的调整，在后面讨论“经济增加值”时我们再说明这个问题。

二、现金流量的优点

现金流量不仅可以用来评价企业业绩，还可以用来评价企业支付利息、支付股息的能力和偿付债务的能力，还可以用于现金管理业绩的计量。同时，与净收益相比较，现金流量受会计估计和会计分摊的影响较小。

会计的初学者和不信任权责发生制的人，比较容易理解现金流量的概念。因此，它便于报表使用人理解一个企业的经营、投资及筹资活动的动态情况。

三、现金流量的局限性

现金流量概念虽然简洁明晰，但是无法取代净收益，主要原因是它不区分收益性支出和资本性支出。按照现金流量的概念，支付当月的水电费和购买可使用 30 年的办公楼，都是当年的现金流出，两者没有区别。按此计算的每年现金流出与现金流入没有因果关系，使得年度现金净流量很难直接作为业绩评价指标。

现金流量作为业绩计量指标还有一个明显的问题，就是单独的现金流量不能反映企业业绩的全貌，也不能借以可靠地预测将来的业绩。例如，一个有潜力、正在成长的新企业可能产生很大的负的现金流量；而一个处于衰退期的企业也可能产生很大的正的现金流量。要想克服现金流量指标的这个缺点，就必须很好地解释现金流动的原因。

第三节　以市场价值为基础的业绩评价指标

一、市场增加值的概念

市场价值是指由供求关系所形成的价值。如果把公司看成是一个可以生产现金的商品，它的价值也是由供求关系决定的，只不过交易的对象不是一般商品，而是公司的产权。在一个有效的、有序的金融市场中，公司产权的交易价格可以准确地反映公司的价值。公司价值的增加，就是股东财富的增加，因此可以通过公司价值的变化衡量其业绩。

从创造财富来看，公司市值本身说明不了什么问题。公司市值没有表达为获得这些市值投入了多少资本。财富的创造不是由公司市值决定的，而是公司市值和投资者投入到公司的资本之间的差额决定的。如果一家公司投入的每 1 元资本产生的市场价值不到 1 元，那么公司就是在摧毁股东的财富。如甲公司的市值是 1 500 万元，乙公司的市值是 1 520 万元，两者几乎相等。但是，甲公司的资本是 1 000 万元，它创造了 500 万元的财富；而乙公司的资本是 1 600 万元，它摧毁了股东 80 万元的价值。

用来评价公司业绩的不是市场价值，而是市场增加值。市场增加值是总市值和总资本之间的差额。即市场增加值=总市值-总资本。

总市值包括债权价值和股权价值，总资本是资本供应者投入的全部资本。公司创建以来的累积市场增加值，可以根据当前的总市值减去当前投入资本的价值来计算。某一年的市场增加值，可以根据本年末累计市场增加值减去上年末累计市场增加值来计算。

一个公司的债务价值比较容易估计，它通常是债务的本、利之和；上市公司的股权价值，可以用每股价格和总股数估计。至于非上市公司的股权价值则没有那么容易估计，只有根据同类上市公司的股价或者用其他方法间接估计。

由于会计上的总资产是按历史成本报告的，不能反映当前总资本的价值，所以需要做出一系列调整。会计准则几乎总是倾向于低估一个公司的资本总额。从经济的角度看，所有对未来利润有贡献的现金支出都是投资，但是会计师却把许多项目确认为费用。每当会计师面临多种选择时，几乎总是以最保守的方法选择利润表和资产负债表的数据，这是由会计的稳健性原则决定的。

为了使账面的总资产调整为当前的总资本价值，需要作两方面的调整：一方面要考虑投资的时间价值，投入资本应随占用的时间增加其价值；另一方面，要把会计师不合理注销的资产加以恢复。

二、市场增加值的优点

从理论上看，市场增加值是评价公司创造财富的准确方法，它胜过其他任何方法。它计算的是现金流入和现金流出之间的差额，即投资者投入资本和他们按市场价格卖掉股票所获现金之间的差额。因此，市场增加值就是一个公司增加或减少股东财富的累计总量，是从外部评价公司管理业绩的最好方法。

市场增加值的另一个好处是可以反映公司的风险。公司的市值既包含了投资者对风险的判断，也包含了他们对公司的业绩评价。因此，市场增加值不仅可以用来直接比较不同行业的公司，甚至可以直接比较不同国家公司的业绩。市场增加值是创造财富竞赛的最终目标。

市场增加值等价金融市场对一家公司净现值的估计。人们普遍接受项目评价的净现值法。如果把一家公司看成是众多投资项目的集合，市场增加值就是所有项目净现值的合计。这些公司的净现值与市场增加值的惟一区别在于净现值是公司自己估计的，而市场增加值是金融市场估计的。

三、市场增加值的局限性

市场增加值虽然和企业目标有极好的一致性，但在实际中应用却不广泛。

(1) 股票市场是否能真正评价企业的价值，一直是一个令人怀疑的问题。虽然有效市场理论已经有多年的历史，并且得到许多实证研究的支持，但是也有许多同样的反证。由于信息不对称，投资人经常做出不正确的判断，使得股价偏离企业价值。

(2) 从短期来看，股市总水平的变化可能会“淹没”管理者的作为。股票价格不仅受管理业绩的影响，还受股市总水平的影响。股价每天有升降，并非由于公司业绩天天有变化。

(3) 只有公司上市之后才会有比较公平的市场价格，才能计算它的市场增加值。非上市公司的市值估计往往是不可靠的。而大部分公司是不上市的，没有恰当的市值估计数据，限制了市场增加值的应用。

(4) 即使是上市公司也只能计算它的整体市场增加值，对于下属部门和单位无法计算其市场增加值，也就不能用于内部业绩评价。

四、经济增加值

经济增加值，是近年来最引人注目和广泛使用的企业业绩考核指标，它是一种把盈利基础和市场基础结合起来的评价方法。

1. 经济增加值的概念

经济增加值与其他业绩计量指标的不同之处在于，它考虑了带来收益的所有资金的成本。传统的会计收益，只扣除了有息负债的利息，而没有考虑权益资本的利息。

会计收益由两部分组成，一部分是股东的资本成本，另一部分是真正的收益。只有股东资本的成本像其他成本一样被扣除之后，剩余的才是真正的收益。

会计师知道“在市场经济中没有免费的午餐”，但是仍然忽略了股东权益的成本。企业使用投资人的钱是有代价的，无论债权人的资金还是股东的资金都是如此。债权人的资本成本是债务的利息，会计师将它们作为费用扣除，列入收益表。但是，对于股东资本的成本，会计师却不计量其成本，也不在利润表中扣除。

经济增加值可以定义为企业收入扣除所有成本(包括股东权益的成本)后的剩余收益，在数量上它等于息前税后营业收益再减去债务和股权的成本。

经济增加值=息前税后经营收益-使用的全部资金×资本成本率

=税后经营收益-使用的股权资金×股权成本率

经济增加值是资本在特定时期内创造的收益，或者称为剩余收益。如果经济增加值为正值，说明企业创造了价值和财富；如果经济增加值为负值，说明企业摧毁了应有的价值；如果经济增加值为零，说明企业只获得金融市场的一般预期，刚好补偿资本成本。

尽管经济增加值的定义很简单，但它的实际计算却较为复杂。为了计算经济增加值，需要解决经营收益、资金成本和所使用资金数额的计量问题。不同的计算方法，形成了含义不同的经济增加值。

2. 经济增加值指标的种类

(1) 基本经济增加值

基本经济增加值是根据未经调整的经营利润和总资产计算的经济增加值。

基本经济增加值=息前税后经济利润-资本成本率×报表总资产

基本经济增加值的计算很简单。但是，由于“经济利润”和“总资产”是按照会计准则计算的，它们歪曲了企业的真实业绩。不过，对于会计利润来说，它承认了股权资金的成本，因此可说是一大进步。

(2) 披露的经济增加值

披露的经济增加值是利用公开会计数据进行十几项标准的调整计算出来的。这种调整是根据公布的财务报表及其附注中的数据进行的。有关典型的调整项目我们在第一章介绍财务报表附注时已经讨论过，在此不再赘述。

(3) 特殊的经济增加值

为了使经济增加值适合特定公司内部的业绩管理，还需要进行特殊的调整。这种调整要使用公司内部的有关数据，调整后的数值称为“特殊的经济增加值”。它是特定企业根据自身情况计算的经济增加值。它涉及公司的组织结构、业务组合、经济战略和会计政策，以便在简单和精确之间实现最佳的平衡。简单是指比较容易计算和理解，精确是指能够准确反映真正的经济利润。这是一种“量身定做”的经济增加值。这些调整项目都是“可控制”的项目，即通过自身努力可以改变数额的项目。调整结果使得经济增加值更接近公司的市场价值。

(4) 真实的经济增加值

真实的经济增加值是公司经济利润最正确和最准确的度量指标。它要对会计数据做出所有必要的调整，并对公司中每一个经营单位都使用不同的更准确的资本成本。

计算披露的经济增加值和特殊的经济增加值时，通常对公司内部所有经营单位使用统一的资本成本。真实的经济增加值要求对每一个经营单位使用不同的资本成本，以便更准确的计算部门的经济增加值。

从公司整体业绩评价来看，基本经济增加值和披露经济增加值是最有意义的。公司外部人员无法计算特殊的经济增加值和真实的经济增加值，因为他们缺少计算所需要的数据。

3. 经济增加值的优点

经济增加值最直接地与股东财富的创造联系起来。追求更高的经济增加值，就是追求更高的股价。对于股东来说，经济增加值越多越好。在这个意义上说，它是惟一正确的业绩计量指标，它能连续地度量企业业绩。相反，销售收益率、每股盈余甚至投资报酬率等指标，有时会侵蚀股东财富。会计师拒绝对资本成本做出估计并在成本中扣除，给报表使用者造成一种幻觉，误以为盈利企业都会或多或少地为股东增加财富。

经济增加值不仅仅是一种业绩评价指标，它还是一种全面财务管理和薪金激励体制的框架。经济增加值的吸引力主要在于它把资本预算、业绩评价和激励报酬结合起来了。以经济增加值为依据的管理，其经营目标是经济增加值，资本预算的决策基础是以适当折现率折现的经济增加值，衡量生产经营效益的指标是经济增加值，奖金根据适当的目标单位的经济增加值来确定。这种管理变得简单、直接、统一与和谐。

经济增加值框架下的综合财务管理系统，可以指导公司的每一个决策，包括营业预算、年度资本预算、战略规划、企业收购和公司出售等。经济增加值是一个独特的薪金激励制度的关键变量，它第一次真正把管理者的利益和股东利益统一起来，使管理者像股东那样思维和行动。总之，经济增加值是一种治理公司的内部控制制度。在这种控制制度下，所有员工可以协同工作，积极地追求最好的业绩。

在经济增加值的框架下，公司可以向投资人宣传他们的目标和成就，投资人也可以用经济增加值选择最有前景的公司。经济增加值还是股票分析家手中的一个强有力的工具。

4. 经济增加值的局限性

由于不同的企业有不同的资本成本，所以经济增加值的缺点是不具有比较不同规模企业的能力。

经济增加值也有许多和投资报酬率一样误导使用者的缺点，例如，处于成长阶段的公司经济增加值较少，而处于衰退阶段的公司经济增加值可能较高。

在计算经济增加值时，对于计算和调整的范围以及资本成本的确定，还没有一个统一的规范。而缺乏统一性的业绩评价指标，只能在一个企业的历史分析以及内部评价中使用。

第四节　企业业绩评价的非财务指标

财务指标在企业的业绩计量方面一直占主导地位。然而，近些年竞争环境的变化使得非财务指标在业绩评价中的作用越来越大。

一、企业业绩评价的非财务指标

在业绩评价中，比较重要的非财务计量指标有：

1. 市场占有率

市场占有率可以反映企业的业绩。一个企业的盈利能力高低，是与其他企业比较而言的。企业的盈利能力高于还是低于行业的平均水平，决定于它的竞争地位。竞争地位的优劣，取决于企业是否具有竞争优势。竞争优势主要来源于成本领先和产品(包括服务)奇异，成本低、质量好的产品必然有广阔的市场。因此，市场占有率可以间接反映企业的盈利能力和经营业绩。

市场占有率是指长期、稳定的市场占有率。一味地靠削价扩大销售，也可能在短期内扩大市场占有率，但不可能持久。具备持久性竞争优势的企业，才能长期维持优于行业平均水平的经营业绩。

2. 质量和服务

质量和服务是指企业可以给顾客某种具有独特性的东西。这种独特性使企业可以在一定价格下售出更多的东西，或者在经济衰退时获得买方忠诚等利益。维持产品的独特性，就是维持企业的竞争优势，体现了经营管理业绩。

对于质量和服务的评价，包括：信誉和形象、产品的质量和外观、包装、价格等。

3. 创新

由于竞争，一个企业的盈利能力是靠不断创新来维持的。不论是成本的优势还是产品奇异性的优势，都会由于对手的创新和自己的停滞而丧失。因此，在关键技术和成本改进方面的创新能力及适应技术变革的能力，是公司业绩的一个重要方面。这种评价包括：有无技术开发的技术和创造新技术的能力；有无率先从行业外引进新技术的能力；有无在别人引进新技术后紧紧跟上的能力；公司在技术创新和引进人才方面的投入量多少；利用收购、合资、购买专利等方面引进技术的情况。

4. 生产力

生产力是指企业的生产技术水平。任何企业都涉及大量技术。技术竞争的重要性，并不取决于这种技术的科学价值或它在物质产品中的显要程度。如果某种技术显要地影响了企业的竞争优势，它对竞争才是举足轻重的。只有技术对企业的相对成本地位或产品奇异化方面作用显著，它才对竞争优势产生影响。

技术不是越新越好，高科技公司未必赚钱。评价一种新技术是否有利于形成竞争优势的标志是：这种技术能使企业降低成本或提高产品奇异性，并可以使企业长期居于技术领先地位；该技术的进一步发展应对本企业有利，即使它被别人效仿也会扩大自己的市场份额；该技术能使企业形成行业的率先行动者优势。如果一种技术不能为该企业带来利益，即使是巨大的技术成就，仍然不能认为企业具有良好的技术优势。

5. 雇员培训

雇员培训是企业在人力资源方面的投资，它和企业的长期业绩相关联。提高雇员胜任工作的能力，是企业的重要业绩之一。雇员培训可以分为新职工上岗培训和后续培训两部分。

新职工上岗培训的目的是使其适应工作。良好的大企业有正规的上岗教育方案，它的内容包括介绍企业的历史、产品和服务，一般的方针和做法，组织，福利待遇，保密的规定，安全和其他企业规定。公司应有培训的教材。通过培训，使新职工提高工作所需要的能力及适应本企业的行为准则和价值观念。

后续培训主要针对管理人员，目的是提高管理的有效性。良好的后续教育的主要标志是：高层管理者对培训的积极支持；培训面向企业各级管理人员，包括最高层的管理人员；培训的具体内容应根据培训人员的特点和要求而定；培训应当理论联系实际。

二、非财务指标的特点

非财务指标与财务指标相比，主要的优势有两个。

1. 可以直接计量创造财富活动的业绩

财务指标不能直接计量创造财富的活动，只能计量这些活动的结果，不能说明财富是如何创造的。非财务指标，包括扩大市场份额、提高质量和服务、创新和提高生产力，都可以直接计量企业在创造财富的活动中所取得的业绩。

2. 可以计量企业的长期业绩

财务计量是短期的计量，具有诱使经理人员为追逐短期利润而伤害企业长期发展的弊端。非财务计量指标关系到企业的长期盈利能力，可以引导经理人员关注企业的长远发展。

但是，非财务指标也有明显的缺点，它的综合性、可计量性和可比性等都不如财务指标。因此，属于业绩评价的辅助工具。

复习思考题

1. 企业业绩的评价指标包括哪两类？
2. 业绩评价的财务指标包括哪些？各有什么意义？
3. 什么是市场增加值？它有何优点和局限性？

4. 什么是经济增加值？ 它有哪些种类？各有何作用？经济增加值有何优点和局限性？

5. 用来计量和评价企业业绩的财务指标和非财务指标有哪些？其特点是什么？

习 题

一、名词解释

现金流量 自由现金流量 市场增加值 经济增加值

二、单项选择题

1. 按照我国《公司法》规定，我国公司不得发行优先股，所以股东净收益与( )没有区别。

A. 所有者权益　　B. 未分配利润
C. 净利润　　D. 本年利润

2. 某公司 2001 年净利润为 83 519 万元，本年计提的固定资产折旧 12 764 万元，无形资产摊销 5 万元，待摊费用增加 90 万元，则本年产生的净现金流量是( )万元。

A. 83 519　　B. 96 288　　C. 96 378　　D. 96 198

3. 某公司 2001 年净现金流量 96 546 万元，本年存货减少 18 063 万元，经营性应收项目增加 2 568 万元，财务费用 2 004 万元，则本年经营活动现金净流量( )万元。

A. 96 546　　B. 78 483　　C. 75 915　　D. 114 045

4. 企业为股东创造财富的主要手段是增加( )。

A. 自由现金流量　　B. 净利润
C. 净现金流量　　D. 营业收入

5. 能够反映公司经营利润最正确和最准确的度量指标是( )。

A. 基本的经济增加值　　B. 特殊的经济增加值
C. 真实的经济增加值　　D. 披露的经济增加值

6. 要求对每一个经营单位使用不同的资金成本是( )。

A. 真实的经济增加值　　B. 基本的经济增加值
C. 披露的经济增加值　　D. 特殊的经济增加值

7. 通货膨胀环境下，一般采用( )能够较为精确的计量收益。

A. 个别计价法　　B. 加权平均法
D. 先进先出法　　D. 后进先出法

8. 能够反映企业发展能力的指标是( )。

A. 总资产周转率　　B. 资本积累率

C. 已获利息倍数
D. 资产负债率

9. ( )可以用来反映企业的财务效益。

A. 资本积累率
B. 已获利息倍数
C. 资产负债率
D. 总资产报酬率

三、多项选择题

1. 投资收益的评价方法有两种，分别是( )。

A. 剩余收益
B. 总资产收益率
C. 净资产收益率
D. 内部收益率
E. 所有者权益收益率

2. 从公司整体业绩评价来看，( )是最有意义的。

A. 特殊的经济增加值
B. 真实的经济增加值
C. 基本经济增加值
D. 披露的经济增加值
E. 以上各项都是

3. 通货膨胀对利润表的影响主要表现在( )方面。

A. 存货成本
B. 无形资产摊销
C. 利息费用
D. 固定资产折旧
E. 投资收益

4. 通货膨胀对资产负债表的影响主要表现在( )方面。

A. 高估固定资产
B. 高估负债
C. 低估净资产价值
D. 低估存货
E. 低估长期资产价值

5. 我国会计制度规定，企业可以采用( )确定存货的价值。

A. 后进先出法
B. 加权平均法
C. 移动平均法
D. 个别计价法
E. 先进先出法

6. 属于非财务计量指标的是( )。

A. 市场增加值
B. 服务
C. 创新
D. 雇员培训
E. 经济收益

四、计算分析题

(1) 华鑫公司2004年的经营利润(税后)为800万元。本年的研究与开发费用支出500万元，已按会计制度作为当期费用处理，该项支出的受益期是在下年，本年商誉摊销费用62万元，但实际上企业的商誉并无明显变化，本年的无息流动负债为2 400万元，长期经营租赁资产 340 万元，未计入财务报告总资产。假设所得税率 40%，报告总资产 3 800 万元，资产所占用资金成本率 8%。

要求：

① 计算该企业的基本经济增加值。

② 计算该企业的披露经济增加值。

(2) 长江公司 2004 年实现净利润 500 000 元，当年提取的固定资产折旧 120 000 元，摊销无形资产 30 000 元，处理固定资产收益 90 000 元，出售短期投资损失 30 000 元，当年发生利息支出 10 000 元，有关资产年末比年初变动情况为：应收账款减少 150 000 元，坏账准备减少 450 元，存货减少 100 000 元，待摊费用增加 10 000 元，应付账款增加 314 000 元，无形资产减值准备 3 000 元。

要求：计算该年度经营活动产生的净现金流量。

附录 A 上市公司年度报告内容简介

规范的上市公司年度报告通常包括十个部分，它们将是企业今后进行的会计分析、财务分析乃至财务综合评价的依据。通过对上市公司年度报告结构与内容的了解，能够为我们今后进行的分析提供可靠、方便的资料来源。因此，我们需要了解上市公司年报的一般构成。上市公司年报的基本结构如下。

一、公司基本情况简介

公司名称、法定代表人、董事会秘书、公司地址、联系方式、注册地、办公地、公司信息披露报纸及网站、股票上市交易所、其他有关资料。

二、会计数据和业务数据摘要

1. 公司本年度实现的利润情况

2. 公司近三年主要业务数据和财务指标

三、股本变动及股东情况

1. 公司股份变动情况表

2. 股票发行与上市情况

3. 股东情况介绍

(1) 公司前十名股东持股情况

(2) 控股股东情况

四、董事、监事、高级管理人员及员工情况

1. 基本情况

2. 年度报酬情况

五、公司治理结构

1. 公司治理结构情况

2. 独立董事履行职责情况

3. 上市公司与控股股东在业务、人员、资产、机构、财务上的“五分开”情况说明

4. 对高级管理人员的考评及激励机制的建立及实施情况

六、股东大会情况简介

1. 股东大会简介

2. 董事、监事变更情况

七、董事会报告

1. 管理层讨论与分析

2. 公司经营情况

3. 主要控股公司及参与公司经营情况及业绩

4. 主要供应商、客户情况
5. 在经营中出现的问题与困难及解决方案
6. 本年度经营计划完成情况
7. 公司投资情况
8. 公司财务状况、经营成果
9. 董事会日常工作情况
10. 本年度利润分配及资本公积转增股本预案
11. 其他报告事项

八、监事会报告

1. 报告期内召开监事会情况
2. 监事会独立意见

九、重要事项

1. 报告期内公司重大诉讼、仲裁事项
2. 报告期内公司收购及出售资产、吸收合并事项的简要事项
3. 报告期内公司重大关联交易事项
4. 公司应披露重大合同及其履行情况
5. 聘任、改聘、解聘会计师事务所的情况
6. 报告期内公司、公司董事及高管人员均未受到监管部门的处罚
7. 其他重要事项

十、财务报告

1. 审计报告
2. 会计报表
3. 会计报表附注

(1) 公司简介
(2) 公司主要会计政策、会计估计和合并会计报表的编制方法
(3) 税项
(4) 控股子公司及合营企业
(5) 会计报表主要项目注释
(6) 关联方关系披露
(7) 关联方交易事项披露
(8) 或有事项
(9) 资产负债表日后事项
(10) 其他重要事项

附录B 会计报表附注

一、公司基本情况

大华股份有限公司(简称“本公司”)是经国家经贸委国经贸企改[1998] 571 号批准，由矿业(集团)有限责任公司独家发起，于 1999 年 8 月 26 日以募集方式设立的股份有限公司，营业执照号 1300001001301 1/1，注册资本 42 500 万元。其中国有法人股 32 500 万股，社会公众流通股 10 000 万股。社会公众股于 1999 年 9 月 9 日在深圳证券交易所挂牌上市。

本公司经营范围：煤炭开采与经营；水泥生产及销售；无碱玻璃纤维及制品的生产、销售；水泥用石灰岩、水泥配料用砂岩露天开采；电力生产(限分支机构经营)、蒸汽生产及供应(限分支机构经营)；经营本企业自产产品及技术的出口业务和本企业所需的机械设备、零配件、原辅材料及技术的进口业务，但国家限定公司经营或禁止进出口的商品及技术除外。

二、公司主要会计政策、会计估计

1. 会计制度

本公司执行《企业会计准则》和《企业会计制度》及其补充规定。

2. 会计年度

本公司会计年度自公历 2004 年 1 月 1 日至 12 月 31 日。

3. 记账本位币

本公司以人民币为记账本位币。

4. 记账基础和计价原则

本公司采用权责发生制，以实际成本为计价原则。

5. 外币业务核算方法

本公司年度内发生的外币业务，按实际发生日中国人民银行公布的基准汇价折合为本位币记账，期末按基准汇价进行调整，发生的差额，与构建固定资产有关且在其达到预定使用状态前的，计入有关固定资产的构建成本；与构建固定资产无关的属于筹建期间的计入长期待摊费用，属于生产经营期间的计入当期财务费用。

6. 现金等价物的确认标准

本公司将所持有的期限短、流动性强、易于转换为已知金额现金、价值变动风险很小的投资确定为现金等价物。

7. 短期投资核算方法

本公司短期投资是指能够随时变现并且持有时间不准备超过一年的投资，包括股票投资、债券投资和其他投资。

短期投资在取得时按实际投资成本计价。期末以成本与市价孰低计价，市价低于成本按单项投资的成本与市价的差额计提短期投资跌价准备。

本公司出售短期持有的股票、债券或到期收回债券时确认投资收益或损失。

8. 坏账核算方法

本公司采用备抵法核算坏账损失。本公司对期末应收款项(包括应收账款和其他应收款)采用账龄分析法计提坏账准备，各账龄计提坏账准备的比例如表 B.1 所示。

表 B.1 各账龄计提坏账准备的比例

账 龄	计提比例/%
一年以内	10
一至二年	15
二至三年	20
三年以上	25

本公司确认坏账的标准为：

(1) 债务人破产或死亡，以其破产财产或者遗产清偿后仍无法收回；

(2) 因债务人逾期未履行偿债义务，且具有明显特征表明无法收回。

本公司对确实无法收回的应收款项，经批准后作为坏账损失，并冲销提取的坏账准备。

9. 存货核算方法

本公司的存货包括在生产经营过程中为销售或耗用而储备的原材料、低值易耗品、产成品、物资采购、委托加工物资等。

存货盘存制度采用永续盘存制。原材料采用计划成本核算，月末按材料综合差异率结转应分摊的材差；产成品入库时按实际成本计价，发出、领用时采用加权平均法结转成本；低值易耗品领用时一次摊销。

本公司期末对存货进行全面清查，对存货遭受毁损、全部或部分陈旧过时或销售价格低于成本等原因，使其成本不可收回的部分，计提存货跌价准备。计提时，按单个存货项目的成本与可变现净值的差额确认存货跌价准备。

10. 长期投资核算方法

(1) 长期投资计价方法

本公司长期股权投资包括股票投资和其他股权投资，在取得时按初始投资成本计价。

本公司长期债权投资包括长期债券投资和其他长期债权投资，按取得时的实际成本作为初始投资成本。长期债权投资按期计算应收利息。

(2) 长期股权投资的会计核算方法

本公司对被投资企业无控制、无共同控制且无重大影响的，长期股权投资采用成本法核算；本公司对被投资企业具有控制、共同控制或者重大影响的，长期股权投资采用权益法核算。

(3) 股权投资差额的会计处理

长期股权投资采用权益法核算时：

对长期股权投资初始投资成本高于其在被投资单位所有者权益中所占份额的差额，本公司确认为股权投资差额，并按合同投资期限的剩余年限(或 10 年)平均摊销计入损益。

对于取得成本小于其在被投资企业所有者权益中所占份额的差额，按规定计入长期股权投资差额，并按合同投资期限的剩余年限(或 10 年)平均摊销计入损益，或计入资本公积。

(4) 长期债券投资溢价和折价的摊销方法

在债券购入后至到期日止的期间内按直线法，于确认相关债券利息收入的同时摊销。

(5) 长期投资减值准备的确认标准和计提方法

本公司期末对长期投资逐项进行检查，由于市价持续下跌或被投资单位经营状况恶化等原因导致其可收回金额低于账面价值的，计提长期投资减值准备。计提时，按单项投资可收回金额低于账面价值的差额确认长期投资减值准备。

11. 固定资产计价和折旧方法

本公司固定资产是指使用年限超过 1 年，单位价值较高，为生产商品、提供劳务、出租或经营管理而持有的房屋、建筑物、机器设备、运输设备和其他设备。固定资产以取得时的成本入账。

与固定资产有关的后续支出，如果使可能流入企业的经济利益超过了原先的估计，如延长了固定资产的使用寿命，或者使产品质量实质性提高，或者使产品成本实质性降低，则计入固定资产账面价值，但增计后的金额不超过该固定资产的可收回金额。除此以外的后续支出确认为当期费用。

本公司采用年限平均法和工作量法计提折旧。按固定资产类别、预计使用寿命和预计残值(预计净残值率为 3%)，本公司确定各类固定资产的年折旧率如表 B.2 所示。

表 B.2 各类固定资产的年折旧率

类　别	预计使用寿命	年折旧率/%
房屋及建筑物	20～35 年	4.85 ～2.77
机器设备	7～15 年	13.86 ～6.47
运输设备	5～8 年	19.4 ～12.125
其他设备	4～8 年	24.25 ～12.125
井巷	工作量法	2.5 元/吨原煤

本公司期末对固定资产逐项进行检查，由于市价持续下跌，或技术陈旧、损坏、长期闲置等原因导致其可收回金额低于账面价值的，计提固定资产减值准备。计提时，按单项固定资产可收回金额低于账面价值的差额确认固定资产减值准备。

本公司对于已经计提了减值准备的固定资产，如果有迹象表明以前期间据以计提固定资产减值准备的各种因素发生了变化，使得固定资产的可收回金额大于其账面价值的，对以前期间已计提的固定资产减值准备应当转回。

12. 在建工程核算方法

本公司在建工程按实际成本计价。工程达到预定可使用状态后，将该项工程完工达到预定可使用状态所发生的必要支出结转，作为固定资产的入账价值。

本公司期末对在建工程进行全面检查，当工程长期停建且预计在未来 3 年内不会重新开工，或所建项目在性能、技术上已经落后且给企业带来的经济利益具有很大的不确定性等情形出现时，计提在建工程减值准备。计提时，按单项在建工程可收回金额低于账面价值的差额确认在建工程减值准备。

13. 借款费用的核算方法

本公司为筹集生产经营所需资金等而发生的借款费用计入财务费用。

为构建固定资产的专门借款所发生的借款费用，在所构建的固定资产达到预定可使用状态前，计入有关固定资产的构建成本；在所构建的固定资产达到预定可使用状态后，计入当期财务费用。

14. 无形资产计价及摊销方法

本公司无形资产按取得时的实际成本入账。无形资产自取得当月起在预计使用年限内分期摊销。

本公司期末对无形资产进行逐项检查，当存在以下情形时，计提无形资产减值准备：

(1) 某项无形资产已被其他新技术等所替代，使其为企业创造经济利益的能力受到重大不利影响；

(2) 某项无形资产的市价在当期大幅下跌，在剩余摊销年限内预期不会恢复；

(3) 某项无形资产已超过法律保护期限，但仍然具有部分使用价值；

(4) 其他足以证明某项无形资产实质上已经发生了减值的情形。

计提时，按单项无形资产的可收回金额低于其账面价值的差额确认无形资产减值准备。

本公司期末如果预计某项无形资产已经不能给企业带来未来经济利益的，将该项无形资产的账面价值全部转入当期管理费用。

无形资产计提了减值准备后，当表明无形资产发生减值的迹象全部消失或部分消失，而将以前年度已确认的减值损失予以全部或部分转回时，转回的金额不应超过原已计提的无形资产减值准备。

15. 长期待摊费用摊销方法

本公司租入固定资产改良支出等长期待摊费用按租赁期或受益期孰低年限平均摊销。

筹建期间发生的费用(除构建固定资产以外)，先在长期待摊费用中归集，于生产经营期一次计入当期损益。

16. 预计负债

如果与或有事项相关的义务同时符合以下条件，公司将其确认为预计负债：

(1) 该义务是本公司承担的现时义务；

(2) 该义务的履行很可能导致经济利益流出本公司；

(3) 该义务的金额能够可靠地计量。

如果清偿已确认预计负债所需支出全部或部分预期由第三方或其他方补偿，则补偿金额只能在基本确定能收到时，作为资产单独确认。确认的补偿金额不超过所确认负债的账面价值。

17. 应付债券的核算方法

(1) 应付债券的计价

本公司发行债券时，按照实际的发行价格总额，计入“应付债券”科目。

(2) 债券溢价或折价的摊销方法

债券发行价格总额与债券面值总额的差额，作为债券溢价或折价，在债券的存续期间内按直线法计提利息时摊销，并按借款费用的处理原则进行处理。

18. 收入确认原则

(1) 销售商品

对已将商品所有权上的主要风险或报酬转移给购货方，不再对该商品实施继续管理权和实际控制权，相关的收入已经取得了收款的凭据，且与销售该商品有关的成本能够可靠地计量时，本公司确认商品销售收入的实现。

(2) 提供劳务

对同一会计年度内开始并完成的劳务，本公司在完成劳务时确认收入；对劳务的开始和完成分属不同的会计年度，在提供劳务交易的结果能够可靠估计的情况下，本公司在资产负债表日按完工百分比法确认收入。

(3) 让渡资产使用权

与资产使用权让渡相关的经济利益能够流入及收入的金额能够可靠地计量时，本公司确认收入。

19. 所得税的会计处理方法

本公司所得税的会计处理采用应付税款法。

20. 煤炭生产安全费用及维简费

根据财政部、国家发展改革委、国家煤矿安全监察局财建[2004]119 号关于印发《煤炭生产安全费用提取和使用管理办法》和《关于规范煤矿维简费管理问题的若干规定》的通知规定，本公司从 2004 年 6 月 1 日起按原煤实际产量 8 元/吨在成本中按月提取安全生产费用，专门用于煤矿安全生产设施投入的资金；按原煤实际产量 8.50 元/吨在成本中按月提取维简费(包括井巷费用)，与本公司原提取标准一致。

三、税项

1. 主要税种及税率

税种	计税依据	税率
增值税	应税收入	13%，17%
营业税	应税收入	3%，5%
资源税	原煤销售数量	0.9 元，1.2 元/吨
城市维护建设税	应纳流转税额	5%，7%
企业所得税	应纳税所得额	33%

2. 优惠税负及批文

根据邢台市桥西区地方税务局 2005 年 1 月 27 日下发的邢地税西发[2005]17 号《关于大华股份有限公司技术改造国产设备投资抵免企业所得税的批复》的有关规定，“你单位新型干法水泥熟料生产线技术改造项目符合国家产业政策，根据冀地税函[2004]306 号文件精神，同意该项目所需的国产设备投资抵免企业所得税。”2004 年实际抵免所得税 46 662 012.95 元。

四、会计报表主要项目注释

1. 货币资金(如表 B.3 所示)

表 B.3　货币资金表　　单位：元

项　目	2004-12-31	2003-12-31
现金	88 294.24	344 350.39
银行存款	462 747 530.67	167 735 888.90
其他货币资金	501 882.51	241 409.23
合计	463 337 707.42	168 321 648.52

说明：货币资金 2004 年 12 月 31 日比 2003 年 12 月 31 日增加 175.27%，主要原因为 2004 年 8 月发行了可转换公司债券，募集资金到位导致银行存款的大幅增加。

2. 应收票据(如表 B.4 所示)

表 B.4　应收票据表　　单位：元

种　类	2004-12-31	2003-12-31
银行承兑汇票	330 592 849.07	259 783 346.89
商业承兑汇票		
合计	330 592 849.07	259 783 346.89

说明：应收票据 2004 年 12 月 31 日比 2003 年 12 月 31 日增加 27.26%，主要原因为根据不同客户，公司适当调整煤款结算方式，增加银行承兑汇票结算。

3. 应收账款

(1) 账龄分析及百分比如表 B.5 所示。

表 B.5　账龄分析及百分比表　　单位：元

账龄	2004-12-31			2003-12-31		
	金　额	比例/%	坏账准备	金　额	比例/%	坏账准备
一年以内	159 555 605.51	90.89	15 955 560.55	40 143 731.43	61.02	4 014 373.14
一至二年	6 478 394.60	3.70	971 759.19	6 265 788.55	9.52	939 868.28
二至三年	5 911 730.77	3.37	1 182 346.15	11 476 333.14	17.45	2 295 266.63
三年以上	3 595 636.22	2.04	898 909.06	7 899 646.99	12.01	1 974 911.75
合计	175 541 367.10	100.00	19 008 574.95	65 785 500.11	100.00	9 224 419.80

(2) 坏账准备如表 B.6 所示。

表 B.6 坏账准备表

单位：元

2004-01-01	本期增加	本期减少		2004-12-31
		核 销	转 回	
9 224 419.80	27 315 736.21	17 531 581.06		19 008 574.95

(3) 无持本公司 5%(含 5%)以上股份的股东单位欠款。

(4) 截止 2004 年 12 月 31 日，应收账款前五名金额合计 90 629 678.24 元，占应收账款总额的 51.63%。

(5) 应收账款 2004 年 12 月 31 日比 2003 年 12 月 31 日增加 176.75%，主要原因为煤炭销售形势较好，煤炭售价上涨，致使货款总额增加；另玻璃纤维分公司、水泥厂规模生产导致应收货款增加。

4. 其他应收款

(1) 账龄分析及坏账准备如表 B.7 所示。

表 B.7 账龄分析及坏账准备表

单位：元

账龄	2004-12-31			2003-12-31		
	金 额	比例/%	坏账准备	金 额	比例/%	坏账准备
一年以内	14 112 468.72	76.75	1 411 246.87	13 788 645.84	71.66	1 378 864.58
一至二年	2 534 808.50	13.79	380 221.28	2 233 970.42	11.61	335 095.56
二至三年	209 322.64	1.14	41 864.53	1 158 223.38	6.02	231 644.68
三年以上	1 531 015.02	8.32	382 753.76	2 061 207.49	10.71	515 301.87
合计	18 387 614.88	100.00	2 216 086.44	19 242 047.13	100.00	2 460 906.69

(2) 坏账准备变动情况如表 B.8 所示。

表 B.8 坏账准备变动情况

单位：元

2004-01-01	本期增加	本期减少		2004-12-31
		核销	转回	
2 460 906.69	272 177.88	516 998.13		2 216 086.44

(3) 无持本公司 5%(含 5%)以上股份的股东单位欠款。

(4) 截止 2004 年 12 月 31 日，其他应收款前五名金额合计 3 563 186.66 元，占其他应收款总额的 19.38%。

5. 预付账款

(1) 账龄分析及百分比如表B.9所示。

表B.9　账龄分析及百分比表　单位：元

账　龄	2004-12-31		2003-12-31	
	金　额	比例/%	金　额	比例/%
一年以内	83 170 431.84	96.03	99 648 061.39	87.41
一至二年	1 964 515.41	2.27	14 032 801.09	12.31
二至三年	1 170 781.08	1.35	140 573.20	0.12
三年以上	305 677.87	0.35	180 800.95	0.16
合计	86 611 406.20	100.00	114 002 236.63	100.00

(2) 预付账款账龄超过一年未收回的款项主要是尚未结算的设备预付款。

(3) 无预付持本公司5%(含5%)以上股份的股东单位款项。

6. 存货

(1) 存货分析项目列示如表B.10所示。

表B.10　存货项目表　单位：元

项　目	2004-12-31	2003-12-31
产成品	57 936 255.89	31 350 155.14
原材料	40 082 321.18	56 171 750.62
委托加工物资	45 189.64	261 411.32
物资采购	1 487 257.40	3 202 955.15
存货跌价准备	4 925 731.82	2 585 455.49
合计	94 625 292.29	88 400 816.74

(2) 存货跌价准备如表B.11所示。

表B.11　存货跌价准备表　单位：元

项　目	2004-01-01	本期增加	本期减少		2004-12-31
			转　出	转　回	
原材料	1 264 971.76	—	—	1 264 971.76	—
产成品	1 320 483.73	3 605 248.09	—	—	4 925 731.82
合计	2 585 455.49	3 605 248.09	—	1 264 971.76	4 925 731.82

说明：存货可变现净值按估计售价减去至完工估计成本、费用和税金后金额确认。

7. 长期股权投资(如表 B.12 所示)

表 B.12 长期股权投资表

单位：元

项 目	2004-01-01	本期增加	本期减少	2004-12-31
股票投资	—	—	—	—
其他股权投资	1 000 000.00	—	—	1 000 000.00
其中：对子公司投资	—	—	—	—
对合营企业投资	—	—	—	—
对联营企业投资	—	—	—	—
对其他企业投资	1 000 000.00	—	—	1 000 000.00
股权投资差额	—	—	—	—
	1 000 000.00	—	—	1 000 000.00
长期投资减值准备	—	—	—	—
合计	1 000 000 00	—	—	1 000 000.00

(1) 截止 2004 年 12 月 31 日投资明细如表 B.13 所示。

表 B.13 截止 2004 年 12 月 31 日投资明细表

单位：元

被投资单位名称	投资期限	投资比例	初始投资成本	核算方法
中联煤炭销售有限责任公司	20 年	1.20%	1 000 000.00	成本法
合计			1 000 000.00	

(2) 权益变动情况如表 B.14 所示。

表 B.14 权益变动情况表

单位：元

被投资单位名称	本期增减投资	本期增减权益		累计增减权益
		本期权益	本期分回利润	
中联煤炭销售有限责任公司	—	—	—	—
合计	—	—	—	—

(3) 投资变动情况如表 B.15 所示。

表 B.15　投资变动情况表

单位：元

被投资单位名称	2004-01-01	本期增减权益	2004-12-31
中联煤炭销售有限责任公司	1 000 000.00		1 000 000.00
合计	1 000 000.00		1 000 000.00

(4) 长期投资减值准备如表 B.16 所示。

表 B.16　长期投资减值准备表

单位：元

被投资单位名称	2004-01-01	本期增加	本期减少		2004-12-31
			转出	转回	
中联煤炭销售有限责任公司	—	—	—	—	—

8. 固定资产及累计折旧

(1) 固定资产原值如表 B.17 所示。

表 B.17　固定资产原值表

单位：元

类　别	2004-01-01	本期增加	本期减少	2004-12-31
房屋及建筑物	597 255 585.70	159 513 815.33	24 100 959.67	732 668 441.36
机器设备	1 475 535 612.82	535 938 393.68	180 514 644.27	1 830 959 362.23
运输工具	61 816 968.49	16 311 830.80	2 947 870.60	75 180 928.69
井巷	420 472 551.68	9 287 880.40	—	429 760 432.08
其他设备	25 687 807.89	7 514 749.39	2 814 481.59	30 388 075.69
评估增值(注 A)	264 203 833.99	—	—	264 203 833.99
合计	2 844 972 360.57	728 566 669.60	210 377 956.13	3 363 161 074.04

说明：①评估增值是本公司改制设立时，根据北京中企华资产评估有限责任公司出具的中企华评报字[1999]第 026 号《大华股份有限公司(筹)资产评估报告》和财政部财评字[1999]217 号《关于矿业(集团)有限责任公司发起设立股份有限公司资产评估项目审核意见的函》确认的固定资产增值部分。②本期在建工程转入 225 739 419.26 元。③固定资产 2004 年 12 月 31 日比 2003 年 12 月 31 日增加 18.21%，主要原因为本期购入东庞电厂、邢台电厂和章村电厂，导致固定资产增加 26 531.55 万元，玻纤工程完工转入固定资产 19 259.92 万元。

(2) 累计折旧如表 B.18 所示。

表 B.18 累计折旧表

单位：元

类　别	2004-01-01	本期增加	本期减少	2004-12-31
房屋及建筑物	120 333 596.33	25 509 736.20	5 006 864.93	140 836 467.60
机器设备	550 790 074.18	145 625 604.19	163 490 639.60	532 925 038.77
运输工具	32 969 258.00	5 606 323.00	2 367 331.89	36 208 249.11
井巷	188 441 882.41	13 323 417.88	—	201 765 300.29
其他设备	10 828 187.85	2 644 047.09	1 931 212.68	11 541 022.26
评估增值	180 810 355.08	14 716 497.96	—	195 526 853.04
合计	1 084 173 353.85	207 425 626.32	172 796 049.10	1 118 802 931.07

说明：①评估增值见[附注四、8(1)A]及[附注四、23]。

②本期末本公司不需计提固定资产减值准备。

9. 在建工程

(1) 截止 2004 年 12 月 31 日在建工程明细如表 B.19 所示。

表 B.19 截止 2004 年 12 月 31 日在建工程明细表

单位：元

工程名称	预 算 数	资金来源	预计完工时间
水泥厂扩建工程	152 960 000.00	其他来源	2005-05
无碱玻璃纤维池窑工程	49 856 600.00	其他来源	已完工
三万吨玻纤制品生产线工程	49 571 900.00	其他来源	已完工
章村电厂技术改造	49 070 000.00	募集资金	2005-10
大华矸石热电厂改造	49 055 600.00	募集资金	2005-09
东庞矿高产高效技术改造	168 710 000.00	募集资金	2006-11
章村矿深部水平技术改造	48 230 000.00	募集资金	2005-12
葛泉矿通风及下组煤开采技术改造	49 460 000.00	募集资金	2005-12

(2) 在建工程增减变动如表 B.20 所示。

表 B.20 在建工程增减变动表

单位：元

项　目	2004-01-01	本期增加	本期转入固定资产	本期其他减少	2004-12-31
章村电厂技术改造	—	13 639 109.20	—	—	13 639 109.20
其中：利息资本化	—	36 837.01	—	—	36 837.01
水泥厂扩建工程	7 915 395.23	104 395 762.73	—	—	112 311 157.96

续表

项目	2004-01-01	本期增加	本期转入固定资产	本期其他减少	2004-12-31
其中：利息资本化	—	—	—	—	
大华矸石热电厂改造	—	15 861 702.26	—	—	15 861 702.26
其中：利息资本化	—	20 034.39	—	—	20 034.39
三万吨玻纤制品生产线工程	2 436 715.04	143 261 162.14	145 697 877.18	—	—
其中：利息资本化	—	—	—	—	—
无碱玻璃纤维池窑工程	—	46 901 361.28	46 901 361.28	—	—
其中：利息资本化					
东庞洗煤厂扩建	573 996.49	1 835 292.91	2 409 289.40	—	
其中：利息资本化	—	—	—	—	—
东庞矿高产高效技术改造	3 349 199.06	15 994 495.18	—	—	19 343 694.24
其中：利息资本化	—	186.67	—	—	186.67
章村矿深部水平技术改造	2 258 244.97	1 558 648.91	—	—	3 816 893.88
其中：利息资本化	—	—	—	—	—
葛泉矿通风及下组煤开采技术改造	5 804 682.40	28 126 072.47	—	—	33 930 754.87
其中：利息资本化		15 445.65	—	—	15 445.65
葛泉矿技改工程		9 287 880.40	9 287 880.40	—	—
待安装设备	3 204 437.00	395 091.39	3 204 437.00	—	395 091.39
其中：利息资本化	—	—	—	—	—
其他	—	18 238 574.00	18 238 574.00	—	—
其中：利息资本化	—	—	—	—	—
合计	25 542 670.19	399 495 152.87	225 739 419.26	—	199 298 403.80
其中：利息资本化	—	72 503.72	—	—	72 503.72
在建工程减值准备	—	—	—	—	—
	25 542 670.19	399 495 152.87	225 739 419.26	—	199 298 403.80

说明：①本年资本化率 1.60%。②本期末本公司不需计提在建工程减值准备。③在建工程 2004 年 12 月 31 日比 2003 年 12 月 31 日增加 680.26%，主要原因为本期募集资金投向的五个工程项目全面开始动工。

10. 无形资产

(1) 截止 2004 年 12 月 31 日无形资产明细如表 B.21 所示。

表 B.21 截止 2004 年 12 月 31 日无形资产明细表

单位：元

项　目	取得方式	原　值	摊销年限	剩余摊销年限
土地使用权(一)	购买	45 191 075.00	50 年	44.67 年
土地使用权(二)	购买	7 092 437.00	50 年	46.5 年
采矿权	购买	380 300.00	50 年	46.5 年
合计		52 663 812.00		

(2) 无形资产增减变动如表 B.22 所示。

表 B.22 无形资产增减变动表

单位：元

项　目	土地使用权(一)	土地使用权(二)	采矿权	合　计
2004-01-01	41 274 516.29	6 737 815.12	361 285.05	48 373 616.46
减：无形资产减值准备	—	—	—	—
无形资产净值	41 274 516.29	6 737 815.12	361 285.05	48 373 616.46
本期增加额	—	—	—	—
本期摊销额	903 817.92	141 848.76	7 605.96	1 053 272.64
本期转出额				
累计摊销额	4 820 376.63	496 470.64	26 620.91	5 343 468.18
2004-12-31	40 370 698.37	6 595 966.36	353 679.09	47 320 343.82
减：无形资产减值准备	—	—	—	—
无形资产净值	40 370 698.37	6 595 966.36	353 679.09	47 320 343.82

(3) 本期末公司不需计提无形资产减值准备。

11. 短期借款(如表 B.23 所示)

表 B.23 短期借款表

单位：元

借款类别		2004-12-31		2003-12-31
信用借款		120 000 000.00		185 000 000.00
抵押借款				—
其中：他人抵押				—
保证借款				—
其中：他人保证				—
质押借款				—
其中：他人质押				—
合计		120 000 000.00		185 000 000.00

12. 应付账款(如表 B.24 所示)

表 B.24 应付账款表

单位：元

2004-12-31	2003-12-31
274 983 048.79	246 259 729.35

说明：欠持本公司 5%(含 5%)以上股份的股东单位款项见[附注五、3(1)]。

13. 预收账款(如表 B.25 所示)

表 B.25 预收账款表

单位：元

2004-12-31	2003-12-31
144 938 243.43	109 497 279.01

说明：①欠持本公司 5%(含 5%)以上股份的股东单位款项见[附注五、3(1)]。

②预收账款 2004 年 12 月 31 日比 2003 年 12 月 31 日增加 32.37%，主要原因为本期煤炭销售形势好，预收货款增加。

14. 应付福利费(如表 B.26 所示)

表 B.26 应付福利费表

单位：元

2004-12-31	2003-12-31
14 207 877.00	6 659 742.06

说明：应付福利费 2004 年 12 月 31 日比 2003 年 12 月 31 日增加 113.34%，主要原因

为工资总额增加导致提取数增加所致。

15. 应付利息(如表 B.27 所示)

表 B.27 应付利息表

单位：元

2004-12-31	2003-12-31
4 417 777.78	—

说明：应付利息余额为本公司发行的每年付息的可转换公司债券 2004 年应计提的债券利息。

16. 应交税金(如表 B.28 所示)

表 B.28 应交税金表

单位：元

税 项	2004-12-31	2003-12-31
增值税	27 234 844.34	36 199 315.72
营业税	9 139.28	49 634.45
资源税	963 482.87	759 062.78
城建税	1 885 608.04	3 508 707.92
企业所得税	7 744 746.54	17 712 387.78
车船税		—
土地使用税	5 600.00	—
个人所得税	10 929 996.15	—
房产税	530.22	—
合计	48 772 887.00	58 229 108.65

说明：个人所得税从 2004 年起在应交税金科目核算，以前年度在其他应付款核算。

17. 其他应交款(如表 B.29 所示)

表 B.29 其他应交款表

项 目	计缴标准	2004-12-31	2003-12-31
教育费附加	应纳流转税额的 4%	10 487 908.62	7 902 825.12
矿产资源补偿费	煤炭产品销售收入的 1%	2 815 581.75	1 864 217.42
合计		13 303 490.37	9 767 042.54

说明：其他应交款 2004 年 12 月 31 日比 2003 年 12 月 31 日增加 36.21%，主要原因为根据河北省人民政府令[2003]第 8 号精神，自 2003 年 12 月 1 日起，教育费附加由应纳

流转税额的3.5%改为4%计缴，教育费附加计提增加以及随着煤炭销售收入大幅增长，矿产资源补偿费计提增加所致。

18. 其他应付款(如表B.30所示)

表B.30　其他应付款表　单位：元

2004-12-31	2003-12-31
283 696 650.69	192 366 312.89

说明：①欠持本公司5%(含5%)以上股份的股东单位款项见[附注五、3(1)]。②大额其他应付款说明如表B.31所示。

表B.31　大额其他应付款说明　单位：元

项　目	2004-12-31
邢矿集团公司	62 276 855.45
包干工资	58 782 718.79
社会保险部	31 450 998.50
住房公积金	31 917 698.10
待交收购电厂土地出让金	22 762 400.00

说明：①包干工资结余形成原因为本公司改制设立时，由矿业(集团)有限责任公司按人员比例转入本公司的包干工资结余。本年度使用包干工资结余40 810 038.02元，其中用于一次性奖励职工39 538 980.00元。②社会保障部余额为待上交的养老保险和失业保险，住房公积金余额为待上交的住房公积金。③待交收购电厂土地出让金为收购集团公司三个电厂需要缴纳的土地出让金，目前土地使用证正在办理之中，土地出让金尚未缴纳。

19. 长期借款(如表B.32所示)

表B.32　长期借款表　单位：元

借款类别	2004-12-31	2003-12-31
信用借款	10 000 000.00	30 000 000.00
抵押借款	—	—
其中：他人抵押	—	—
保证借款	—	—
其中：他人保证	—	—

续表

借款类别	2004-12-31	2003-12-31
质押借款	—	—
其中：他人质押	—	—
合计	10 000 000.00	30 000 000.00

20. 应付债券(如表 B.33 所示)

表 B.33 应付债券表

单位：元

债券名称	面值总额	发行日期	债券期限	溢(折)价额	期 末
可转换公司债券	700 000 000.00	2004-8-11	5 年	—	700 000 000.00

21. 长期应付款(如表 B.34 所示)

表 B.34 长期应付款表

项 目	2004-12-31	2003-12-31	款项来源
安全生产费	9 086 139.66	—	见说明

说明：计提依据见[附注二、20]。

22. 股本(如表 B.35 所示)

表 B.35 股本表

单位：万元

股份类别	2004-01-01	本期增减				2004-12-31
		配股及增发	转增及送股	其 他	小 计	
一、未上市流通股份	—	—	—	—	—	—
1.发起人股份	32 500	—	—	—	—	32 500
其中：国家持有股份	—	—	—	—	—	—
境内法人持有股份	32 500	—	—	—	—	32 500
其他	—	—	—	—	—	—
2.募集法人股份	—	—	—	—	—	—
3.内部职工股	—	—	—	—	—	—
4.其他	—	—	—	—	—	—
未上市流通股份合计	32 500	—	—	—	—	32 500
二、已上市流通股份	—	—	—	—	—	—
1.人民币普通股	10 000	—	—	—	—	10 000

续表

股份类别	2004-01-01	本期增减				2004-12-31
		配股及增发	转增及送股	其他	小计	
2.境内上市的外资股	—	—	—	—	—	—
3.境外上市的外资股	—	—	—	—	—	—
4.其他	—	—	—	—	—	—
已上市流通股份合计	10 000	—	—	—	—	10 000
股份总数	42 500	—	—	—	—	42 500

说明：持本公司5%以上股份的股东名称及比例如表B.36所示。

表B.36　持公司5%以上股份的股东名称及比例表　　单位：元

股东名称	持股比例
矿业(集团)有限责任公司	76.47%

23. 资本公积(如表B.37所示)

表B.37　资本公积表　　单位：元

项　目	2004-01-01	本期增加	本期减少	2004-12-31
股本溢价	775 677 454.71	—	14 716 497.96	760 960 956.75
股权投资准备	—	—	—	—
接受捐赠非现金资产准备	—	—	—	—
接受现金捐赠	167 500.00		—	167 500.00
关联交易差价	1 272 392.73	—	—	1 272 392.73
其他资本公积	—	—	—	
合计	777 117 347.44	—	14 716 497.96	762 400 849.48

说明：资本公积减少的原因为根据财会字[1998]16号《关于股份有限公司有关会计问题解答》和财会字[1998]66号《关于执行具体会计准则和〈股份有限公司会计制度〉有关会计问题解答》文件的规定，本公司在改组为股份有限公司时，固定资产净值评估增值147 164 980.35元，按10年平均摊销，2004年度摊销14 716 497.96元，冲减资本公积。

24. 盈余公积(如表B.38所示)

表B.38　盈余公积表　　单位：元

项　目	2004-01-01	本期增加	本期减少	2004-12-31
法定盈余公积	89 198 976.65	38 125 711.63	—	127 324 688.28

续表

项　目	2004-01-01	本期增加	本期减少	2004-12-31
法定公益金	44 599 488.33	19 062 855.81	—	63 662 344.14
任意盈余公积	—		—	
合计	133 798 464.98	57 188 567.44	—	190 987 032.42

说明：盈余公积增加为按当期净利润 10%提取的法定盈余公积和 5%提取的法定公益金。

25. 未分配利润(如表 B.39 所示)

表 B.39　未分配利润表

单位：元

2004-01-01	本期增加	本期减少	2004-12-31
350 304 857.77	381 257 116.25	110 313 567.44	621 248 406.58

说明：①本期增加为本期实现净利润。②本期减少为计提法定盈余公积 38 125 711.63 元和法定公益金 19 062 855.81 元，分配 2003 年度现金股利 53 125 000.00 元。③2004 年度利润分配预案，如附注八所示。

26. 主营业务收入及成本

① 按业务性质计算收入和成本如表 B.40 所示。

表 B.40　按业务性质表计算收入和成本

单位：元

项　目	2004 年		2003 年	
	收　入	成　本	收　入	成　本
煤炭	2 202 600 372.94	1 257 837 772.68	1 232 370 400.37	786 961 904.11
电力	90 287 404.52	71 030 600.51	26 003 237.98	21 047 493.67
建材	237 929 909.67	219 461 408.03	86 826 596.83	85 762 236.06
	2 530 817 687.13	1 548 329 781.22	1 345 200 235.18	893 771 633.84
分部间抵销	121 609 161.63	120 199 676.33	59 288 367.59	58 937 515.59
合计	2 409 208 525.50	1 428 130 104.89	1 285 911 867.59	834 834 118.25

② 按地区计算收入和成本如表 B.41 所示。

表 B.41　按地区计算收入和成本表　　单位：元

地　区	2004 年		2003 年	
	收　入	成　本	收　入	成　本
华北	2 270 424 949.12	1 337 317 310.72	1 214 864 438.49	786 212 367.56
华东	101 882 902.84	63 422 630.55	49 902 820.52	33 877 965.75
华南	28 674 791.00	20 683 601.59	11 031 976.47	7 804 739.68
西南	5 037 610.37	4 107 163.73	—	—
西北	3 188 272.17	2 599 398.30	—	—
出口	—	—	10 112 632.11	6 939 045.26
合计	2 409 208 525.50	1 428 130 104.89	1 285 911 867.59	834 834 118.25
分部间抵销	—	—	—	—
合计	2 409 208 525.50	1 428 130 104.89	1 285 911 867.59	834 834 118.25

说明：①2004 年度主营业务收入前五名客户销售额合计数 1 783 098 482.23 元，占当期主营业务收入的 74.01%。②主营业务收入 2004 年比 2003 年增长 87.35%，主要原因为：a.由于煤炭销售形势较好，售价上涨使销售收入增加；b.玻璃纤维分公司及水泥厂规模生产导致销售收入增加；c.东庞矿井恢复生产后，产销量均比上年同期增加，导致销售收入增加。

27. 主营业务税金及附加(如表 B.42 所示)

表 B.42　主营业务税金及附加表　　单位：元

项　目	计缴标准	2004 年	2003 年
城建税	应交增值税、营业税额的 5%～7%	14 998 805.85	6 912 929.75
教育费附加	应交增值税、营业税额的 4%	9 106 534.63	3 827 670.86
资源税	原煤销售数量 0.9～1.20 元/吨	7 996 574.96	4 257 046.75
合计		32 101 915.44	14 997 647.36

说明：主营业务税金及附加 2004 年比 2003 年增加 114.05%，主要原因为销售收入增加、缴纳的增值税增加、计提的城建税及教育费附加增加所致。另外根据河北省人民政府令[2003]第 8 号精神，自 2003 年 12 月 1 日起，教育费附加由应纳流转税额的 3.5%改为 4%计缴，教育费附加计提比例增加所致。

28. 其他业务利润(如表 B.43 所示)

表 B.43 其他业务利润表

单位：元

项目	2004 年			2003 年		
	其他业务收入	其他业务支出	其他业务利润	其他业务收入	其他业务支出	其他业务利润
材料销售	83 231 960.98	83 295 148.66	−63 187.68	64 422 452.58	64 007 463.65	414 988.93
煤泥销售	13 426 161.77	101 606.95	13 324 554.82	9 643 766.57	124 675.52	9 519 091.05
废丝销售	2 413 814 72	2 423 119.15	−9 304.43			
废旧销售	13 494 089.13	169 673.87	13 324 415.26	7 239 431.70	121 794.36	7 117 637.34
矸石销售	7 332 931.36	71 412.35	7 261 519.01	3 842 781.23	51 869.89	3 790 911.34
转供电	12 860 754.81	11 825 823.90	1 034 930.91	8 728 460.26	7 586 405.33	1 142 054.93
尾煤次煤	236 273.93	1 934.96	234 338.97	1 009 009.33	12 528.94	996 480.39
外购煤				4 611 227.08	4 116 620.81	494 606.27
其他	1 716 948.64	1 475 128.82	241 819.82	2 361 216.42	753 755.71	1 607 460.71
合计	134 712 935.34	99 363 848.66	35 349 086.68	101 858 345.17	76 775 114.21	25 083 230.96

说明：其他业务利润 2004 年比 2003 年增加 40.93%，主要原因为本期煤泥、矸石、废旧销售增加所致。

29. 营业费用(如表 B.44 所示)

表 B.44 营业费用表

单位：元

项 目	2004 年	2003 年
营业费用	58 274 523.04	37 048 831.75

说明：营业费用 2004 年度比 2003 年度增加 57.29%，主要原因为玻璃纤维和水泥厂规模生产，导致运费大幅上涨；另外，2004 年工资水平整体上涨及煤销路修理费增加。

30. 管理费用(如表 B.45 所示)

表 B.45 管理费用表

单位：元

项 目	2004 年	2003 年
管理费用	368 416 019.37	191 110 956.70

说明：管理费用 2004 年比 2003 年增加 92.78%，主要原因是：①由于公司工资水平整体上涨，导致工资及各项保险大幅度增长；②坏账准备及存货跌价准备计提比上年增加；③2004 年公司住房公积金计提比例由原来的 5%提高到 15%，导致住房公积金支出增加。

31. 财务费用(如表 B.46 所示)

表 B.46　财务费用表　　单位：元

项　目	2004 年	2003 年
利息支出	20 453 883.36	10 567 261.31
减：利息收入	1 475 376.73	1 083 129.98
汇兑损失	—	—
减：汇兑收益	—	—
手续费及其他	2 234 364.84	213 661.90
合计	21 212 871.47	9 697 793.23

说明：财务费用 2004 年度比 2003 年度增加 118.74%，主要原因为本年发行可转换公司债券，列支担保费 140 万元、摊销发行费 74.32 万元，列支可转债利息 435 万元，本年发生银行承兑汇票贴现利息支出 614 万元。

32. 补贴收入(如表 B.47 所示)

表 B.47　补贴收入表　　单位：元

项　目	2004 年	2003 年
出口退税	—	5 293 013.59
出口商品贴息	100 478.52	133 821.00
增值税返还	206 062.50	2 645 279.31
合计	306 541.02	8 072 113.90

说明：出口退税是指公司 2001 年 12 月 31 日以前出口退税执行先征后返政策，2002 年 1 月 1 日执行免、抵、退的出口退税政策，2003 年度补贴收入中出口退税均为收到 2001 年度以前应返还的出口退税。

33. 营业外收入(如表 B.48 所示)

表 B.48　营业外收入表　　单位：元

项　目	2004 年	2003 年
固定资产处置收益	251 175.18	396 904.78
罚款收入	71 365.60	115 049.06
其他	165 158.00	13 592.61
合计	487 698.78	525 546.45

34. 营业外支出(如表 B.49 所示)

表 B.49 营业外支出表

单位：元

项 目	2004 年	2003 年
罚款支出	473 283.46	476 103.36
固定资产清理损失	28 707 272.57	3 159 375.11
捐赠支出	1 600 000.00	250 000.00
非常损失		32 297 975.93
其他	63 000.40	39 116.40
合计	30 843 556.43	36 222 570.80

说明：①2003 年度发生的非常损失 32 297 975.93 全部为东庞矿发生突水的灾害损失；②2004 年营业外支出主要为报废固定资产净损失。

35. 所得税(如表 B.50 所示)

表 B.50 所得税表

单位：元

项 目	2004 年	2003 年
计提所得税	125 115 745.09	58 897 441.73

说明：①所得税 2004 年度比 2003 年度增加 112.43%，主要原因为 2004 年度应纳所得税额比上年大幅增加。②2004 年所得税抵免情况见[附注三、2]。

36. 收到的其他与经营活动有关的现金 9 127 249.12 元，具体如表 B.51 所示

表 B.51

单位：元

项 目	2004 年
职工安全风险抵押金	6 401 525.52
收回保险公司赔款	1 000 000.00
收回宏源证券承销费	1 500 000.00
营业外收入	225 723.60

37. 支付的其他与经营活动有关的现金 153 581 613.95 元，具体如表 B.52 所示

表 B.52

单位：元

项　目	2004 年
支付迁村费	43 965 304.00
费用性支出	107 531 228.67
零星罚款支出	485 081.28
捐赠支出	1 600 000.00

38. 收到的其他与投资活动有关的现金 1 475 376.73 元，具体如表 B.53 所示

表 B.53

单位：元

项　目	2004 年
利息收入	1 475 376.73

39. 支付的其他与筹资活动有关的现金 4 595 125.71 元，具体如表 B.54 所示

表 B.54

单位：元

项　目	2004 年
发行可转债担保费	1 400 000.00
债券发行费	3 103 963.40
手续费	91 162.31

五、关联方关系及其交易

1. 关联方

1)　存在控制关系的关联方

(1)　关联方名称及与本公司的关系如表 B.55 所示。

表 B.55　关联方名称及与本公司的关系

单位：元

关联方名称	与本公司关系
矿业(集团)有限责任公司	本公司控股股东

(2)　关联方概况如表 B.56 所示。

表 B.56 关联方概况

单位：元

关联方名称	注册地址	经济性质	法定代表	主营业务
矿业(集团)有限责任公司	河北省邢台市中兴西大街 191 号	有限责任	郑存良	煤炭、出口商品等

(3) 关联方注册资本及其变化如表 B.57 所示。

表 B.57 关联方注册资本及其变化表

单位：元

关联方名称	2004-01-01	本期增加	本期减少	2004-12-31
矿业(集团)有限责任公司	1 033 260 000.00	—	—	1 033 260 000.00

(4) 关联方所持股份或拥有权益及其变化如表 B.58 所示。

表 B.58 关联方所持股份或拥有权益及其变化表

单位：元

关联方名称	2004-01-01		本期增加		本期减少		2004-12-31	
	金 额	比例/%	金额	比例	金额	比例	金 额	比例/%
矿业(集团)有限责任公司	325 000 000.00	76.47	—	—	—	—	325 000 000.00	76.47

2) 不存在控制关系的关联方情况如表 B.59 所示。

表 B.59 不存在控制关系的关联方情况表

单位：元

关联方名称	与本公司关系
矿业(集团)有限责任公司东庞矿多经公司	同一母公司
矿业工程有限责任公司	同一母公司
河北煤炭科学研究所	同一母公司
河北金盛磁性材料有限公司	同一母公司
石家庄煤矿机械有限责任公司	同一母公司
河北双利环保制品有限公司	同一母公司
邢台大华电控设备厂	受同一母公司控制

2. 关联方交易

1) 与存在控制关系关联方的关联交易。

(1) 销售商品或提供劳务如表 B.60 所示。

表B.60 销售商品或提供劳务表

单位：元

购买方	交易类型	2004年		2003年	
		金额	比例/%	金额	比例/%
矿业(集团)有限责任公司	材料	57 037 186.90	68.53	44 847 157.45	69.61
矿业(集团)有限责任公司	矸石	4 525 168.93	61.71	1 787 645.12	46.52
矿业(集团)有限责任公司	煤炭	41 769 609.01	1.90	48 675 271.73	3.95
矿业(集团)有限责任公司	煤泥	2 068 900.00	15.41	929 003.26	9.63
矿业(集团)有限责任公司	电	8 064 839.40	8.93	1 973 264.42	5.68
矿业(集团)有限责任公司	汽	2 054 414.16	2.28	789 360.00	2.27

说明：①定价原则为市场价。②由于2004年9月本公司收购了矿业(集团)有限责任公司三个电厂，导致销售电和汽比上年增加。

(2) 购买商品或接受劳务如表B.61所示。

表B.61 购买商品或接受劳务表

单位：元

销售方	交易类型	2004年	2003年	定价原则
矿业(集团)有限责任公司	电、汽、暖	71 770 793.41	80 358 876.80	市场价
矿业(集团)有限责任公司	综合服务	24 462 578.64	17 354 891.43	协议价
矿业(集团)有限责任公司	采购材料	25 637 742.90	19 911 651.56	市场价
矿业(集团)有限责任公司	采购设备	81 149 915.00	65 726 973.75	市场价

说明：①综合服务项目包括本公司租赁矿业(集团)有限责任公司的坑木场地、铁路、办公楼；本公司使用矿业(集团)有限责任公司出资修建的道路而分担维修养护费用；本公司支付矿业(集团)有限责任公司煤矿三级医疗急救服务费等。②2004年支付矿业(集团)有限责任公司综合服务项目增加，主要是由于2004年本公司增加支付矿业(集团)有限责任公司煤矿三级医疗急救服务费810万元。③由于2004年9月本公司收购了矿业(集团)有限责任公司三个电厂，导致购买电、汽、暖比上年减少。

(3) 购买电厂资产

以资产评估书所载明的评估价值26 531.55万元收购原矿业(集团)有限责任公司所属的东庞矿矸石热电厂(含所占用的土地使用权)、邢矿集团矸石热电厂和章村分公司矸石发电厂的有关资产，具体范围以本次收购所做的资产评估报告为准。

(4) 其他

根据本公司与矿业(集团)有限责任公司签订的“《服务和供应协议》之补充协议”(2001年5月20日上海证券报及证券时报)，本公司为改善职工的福利待遇，利用矿业(集团)有限责任公司现有的生活福利设施，从2001年1月1日起向矿业(集团)有限责任公司支付职工工资总额 5%的福利费(在公司已计提的福利费中列支)。2004 年度支付 22 666 180.06 元，2003 年度支付 13 331 820.76 元。

2) 与不存在控制关系关联方的关联交易

(1) 销售商品如表 B.62 所示。

表 B.62 销售商品表

购买方	交易类型	2004 年		2003 年	
		金额	比例/%	金额	比例/%
石家庄煤矿机械有限公司	煤炭	1 989 313 42	0.09	844 369.47	0.07
河北金盛磁性材料有限公司	煤炭	470 230.31	0.02	232 300.89	0.02
河北煤炭科学研究所	煤炭	110 377.70	0.01	—	—
矿业工程有限责任公司	材料	7 341 616.61	8.82	6 968 804.50	10.82
矿业(集团)有限责任公司东庞矿多经公司	材料	7 927 357.13	9.52	2 837 897.49	4.41
河北煤炭科学研究所	材料	152 526.80	0.18	201 427.97	0.31
邢台大华电控设备厂	材料	28 218.00	0.03	—	—
矿业工程有限责任公司	水泥	254 270.98	0.11	—	—
河北双利环保制品有限公司	汽	165 499.11	0.18	—	—
河北金盛磁性材料有限公司	电	3 246 735.83	3.60	2 210 945.88	6.37
矿业工程有限责任公司	电	22 277.29	0.02	—	—
河北双利环保制品有限公司	电	177 596.80	0.20	—	—
矿业(集团)有限责任公司东庞矿多经公司	废旧物资	—	—	259 504.28	3.58

说明：定价原则为市场价。

(2) 购买商品或接受劳务如表 B.63 所示。

表 B.63 购买商品或接受劳务表

单位：元

销售方	交易类型	2004 年	2003 年	定价原则
邢台大华电控设备厂	采购设备	1 490 813.00	2 738 560.33	市场价
河北煤炭科学研究所	采购设备	3 910 000.00	1 156 000.00	市场价
石家庄煤矿机械有限责任公司	采购设备	4 691 368.00	2 593 500.00	市场价
矿业(集团)有限责任公司东庞矿多经公司	采购材料	20 147 245.47	7 353 668.60	市场价
邢台大华电控设备厂	采购材料	3 546 461.10	1 852 007.04	市场价

续表

销　售　方	交易类型	2004 年	2003 年	定价原则
河北煤炭科学研究所	采购材料	9 699 842.97	4 814 954.07	市场价
河北适你用旅游用品有限责任公司	采购材料	296 184.36	1 101 066.30	市场价
石家庄煤矿机械有限责任公司	采购材料	761 962.88	—	市场价
矿业工程有限责任公司	工程施工	17 872 365.50	27 309 900.00	市场价
河北煤炭科学研究所	接受劳务	175 600.00	616 220.72	市场价
矿业(集团)有限责任公司葛泉矿多经公司	接受劳务	—	855 667.79	市场价
矿业(集团)有限责任公司东庞矿多经公司	接受劳务	4 259 350.31	4 929 214.04	市场价
邢台大华电控设备厂	接受劳务	934 621.17	217 613.94	市场价

说明：由于股权变动，河北适你用旅游用品有限责任公司和矿业(集团)有限责任公司葛泉矿多经公司 2004 年 7 月 1 日起不再为本公司的控股子公司，所以 2004 年披露的关联交易数为 2004 年 1 月至 6 月金额。

3. 关联交易未结算金额

(1)　与存在控制关系的关联方交易未结算金额如表 B.64 所示。

表 B.64　与存在控制关系的关联方交易未结算金额　　单位：元

关联方名称	科目名称	2004-12-31		2003-12-31		内容性质
		金额	比例/%	金额	比例/%	
矿业(集团)有限责任公司	其他应收款	213 588.01	1.16	—	—	往来款
矿业(集团)有限责任公司	应付账款	6 432 105.21	2.34	4 240 990.55	1.72	材料、设备款
矿业(集团)有限责任公司	预收账款	330 920.50	0.23	—	—	煤款
矿业(集团)有限责任公司	其他应付款	62 276 855.45	21.95	3 740 937.46	1.94	电、汽、暖及往来款

(2)　与不存在控制关系的关联方交易未结算金额如表 B.65 所示。

表 B.65 与不存在控制关系的关联方交易未结算金额

单位：元

关联方名称	科目名称	2004-12-31		2003-12-31		内容性质
		金 额	比例/%	金 额	比例/%	
河北金盛磁性材料有限公司	应收账款	145 004.08	0.08	1 229 881.45	1.87	电款、煤款
河北双利环保制品有限公司	其他应收款	394 802.25	2.15	—	—	电费
矿业工程有限责任公司	应付账款	3 825 755.93	1.39	7 395 249.35	3.00	工程款
大华电控设备厂	应付账款	5 370 504.80	1.95	2 021 643.67	0.82	材料款
石家庄煤矿机械有限责任公司	应付账款	1 121 951.44	0.41	75 500.68	0.03	材料款
河北煤炭科学研究所	应付账款	5 899 373.48	2.15	2 372 914.87	0.96	材料款
矿业(集团)有限责任公司东庞矿多经公司	应付账款	1 684 188.03	0.61	498 256.95	0.20	材料款
矿业(集团)有限责任公司葛泉矿多种经营公司	应付账款	—	—	1 343 172.11	0.55	劳务费
河北适你用旅游用品有限责任公司	应付账款	—	—	298 652.34	0.12	材料款
河北煤炭科学研究所	预收账款	26 110.00	0.02	—	—	煤款
矿业(集团)有限责任公司东庞矿多经公司	其他应付款	256 600.00	0.09	—	—	通勤车费

六、或有事项

截止 2004 年 12 月 31 日，本公司不存在应披露而未披露的未决诉讼、对外担保等或有事项。

七、承诺事项

截止 2004 年 12 月 31 日，本公司不存在应披露而未披露的承诺事项。

八、资产负债表日后事项

2005 年 3 月 11 日，本公司第二届第十七次董事会通过 2004 年度利润分配及公积金转增股本预案：拟按 2004 年度利润分配股权登记日当天总股本为基数，每 10 股派现金股利5元(含税)，资本公积转增股本，每10股转增6股。

除上述事项外，截止2005年3月11日，本公司不存在应披露而未披露的资产负债表日后事项。

九、其他重要事项

经中国证券监督管理委员会证监发行字［2004］128号文核准，公司已于2004年8月11日成功地公开发行了700万张可转换公司债券，每张面值100元，发行总额70 000万元，债券期限5年，自2004年8月11日至2009年8月11日，本次可转债票面年利率为第一年1.6%，第二年1.8%，第三年2.0%，第四年2.2%，第五年2.5%。经深圳证券交易所同意，本公司700万张可转换公司债券将于2004年8月26日起在深圳证券交易所挂牌交易，债券简称“大华转债”，债券代码“125937”。可转换公司债券上市的起止日期：2004年8月26日至2009年8月11日，转股期2005年2月11日(含当日)至2009年8月11日(含当日)。

十、净资产收益率及每股收益(如表B.66所示)

表B.66 净资产收益率及每股收益

报告期利润	净资产收益率/%				每股收益/元			
	全面摊薄		加权平均		全面摊薄		加权平均	
	2004年	2003年	2004年	2003年	2004年	2003年	2004年	2003年
主营业务利润	47.46	25.86	51.87	25.71	2.2329	1.0261	2.2329	1.0261
营业利润	26.83	13.24	29.32	13.17	1.2622	0.5254	1.2622	0.5254
净利润	19.07	8.11	20.84	8.07	0.8971	0.3218	0.8971	0.3218
扣除非常性损益后净利润	20.01	7.71	21.87	7.66	0.9415	0.3058	0.9415	0.3058

其中2004年度非经常性损益项目及其金额如表B.67所示。

表B.67 2004年度非经常性损益项目及其金额

单位：元

项　目	所得税前影响数	所 得 税	所得税后影响数
补贴收入—出口贴息	100 478.52	33 157.91	67 320.61
补贴收入—增值税抵免	206 062.50	68 000.63	138 061.87
原材料存货跌价准备转回	1 264 971.76	—	1 264 971.76
营业外收入	487 698.78	160 940.60	326 758.18

续表

项　目	所得税前影响数	所 得 税	所得税后影响数
营业外支出	30 843 556.43	10 178 373.63	20 665 182.80
合计	28 784 344.87	9 916 274.49	18 868 070.38

十一、会计报表的批准

2004 年度会计报表及会计报表附注由本公司编制，于 2005 年 3 月 11 日经本公司第二届董事会第十七次会议批准。

大华股份有限公司

二〇〇五年三月十一日

附录C　如何撰写财务分析报告

财务分析报告是财务分析工作的总结性文件，反映财务分析的过程和结果。它是以书面的形式对企业的经济活动进行综合性的分析，将企业财务报表中的“死”数字与企业经济活动的“活”情况有机结合起来，运用科学的方法，对企业一定时期的经营活动过程与结果进行分析、研究，用来考核和研究企业财务状况的变化和发展趋势。通过企业财务分析报告，达到评价企业财务状况、衡量企业经营业绩、实现理财目标、合理进行投资等目的。使企业领导对企业财务情况了解更加全面透彻，为经营决策提供有价值的参考和依据。

财务分析报告从编写的时间来划分，可分为定期分析报告和非定期分析报告。定期分析报告又可以分为每日、每周、每旬、每月、每季、每年报告，具体根据公司管理要求而定，有的公司还要进行特定时点分析。从编写的内容可划分为综合性分析报告、专项分析报告和项目分析报告。综合性分析报告是对公司整体运营及财务状况的分析评价；专项分析报告是针对公司运营的一部分，如资金流量、销售收入变量等方面的分析；项目分析报告是对公司的局部或一个独立运作项目的分析。

一、财务分析报告的格式

严格地讲，财务分析报告没有固定的格式和体裁，但要求能够反映要点、分析透彻、有实有据、观点鲜明、符合报送对象的要求。一般来说，财务分析报告由标题、正文和落款三部分组成。

(1) 标题：包括企业名称、时间界限、分析内容等。

(2) 正文：由开头、主体、结尾三部分组成。

开头用简洁的文字概述分析对象的基本情况和财务活动情况、取得的主要成绩和存在的问题，以及对分析财务状况的基本评价。

主体是财务分析报告的核心部分，是对各项指标的完成情况及有关的其他情况的说明，并对影响指标增减变化的原因进行分析。

结尾指出问题，提出建议和措施。

(3) 落款包括报告单位的名称和写作日期。

二、财务分析报告的内容

一般来说，财务分析报告均应包含以下几个方面的内容：提要段、说明段、分析段、评价段和建议段，即通常说的五段论式。但在实际编写分析时要根据具体的目的和要求有所取舍，不一定要囊括这五部分内容。

此外，财务分析报告在表达方式上可以采取一些创新的手法，如可采用文字处理与图表表达相结合的方法，使其易懂、生动、形象。现具体说明如下：

第一部分提要段，即概括公司综合情况，让财务报告接受者对财务分析说明有一个总括的认识。

第二部分说明段，是对公司运营及财务现状的介绍。该部分要求文字表述恰当、数据引用准确。对经济指标进行说明时可适当运用绝对数、相对数及复合指标数。特别要关注公司当前运作上的重心，对重要事项要单独反映。公司在不同阶段、不同月份的工作重点有所不同，所需要的财务分析重点也不同。如公司正进行新产品的投产、市场开发，则公司各阶层需要对新产品的成本、回款、利润数据进行分析的财务分析报告。

第三部分分析段，是对公司的经营情况进行分析研究。在说明问题的同时还要分析问题，寻找问题的原因和症结，以达到解决问题的目的。财务分析一定要有理有据，要细化分解各项指标，因为有些报表的数据是比较含糊和笼统的，要善于运用表格、图示，突出表达分析的内容。分析问题一定要善于抓住当前要点，多反映公司经营焦点和易于忽视的问题。

第四部分评价段。做出财务说明和分析后，对于经营情况、财务状况、盈利业绩，应该从财务角度给予公正、客观的评价和预测。财务评价不能运用似是而非、可进可退、左右摇摆等不负责任的语言，评价要从正面和负面两方面进行，评价既可以单独分段进行，也可以将评价内容穿插在说明部分和分析部分。

第五部分建议段。即财务人员在对经营运作、投资决策进行分析后形成的意见和看法，特别是对运作过程中存在的问题所提出的改进建议。值得注意的是，财务分析报告中提出的建议不能太抽象，而要具体化，最好有一套切实可行的方案。

三、撰写财务分析报告应做好如下几项工作

(一)积累素材，为撰写报告做好准备

(1) 建立台账和数据库。通过会计核算形成了会计凭证、会计账簿和会计报表。但是编写财务分析报告仅靠这些凭证、账簿、报表的数据往往是不够的。比如，在分析经营费用与营业收入的比率增长原因时，往往需要分析不同区域、不同商品、不同责任人实现的收入与费用的关系，但这些数据不能从账簿中直接得到。这就要求分析人员平时就做大量的数据统计工作，对分析的项目按性质、用途、类别、区域、责任人，按月度、季度、年度进行统计，建立台账，以便在编写财务分析报告时有据可查。

(2) 关注重要事项。财务人员对经营运行、财务状况中的重大变动事项要勤于做笔录，记载事项发生的时间、计划、预算、责任人及发生变化的各影响因素，必要时马上做出分析判断，并将各类各部门的文件归类归档。

(3) 关注经营运行。财务人员应尽可能争取多参加相关会议，了解生产、质量、市场、行政、投资、融资等各类情况。参加会议，听取各方面意见，有利于财务分析和评价。

(4) 定期收集报表。财务人员除收集会计核算方面的有些数据之外，还应要求公司各相关部门(生产、采购、市场等)及时提交可利用的其他报表，对这些报表要认真审阅，及时发现问题、总结问题，养成多思考、多研究的习惯。

(5) 岗位分析。大多数企业财务分析工作往往由财务经理来完成，但报告素材要靠每个岗位的财务人员提供。因此，应要求所有财务人员对本职工作养成分析的习惯，这样既可以提升个人素质，也有利于各岗位之间相互借鉴经验。

(二)要清楚报告阅读的对象及报告分析的范围

报告阅读的对象不同，报告的写作应因人而异。提供给财务部领导可以专业化一些，而提供给其他部门领导尤其对本专业相当陌生的领导的报告则要力求通俗一些。提供给不同层次阅读对象的分析报告，则要求分析人员在写作时准确把握好报告的框架结构和分析层次，以满足不同阅读者的需要。报告分析的范围若是某一部门或二级公司，分析的内容可以稍细、具体一些；而分析的对象若是整个集团公司，则文字的分析要力求精练，不能对所有问题面面俱到，集中性地抓住几个重点问题进行分析即可。

(三)要了解单位对信息的需求，充分领会单位所需要的信息是什么

分析报告原本是要为单位管理服务的，而有时候我们花了很多心思写出来的财务分析，单位不需要的信息太多，单位想真正获得的信息却太少，所以写好财务分析报告的前提是财务分析人员要尽可能地多与单位沟通、与领导沟通，捕获他们“真正想了解的信息”。

(四)财务分析报告一定要与单位业务紧密结合，深刻领会财务数据背后的业务背景，切实揭示单位财务管理中存在的问题

各种财务数据并不仅仅是通常意义上数字的简单拼凑和汇总。财务分析要通过对单位业务的了解和分析，判断经济业务发生的合理性、合规性，并对单位的财务发展趋势进行合理预测，对存在的问题提出合理化的建议，使写出来的财务分析能真正为单位财务管理工作提供有用的决策信息。

(五)报告写作前要有一个清晰的框架和分析思路

财务分析报告的框架大体如下：

(1) 报告目录告诉阅读者本报告所分析的内容及所在页码。

(2) 重要提示主要是针对本期报告在新增的内容或须加以重大关注的问题事先作出说

明，旨在引起领导高度重视。

(3) 报告摘要是对本期报告内容的高度浓缩，一定要言简意赅，点到为止。

无论是“重要提示”，还是“报告摘要”，都应在其后标明具体分析所在页码，以便领导及时查阅相应的分析内容。以上三部分非常必要，其目的是，让报表使用者在最短的时间内获得对报告的整体性认识以及本期报告中将告知的重大事项。

(4) 具体分析部分，是报告分析的核心内容。“具体分析”部分的写作如何，关键性地决定了本报告的分析质量和档次。要想使这一部分写得很精彩，首要的是要有一个好的分析思路。例如：某集团公司下设四个二级公司，且都为制造公司。财务报告的分析思路是：总体指标分析——集团总部情况分析——各二级公司情况分析；在每一部分里，按本月分析——本年累计分析展开；再往下按盈利能力分析——销售情况分析——成本控制情况分析展开。如此层层分解，环环相扣，各部分间及每部分内部都存在着紧密的勾稽关系。

(5) 问题重点综述及相应的改进措施。一方面是对上期报告中问题执行情况的跟踪汇报，同时对本期报告“具体分析”部分中揭示出的重点问题进行集中阐述，旨在将零散的分析集中化，再一次给报表使用者留下深刻印象。

四、财务分析报告的分析方法

(1) 在分析过程中要遵循差异——原因分析——建议措施原则。因为撰写财务分析报告的根本目的不仅仅是停留在反映问题、揭示问题上，而是要通过对问题的深入分析，提出合理可行的解决办法，报告的有用性或分量才可能得到提高和升华。

(2) 在分析过程中要对具体问题根据具体情况进行分析，要始终“抓重点问题、主要问题”，在辩证法上体现为两点论基础上的重点论。

(3) 在分析过程中要采用问题集中点法。这种分析手法主要基于以下想法：在各部分分析中，我们已从不同角度对经营过程中存在的问题进行了零散分析。由于具体到各部分中所分析出来的问题点还不系统，因而给报表使用者留下的印象比较散乱，重点问题不突出。故而财务分析人员一方面在具体分析时，要有意识地揭示本月可能存在的重点问题，另一方面要善于从前面零散的分析中筛选出一至两个焦点性问题，对此作进一步的分析。

总之，在分析中要从总体中发现问题，以点带面，以面论点。

五、分析过程中应注意的问题

(1) 对公司政策尤其是近期公司大的方针政策有一个准确的把握，在吃透公司政策精神的前提下，在分析中还应尽可能地立足当前，瞄准未来，以使分析报告发挥“导航器”的作用。

(2) 财务分析人员在平时的工作当中，应多了解国家宏观经济环境，尤其是尽可能捕捉、搜集同行业竞争对手资料。因为，公司最终面对的是复杂多变的市场，在这个大市场里，任何宏观经济环境的变化或行业竞争对手政策的改变都会或多或少地影响着公司的竞争力，甚至决定着公司的命运。

(3) 勿轻易下结论。财务分析人员在报告中的所有结论性词语对报告阅读者的影响相当大，如果财务分析人员在分析中草率地下结论，很可能形成误导。如目前在国内许多公司里核算还不规范，费用的实际发生期与报销期往往不一致，如果财务分析人员不了解核算的时滞差，则很容易得出错误的结论。

(4) 分析报告的行文要尽可能流畅、通顺、简明、精练，避免口语化、冗长。

(5) 财务指标的选择要立足于本公司或企业的业务形态之上。财务指标不仅仅是计算，而且要进行分析，特别注意各个指标之间的逻辑关系。整个报告大致可以分为盈利能力、资产管理能力和现金管理能力分析，并注意彼此之间的因果关系以及相互之间的影响。特别注意现金流的分析，并与盈利能力进行比较。

(6) 财务报告分析者不仅仅要关注财务指标的分析，还要充分理解非财务指标，将财务指标和非财务指标有机地结合起来，以便对企业的财务状况和经营业绩进行客观地、综合地评价。

参考文献

1. 王萍. 财务报表分析. 北京：北京交通大学出版社，2004
2. 李忠波. 企业财务报告分析. 北京：科学出版社，2005
3. 杜晓光. 会计报表分析. 北京：高等教育出版社，2005
4. 曹军，刘翠侠. 财务报表编制与分析实务. 北京：清华大学、北京交通大学出版社，2004
5. 张学谦. 财务报表分析原理与方法. 北京：对外经济贸易大学出版社，2005
6. 李心合，赵华. 会计报表分析. 北京：中国人民大学出版社，2004
7. 杨纪婉，夏冬林. 怎样阅读会计报表. 北京：经济科学出版社，2004
8. 王淑萍. 财务报告分析. 北京：清华大学出版社，2003
9. 周凤. 财务报表分析. 北京：机械工业出版社，2004
10. 曹冈. 财务报表分析. 北京：经济科学出版社，2004
11. 马军生. 财务报表分析技术. 上海：复旦大学出版社，2004
12. 中华人民共和国财政部. 企业会计准则. 北京：经济科学出版社，2001
13. 中华人民共和国财政部. 企业会计制度. 北京：经济科学出版社，2001
14. 张俊民. 企业财务分析. 北京：经济科学出版社，1996

读者回执卡

欢迎您立即填妥回函

您好！感谢您购买本书，请您抽出宝贵的时间填写这份回执卡，并将此页剪下寄回我公司读者服务部。我们会在以后的工作中充分考虑您的意见和建议，并将您的信息加入公司的客户档案中，以便向您提供全程的一体化服务。您享有的权益：

★ 免费获得我公司的新书资料；
★ 寻求解答阅读中遇到的问题；
★ 免费参加我公司组织的技术交流会及讲座；
★ 可参加不定期的促销活动，免费获取赠品；

读者基本资料

姓　　名＿＿＿＿＿＿＿＿ 性　　别 □男　　□女 年　　龄＿＿＿＿＿＿
电　　话＿＿＿＿＿＿＿＿ 职　　业＿＿＿＿＿＿＿＿ 文化程度＿＿＿＿＿＿
E-mail＿＿＿＿＿＿＿＿ 邮　　编＿＿＿＿＿＿＿＿
通讯地址＿＿＿＿＿＿＿＿＿＿＿＿＿＿＿＿＿＿＿＿

请在您认可处打✓（6至10题可多选）

1、您购买的图书名称是什么：＿＿＿＿＿＿＿＿＿＿＿＿＿＿＿＿
2、您在何处购买的此书：＿＿＿＿＿＿＿＿＿＿＿＿＿＿＿＿

3、您对电脑的掌握程度：	□不懂	□基本掌握	□熟练应用	□精通某一领域
4、您学习此书的主要目的是：	□工作需要	□个人爱好	□获得证书	
5、您希望通过学习达到何种程度：	□基本掌握	□熟练应用	□专业水平	
6、您想学习的其他电脑知识有：	□电脑入门	□操作系统	□办公软件	□多媒体设计
	□编程知识	□图像设计	□网页设计	□互联网知识
7、影响您购买图书的因素：	□书名	□作者	□出版机构	□印刷、装帧质量
	□内容简介	□网络宣传	□图书定价	□书店宣传
	□封面，插图及版式	□知名作家（学者）的推荐或书评		□其他
8、您比较喜欢哪些形式的学习方式：	□看图书	□上网学习	□用教学光盘	□参加培训班
9、您可以接受的图书的价格是：	□ 20 元以内	□ 30 元以内	□ 50 元以内	□ 100 元以内
10、您从何处获知本公司产品信息：	□报纸、杂志	□广播、电视	□同事或朋友推荐	□网站
11、您对本书的满意度：	□很满意	□较满意	□一般	□不满意

12、您对我们的建议：＿＿＿＿＿＿＿＿＿＿＿＿＿＿＿＿

← 请剪下本页填写清楚，放入信封寄回，谢谢！

1 0 0 0 8 4

贴　邮
票　处

北京100084—157信箱

读者服务部　　　　收

邮政编码：□□□□□□